Para

com votos de paz.

DIVALDO FRANCO
PELO ESPÍRITO JOANNA DE ÂNGELIS

Organização:
Geraldo Campetti Sobrinho
e Paulo Ricardo A. Pedrosa

Elucidações psicológicas

À luz do Espiritismo

Salvador
3. ed. – 2023

COPYRIGHT © (2002)
CENTRO ESPÍRITA CAMINHO DA REDENÇÃO
Rua Jayme Vieira Lima, 104
Pau da Lima, Salvador, BA.
CEP 412350-000
SITE: https://mansaodocaminho.com.br
EDIÇÃO: 3. ed. (5ª reimpressão) – 2023
TIRAGEM: 1.000 exemplares (milheiro: 13.800)
COORDENAÇÃO EDITORIAL
Lívia Maria Costa Sousa

REVISÃO
Manoelita Rocha
CAPA
Cláudio Urpia
MONTAGEM DE CAPA
Marcus Falcão
EDITORAÇÃO ELETRÔNICA
Marcus Falcão
COEDIÇÃO E PUBLICAÇÃO
Instituto Beneficente Boa Nova

PRODUÇÃO GRÁFICA
LIVRARIA ESPÍRITA ALVORADA EDITORA – LEAL
E-mail: editora.leal@cecr.com.br
DISTRIBUIÇÃO
INSTITUTO BENEFICENTE BOA NOVA
Av. Porto Ferreira, 1031, Parque Iracema. CEP 15809-020
Catanduva-SP.
Contatos: (17) 3531-4444 | (17) 99777-7413 (WhatsApp)
E-mail: boanova@boanova.net
Vendas on-line: https://www.livrarialeal.com.br

Dados Internacionais de Catalogação na Publicação (CIP)
(Catalogação na fonte)
BIBLIOTECA JOANNA DE ÂNGELIS

F825	FRANCO, Divaldo Pereira. (1927)
	Elucidações psicológicas à luz do Espiritismo. 3. ed. / Pelo Espírito Joanna de Ângelis [psicografado por] Divaldo Pereira Franco; [organizado por] Geraldo Campetti e Paulo Pedrosa. Salvador: LEAL, 2023.
	472 p.
	ISBN: 978-85-8266-178-9
	1. Espiritismo 2. Psicografia 3. Série Psicológica 4. Psicologia I. Franco, Divaldo II. Campetti, Geraldo III. Pedrosa, Paulo IV. Título
	CDD: 133.93

Bibliotecária responsável: Maria Suely de Castro Martins – CRB-5/509

DIREITOS RESERVADOS: todos os direitos de reprodução, cópia, comunicação ao público e exploração econômica desta obra estão reservados, única e exclusivamente, para o Centro Espírita Caminho da Redenção. Proibida a sua reprodução parcial ou total, por qualquer meio, sem expressa autorização, nos termos da Lei 9.610/98.
Impresso no Brasil | Presita en Brazilo

SUMÁRIO

Elucidações psicológicas à luz do Espiritismo	7
Prefácio à nova edição	9
Introdução	11
Conceitos e Definições	13
A.	15
B.	75
C.	83
D.	119
E.	139
F.	165
G.	181
H.	187
I.	197
J.	227
L.	237
M.	243
N.	269
O.	277
P.	287
Q.	325
R.	327
S.	349
T.	411
U.	419
V.	421
Referências e Resumos	439
Índice de Assuntos	451

ELUCIDAÇÕES PSICOLÓGICAS

◆

À LUZ DO ESPIRITISMO

À medida que íamos escrevendo as nossas obras mediúnicas, que hoje constituem o que passamos a denominar como sendo a Série Psicológica, inúmeros leitores nos interrogavam por qual razão nos utilizávamos de uma linguagem mais complexa, específica, mais direcionada aos estudiosos das doutrinas psicológicas do que aos leigos em geral.

Alguns asseveravam que enquanto as liam, eram convidados a consultar dicionários ou mesmo livros especializados, a fim de melhor penetrarem no conteúdo do nosso despretensioso trabalho com objetivos esclarecedores em torno da valiosíssima contribuição da Doutrina Espírita a algumas escolas psicológicas, com predominância a proposta pelo Dr. Carl Gustav Jung.

Silenciamos e prosseguimos, por mais de um decênio, no trabalho a que nos afeiçoamos.

Cabe-nos agora elucidar que o nosso propósito, durante todo esse período de psicografia dos livros de estudos específicos, tendo em vista a admirável Psicologia Espírita, jamais teve qualquer veleidade pedante. Pelo contrário, a nossa é uma linguagem simples, desprovida de atavios, que tem por meta ser entendida por todas as pessoas que se interessem pelo conhecimento do Espiritismo nos seus múltiplos aspectos.

Nada obstante, salientamos que o Espiritismo é uma doutrina que ilumina e esclarece, que instrui e dulcifica, não podendo as suas lições ser apresentadas em formulações simplistas e popularescas, muito do agrado daqueles que não têm o hábito de estudar.

O cultivo intelectual do Espiritismo auxilia o discernimento e a aprendizagem incessante, abrindo horizontes amplos para maior compreensão da realidade e da vida. É claro que não exclui aqueles que não tiveram oportunidade de frequentar escolas ou de realizar estudos mais profundos através do autodidatismo. Em vez disso, é dirigido a todos os seres humanos que nele encontram diretrizes de segurança para a experiência da felicidade e consolo para as suas aflições e angústias existenciais.

Ademais, em se tratando de estudos especializados, inevitavelmente se fazia necessária a abordagem de algumas das questões elegidas, utilizando-se termos específicos para suas definições e comentários.

Felizmente, os nossos confrades Geraldo Campetti Sobrinho e Dr. Paulo Ricardo A. Pedrosa tiveram a inspiração de organizar a presente obra, que é uma compilação geral de todos os doze livros que constituem a Série, facilitando o trabalho do pesquisador que deseje encontrar informações sobre os temas que lhe interessem conhecer ou estudar, identificando-as graças à ordem alfabética em que se encontram colocadas. Igualmente, o trabalho facilitará o entendimento de alguns verbetes mais específicos, por estarem apresentadas suas definições e os lugares nos respectivos livros em que se encontram.

Temos certeza que o prezado leitor, interessado em conhecer a Psicologia Espírita e suas relações com outras escolas científicas de comportamento, louvará o trabalho de ambos abnegados servidores da Doutrina codificada por Allan Kardec, o excelente psicólogo não acadêmico, e do Evangelho de Jesus.

Agradecendo aos nobres amigos e cooperadores o seu abençoado esforço que muito nos sensibiliza, exoramos a misericórdia de Deus para todos nós, e Sua iluminação para a nossa conquista do Eu profundo no rumo da plenitude que a todos nos aguarda.

Salvador, 5 de abril de 2002.
JOANNA DE ÂNGELIS

PREFÁCIO À NOVA EDIÇÃO

A Série Psicológica foi enriquecida com os livros *Conflitos existenciais*, *Encontro com a paz e a saúde*, *Em busca da verdade* e *Psicologia da gratidão*, perfazendo agora 16 volumes.

Como uma semeadora que saiu a semear, desde o primeiro livro da Série, *Jesus e atualidade*, Joanna de Ângelis tem a expectativa de que em nós haja um terreno favorável para o desenvolvimento espiritual.

Estabeleceu diretrizes, sinalizou caminhos, dissipou dúvidas, esclareceu assuntos complexos, firmou bases seguras de compreensão das diversas correntes psicológicas, antigas e atuais, e aprofundou-as com a compreensão maior dos ensinamentos de Jesus e do Espiritismo.

A Série tem despertado interesse na formação de grupos de estudo de psicólogos e de espíritas, de modo geral, que nela reconheceram um roteiro seguro com conceitos e definições adequados às situações atuais.

E nestes dias difíceis, muitas vezes de dores, que precedem os novos tempos para o planeta de regeneração, tem nos propiciado o apoio para entender e suportar os problemas e conflitos existenciais.

À Joanna de Ângelis e a seu devotado médium, nossos sinceros agradecimentos, e que possamos ser dignos de tanta dedicação, esforço e compaixão.

Que Jesus os abençoe.

Brasília, primavera de 2016.
Os organizadores

INTRODUÇÃO

A benemérita instrutora espiritual Joanna de Ângelis, pela abençoada faculdade mediúnica de Divaldo Franco, nos prodigalizou, após tantas outras obras relevantes, com a Série Psicológica, que totaliza dezesseis livros publicados num período de pouco mais de vinte anos.

Os conceitos e definições desse precioso acervo foram reunidos na presente obra, com que pretendemos oferecer, com a compilação dos textos, uma visão global da citada Série e direcionar o leitor para os livros referenciados que possam conter o tema em estudo. [1]

Como os textos de cada tema, dispostos em ordem alfabética, foram arranjados na sequência cronológica de sua publicação, pode-se verificar o aprofundamento das questões tratadas ao longo do tempo e a direção do pensamento da autora espiritual, cuja intenção manifesta foi estabelecer uma ponte entre as contribuições científicas – especialmente das Psicologias Humanista, Transpessoal, Transacional e Criativa – e os ensinamentos sábios de Jesus e Allan Kardec.

Considerando o grave momento por que passa a Humanidade e diante das diversas situações cotidianas que aturdem a civilização, a autora faz, em toda a Série, um estudo dos diversos fatores de perturbação psicológica e evidencia que a terapia de Jesus, com a contribuição do Espiritismo, penetra, com segurança, nos refolhos do indivíduo, descobrindo as causas reais das aflições que o inconsciente de cada um procura escamotear.

Embora valorizando a contribuição das correntes psicológicas – a Psicossíntese de Jung e Transpessoal –, elucida questões insuficientemente

---

1. Vide referências e resumos no final do livro (nota da Editora).

compreendidas, ou aclara pontos obscuros em assuntos por vezes pouco conhecidos por nós espíritas, tais como: Eu superior; Eu profundo; *Self*; arquétipos; inconsciente coletivo; *animus* e *anima*; *sombra*; meditação, entre outros, apresentando-os desmistificados e mais inteligíveis.

Pelos motivos expostos, consideramos o conteúdo desta obra ocupando uma posição de vanguarda e de grande utilidade para:

✦ os leitores, de modo geral, e os espíritas, em particular, na atualização e ampliação de seus conhecimentos;

✦ os psicólogos espíritas, na conjugação dos ensinamentos acadêmicos aos esclarecimentos espíritas;

✦ os médicos, terapeutas, profissionais da área biomédica que valorizam a visão psicossomática no tratamento das enfermidades;

✦ a divulgação da contribuição espírita na área psicológica junto às universidades, influenciando na formação dos futuros psicólogos;

✦ os autores, estudiosos, monitores do Estudo Sistematizado da Doutrina Espírita, do Estudo e Educação da Mediunidade, Evangelizadores da Infância e Juventude.

Esta obra, embora de leitura independente, é complementada pelo livro *Orientação Terapêutica à luz da Psicologia Espírita*, extraído da mesma Série Psicológica.

Tivemos a honra de receber do médium e da autora espiritual manifestações de apreço, de regozijo e de grande receptividade às nossas indagações que receberam prontas e carinhosas respostas.

Para o prezado leitor, desejamos transmitir a impressão de que a benfeitora Joanna de Ângelis, com muito amor, tenta erguer a todos nós, neste final de tempos – de "mãos descaídas e joelhos trôpegos", nos dizeres do Apóstolo dos gentios –, pela Misericórdia Divina e orientação do maior Psicoterapeuta da Humanidade, o Senhor Jesus, para as culminâncias da autossuperação, do autodescobrimento e da plenitude.

Brasília, verão de 2002.

Os ORGANIZADORES

Conceitos e Definições

ABANDONO DE SI MESMO

O abandono de si mesmo é forma de punir a incapacidade de lutar, cilício voluntário para a autodestruição, recurso para punir os familiares ou a sociedade na qual se encontra. Sentindo-se impossibilitado de competir, negando-se a lutar, recalcando os conflitos na raiva e na mágoa, castiga-se, para desforçar-se de todos aqueles que se lhe apresentam na mente atormentada como responsáveis pelo seu estado.

(Vol. 9, cap. 9)

ABNEGAÇÃO

A abnegação o induz [o homem] às ações sacrificiais, por mais pesadas e menos grandiosas, que executa sem pejo nem jactância. [...]

A abnegação nunca é triste, porque é terapêutica. Sua *medicação* mostra-se na jovialidade, na alegria de viver e na felicidade de ser útil. Ajudar, renunciando-se, é um estado de júbilo interior para quem o faz e não uma áspera provação, mesmo porque ela é oferecida, é espontânea e jamais imposta. Não se pode nunca a outrem impor abnegação, que brota dos sentimentos mais elevados do ser.

(Vol. 6, cap. 11)

ABNEGAÇÃO/HUMILDADE

Independem, a abnegação e a humildade, de convicções religiosas, embora possam estas influenciar-lhes a conquista, tornando-as acessíveis a todos os indivíduos que adquirem consciência de si.

De alta importância para o progresso da sociedade, essas conquistas psicológicas dignificam a criatura, e promovem o grupo social, humanizando-o cada vez mais.

Invariavelmente, quando não expressam evolução ou delas não decorrem, são simulações dos temperamentos emocionais conflituosos, que as utilizam para mascarar a timidez, o medo, o complexo de inferioridade, a inveja...

(Vol. 6, cap. 11)

AÇÃO

A ação é o coroamento das disposições íntimas, a materialização do pensamento nas expressões da forma. [...]

(Vol. 2, cap. 8)

Ação é a palavra de ordem, em todo o Universo. O movimento constitui mecanismo que impulsiona a vida em todos os sentidos.

O ser humano somente se identifica com a sua realidade quando age, tornando-se útil, desprendido dos bens materiais e das paixões pessoais ainda primitivas. [...]

(Vol. 8, cap. 8)

ACUPUNTURA

A acupuntura [...] considera o corpo como um instrumento de um *sistema energético*, portanto, não físico, o que equivale a dizer, menos denso do que aparenta. Esse sistema tem prevalência sobre todo o conjunto, qual se fosse um outro sistema nervoso mais complexo, sustentando toda a aparelhagem delicada e os seus implementos mais sutis da organização somática. Encarrega-se de manter a interação mente/corpo, emoção/sensação, pensamento/matéria.

A técnica da acupuntura busca, através do corpo físico, alcançar o campo de energia e vitalizá-lo, eliminando os bloqueios impeditivos da irrigação de forças mantenedoras da saúde.

(Vol. 3, cap. 11)

AFEIÇÃO

A afeição dá sentido à existência humana, facultando-lhe a luta otimista, o esforço continuado, o interesse permanente, a conquista de novos valores para progredir e enobrecer-se. [...]

Ela tem início em um sentido de carinho que se expande e enlaça os seres scientes, aumentando até o encontro com a criatura humana, que igualmente necessita de afeto e pode retribuí-lo, em intercâmbio que dignifica e dá significado à existência.

(Vol. 9, cap. 2)

AFETIVIDADE

A afetividade é o campo central para a batalha entre as diversas paixões de posse e de renúncia, de domínio e abnegação, ensejando a predominância da doação plena.

(Vol. 5, cap. 1)

Inata, em a criatura humana, a afetividade é fundamental para um desenvolvimento emocional saudável, respondendo pela felicidade e autorrealização do ser. [...] Destacam-se dois elementos na área da afetividade que não podem ser desconsiderados: o conhecimento e o sentimento. O conhecimento amplia os horizontes, mas o sentimento vivencia-os. O conhecimento liberta, porém o sentimento dá calor e vida.

(Vol. 9, cap. 8)

A afetividade é o sentimento que se expressa mediante reações físicas positivas. [...]

A afetividade é inerente ao ser humano, não podendo ser dele dissociada, já que também é natural em todos os animais, inicialmente como instinto de proteção à prole.

Psicologicamente, a sua exteriorização tem muito a depender do convívio perinatal e suas experiências no ambiente do lar, particularmente com a mãe. [...]

O sentimento da afetividade, porém, é quase sempre acompanhado dos conflitos pessoais, que decorrem da estrutura psicológica de cada um.

Quando não se viveu plenamente na infância a experiência tranquilizadora do amor, a insegurança que se instala gera conflitos em relação à sua realidade, e todos os relacionamentos afetivos se manifestam assinalados pela presença do ciúme, da raiva ou do ressentimento. [...]

A afetividade madura proporciona o prazer, sem o qual permaneceria perturbada, angustiante, caótica.

(Vol. 9, cap. 11)

A afetividade é passo avançado no processo dos relacionamentos, principalmente quando se trata daquele que mantém comunhão sexual.

(Vol. 10, cap. 7)

AFETIVIDADE CONFLITIVA

Entre as condutas perturbadoras, convém seja destacada a afetividade conflitiva como de relevância, apresentada pela criatura humana que, desajustada emocionalmente, expressa todos os seus tipos de realizações mediante estados de desequilíbrio, gerando novas ansiedades, insatisfações e desajustes.

A carência afetiva e a insegurança normalmente produzem comportamentos antinaturais instáveis, que chamam a atenção de forma desagradável.

(Vol. 8, cap. 3)

AFLIÇÃO

Dos profundos arcanos da individualidade, surgem as matrizes das aflições que se lhe estabelecerão no ser como processos depuradores, facilitando a instalação das enfermidades, dos tormentos, das insatisfações.

(Vol. 1, cap. 15)

AGRADECER *ver* GRATIDÃO

AKASHAS

[...] ao se apresentarem esses arquétipos em sonhos ou em imagens projetadas no mundo objetivo, são defrontadas exteriorizações dos arquivos pessoais e das experiências coletivas – reminiscências liberadas do perispírito – igualmente registradas no inconsciente universal – os tradicionais *akashas* do esoterismo ancestral –, no qual estão mergulhadas todas as vidas e suas formas, incluindo-se as abstrações.

(Vol. 12, cap. 1)

ALCOOLISMO

É uma chaga social e moral das mais graves o alcoolismo, porque muito bem-aceito nos conglomerados humanos, por significar nos grupos economicamente elevados um *status* correspondente ao poder, à glória, à fama, ao destaque... e nos guetos representar um mecanismo de fuga da realidade; de igual forma é a asfixia na ilusão. [...]

Bebe-se socialmente, em grupos elevados ou de baixo contexto econômico; gera-se dependência, sem reconhecer-se a gravidade do fenômeno até o momento quando o indivíduo se torna alcoólico e o retorno é quase impossível.

(Vol. 10, cap. 3)

O alcoolismo é grave problema de natureza médica, psicológica e psiquiátrica, que merece assistência urgente, uma vez que também se apresenta como terrível dano social, em face dos prejuízos orgânicos, emocionais e mentais que opera no indivíduo e no grupo social ao qual pertence.

O alcoolismo envolve crianças mal-orientadas, jovens em desalinho de conduta, adultos e idosos instáveis, gerando altos índices de intoxicação aguda e subaguda em todos, como consequência da facilidade com que se pode conseguir a substância alcoólica, que faz parte do *status* da sociedade contemporânea, como de alguma forma ocorreu no passado.

Apresentam-se dois tipos de bebedores: os de ocasião, que se permitem a ingestão etílica em circunstâncias especiais, e os habituais, aqueles que já se encontram em dependência alcoólica.

(Vol. 13, cap. 14)

ALEGRIA

A alegria é a mensagem mais imediata que caracteriza um ser saudável.

Quando se instala, todo o indivíduo se expressa num fluxo de energia que o domina, que se movimenta dos pés à cabeça e dela à planta dos pés. Há um *continuum* de vitalidade que irriga todo o corpo, demonstrando que se está vivo, sem áreas mortas nem constrangimentos psicológicos inquietadores.

(Vol. 10, cap. 4)

A alegria estruge diante das ocorrências simples e descomprometidas, tais uma pequena jornada que se realiza caminhando descalço, sentindo as folhas e a terra gentil sob os pés, experimentando o contato com a Natureza pulsante de vida. Noutras vezes, surge, quando se rompe a masmorra dos limites e se espraiam os olhos por sobre o mar, viajando sem medo pela imaginação; ou se apresenta quando tem início a alva colorindo a Terra e vencendo a sombra, em mensagem de vitalidade, de despertar; ou se manifesta no momento em que se estão plantando sementes após o amanho do solo...

A alegria é a presença de Deus no coração do ser humano, cantando, sem palavras, melodias de perenidade, mesmo que de breves durações. [...]

Nesse contributo da alegria o indivíduo é livre, desalgemado, retornando à pulcritude do período infantil, antes das imposições caprichosas dos esquemas de coerção. [...]

A alegria é o prêmio que se conquista através da autoidentificação.

(Vol. 10, cap. 4)

ALEGRIA DE VIVER

A alegria, pois, de viver, deve ser parte ativa do programa de construção pessoal da criatura inteligente. Fruir toda a magia existente no painel universal, retirando as maravilhosas concessões de completude que pairam ao alcance de todo aquele que deseja elevar-se, livre de tormentos e de amarras com o passado. [...]

À medida que se amadurece psicologicamente, a alegria de viver constitui uma razão poderosa para o prosseguimento da atividade de iluminação. Tal alegria certamente não impede os episódios de reflexão pela dor, de ansiedade pelo amor, de espera pela saúde, de presença da enfermidade, de angústia momentânea, de inquietação diante do que esteja ocorrendo. Esses fenômenos, que fazem parte do curso existencial, não eliminam a alegria, antes lhe dão motivo de presença, porque a cada desafio segue uma vitória; após cada testemunho advém uma conquista; a cada empreendimento de dor se apresenta um novo patamar de equilíbrio, fazendo que a alegria seja constante e motivadora para a produção de novos valores.

A alegria proporciona ao cérebro maior contribuição de enzimas especiais, encarregadas de produzir saúde, facultando o riso, que é um estimulante poderoso para a fabricação de imunoglobulina salivar (sIgA), portadora de fatores imunizantes, que propiciam o constante equilíbrio orgânico, evitando a invasão de vários vírus e bactérias perniciosos. [...]

A alegria de viver é convite para uma existência rica de produções morais, espirituais, artísticas, culturais, estéticas e nobres.

(Vol. 8, cap. 7)

ALIENAÇÃO

As condutas alienantes constituem mecanismos de fuga da realidade, portanto, da verdade em si mesma. Para que haja uma inversão de conduta, torna-se inadiável o processo terapêutico de recomposição da personalidade, mediante reflexão, diálogos, liberação de traumas e conflitos.

(Vol. 10, cap. 2)

ALOESTIMA

A *aloestima* leva-o [o ser consciente] à fraternidade, ao convívio saudável com o seu próximo, igualmente necessitado.

(Vol. 5, p. 11)

ALTRUÍSMO

O altruísmo, que é lição viva de caridade, expressão superior do sentimento de amor enobrecido, abre as portas à ação, sem a qual não teria sentido a sua existência.

Dilatação da solidariedade, alcança o seu mais significativo mister quando reparte bênçãos e comparte aflições, trabalhando por minimizar-lhes os feitos, erradicando-lhes as causas.

É o próprio amor ensinado por Jesus, que esquece de si mesmo para concentrar-se no bem do seu próximo, olvidando todo o mal para agigantar-se nas aspirações do progresso, da ordem e da felicidade.

Antítese do egoísmo, cicatriza as lesões da alma, que este produz, fomentando a vigência da saúde integral.

Estrela luminar, irradia paz envolvente, que alcança e vence as grandes distâncias emocionais e preconceituosas que separam os homens. Arrasta os corações que se deixam impregnar pela sua irradiação, assinalando, indelevelmente, os períodos das vidas com a sua presença. [...]

A existência do altruísmo revela-se por diversos sentimentos de grandeza moral, que dão dignidade à vida. Entre esses, a generosidade assume papel de destaque, por ser-lhe a primeira manifestação prática, portanto, a sua forma inicial de exteriorizar-se na ação. [...]

O altruísmo, no processo de expansão, apresenta-se, também, como uma formulação ética.

(Vol. 3, cap. 6)

AMADURECIMENTO AFETIVO

No amadurecimento afetivo, o ser esplende e supera-se.

(Vol. 5, cap. 1)

AMADURECIMENTO MENTAL

O próximo passo [após o amadurecimento afetivo] é o amadurecimento mental, graças à compreensão de que a vida é rica de significados e o seu sentido é a imortalidade.

Com essa identificação alteram-se os interesses, e as paisagens se clareiam ao sol da razão, que consubstancia a fé no homem, na vida e em Deus.

O amadurecimento mental, que se adquire pela emoção e pelo conhecimento que discerne os valores constitutivos da filosofia existencial, amplia as perspectivas da realização completadora.

Somente após lograr o amadurecimento afetivo, consegue o mental, por encontrar-se livre dos constrangimentos e das pseudonecessidades emocionais.

(Vol. 5, cap. 1)

AMADURECIMENTO MORAL

Logo se apresenta o desafio do amadurecimento moral, responsável pela superação dos instintos, das sensações grosseiras, imediatistas.

A escala dos valores rompe os limites das conveniências restritivas e interesseiras, para apoiar-se nos códigos da ética universal, ancestral e perene, que têm, por base, Deus, os seres, a Natureza e o próprio indivíduo, compreendendo-se que o limite da própria liberdade começa na fronteira do direito alheio, nunca aspirando para si o que não gostaria de receber de outrem...

A maturidade moral liberta, por despedaçar os códigos da hipocrisia e das circunstâncias que facultam o desenvolvimento do egoísmo, da vaidade, da autocracia.

Essa realização moral é dinâmica e entusiasta, alargando as possibilidades de crescimento ético, estético e espiritual do ser.

Dois sensos morais surgem no contexto da maturação: o convencional – que é o aceito, oportunista e, às vezes, amoral ou imoral –, porque imposto pelas conveniências de cada época, civilização e cultura, e o verdadeiro – que supera os limites ocasionais e sobrepaira legítimo em todas as épocas, qual aquele estatuído no Decálogo e no Sermão da Montanha.

A conquista da maturidade moral verdadeira torna-se indispensável para a autorrealização do ser e da sociedade em geral.

(Vol. 5, cap. 1)

AMADURECIMENTO PSICOLÓGICO

O amadurecimento psicológico conduz o homem à verdadeira humildade perante a vida, na condição de identificação das próprias possibilidades, assim como das inesgotáveis fontes do conhecimento a haurir. Percebe a pequenez diante da grandeza universal, destituído de conflitos, de consciência de culpa, de fugas do *ego*.

(Vol. 6, cap. 11)

Todo o empenho humano para um correto amadurecimento psicológico objetiva a conquista do Si, a harmonia do Eu profundo em relação à sua realidade, à compreensão do divino e do humano nele existentes, descobrindo a sua causalidade e entregando-se à fatalidade (de forma consciente) do processo de evolução, que não cessa.

Trata-se de um imenso programa de conquistas plenificadoras, que foram iniciadas no período de *consciência de sono*, passando pelos diversos níveis de progresso e autodescobrimento de forma gratificante e pacífica, sem qualquer tipo de violência.

À medida que vão sendo fixados os patamares a alcançar, mais amplas perspectivas de triunfo se dilatam no ser, que se identifica com a vida e alça-se aos valores mais expressivos que passa a descobrir e a ter necessidade de vivenciar.

(Vol. 6, cap. 12)

O amadurecimento psicológico propõe que cada atividade tenha lugar no seu momento próprio e cada desafio seja atendido no instante correto, quando se apresente.

(Vol. 8, cap. 3)

AMAR

Amar torna-se um hábito edificante, que leva à renúncia sem frustração, ao respeito sem submissão humilhante, à compreensão dinâmica, por revelar-se uma experiência de alta magnitude, sempre melhor para quem o exterioriza e dele se nutre.

(Vol. 2, cap. 3)

Amar é *abrir o coração* sem reservas, encontrar-se desarmado de sentimentos de oposição, sempre favorável ao bem e ao progresso, mesmo quando discordando das colocações que são apresentadas.

(Vol. 11, cap. 13)

AMARGURA

Outro aspecto perturbador no comportamento psicológico do indivíduo é a presença da amargura, esse agente de transtornos depressivos.

Pode situar-se em reminiscências inconscientes de reencarnações passadas, a causa da amargura, em forma de melancolia, saudade ou tristeza, ou pode encontrar-se na atual existência como efeito de traumas da infância, presença da imagem do pai ou da mãe dominadores, efeito das castrações pelo medo, da submissão imposta, de outros conflitos que remanescem como agentes que lhe são propiciadores. [...]

A amargura é vapor morbífico que se exterioriza do sentimento doentio e domina as paisagens da mente, assim como da emoção. Todo empenho para diluí-la é a proposta-desafio para quem pensa e anela por felicidade hoje e no futuro.

(Vol. 6, cap. 10)

[...] se expressa como força autopunitiva, mecanismo psicótico-maníaco-depressivo que, não cuidado no devido tempo, sempre culmina em mal de consequências irreversíveis.

(Vol. 9, cap. 9)

AMOR

O amor que se converte em reparação de erros é a eficiente medicação moral para todas as chagas do corpo, da mente e da alma.

(Vol. 1, cap. 15)

A experiência do amor é essencial ao autodescobrimento, pois que, somente através dele se rompem as couraças do *ego*, do primitivismo, predominante ainda na natureza humana. O amor se expande como força cocriadora, estimulando todas as expressões e formas de vida. Possuidor de vitalidade, multiplica-a naquele que o desenvolve quanto na pessoa a quem se dirige. Energia viva, pulsante, é o próprio hálito da Vida a sustentá-la. A sua aquisição exige um bem direcionado esforço que deflui de uma ação mental equilibrada.

(Vol. 2, cap. 3)

O amor é uma conquista do Espírito maduro, psicologicamente equilibrado; usina de forças para manter os equipamentos emocionais em funcionamento harmônico. É uma forma de *negação de si mesmo* em autodoação plenificadora. Não se escora em suspeitas, nem exigências infantis; elimina o ciúme e a ambição de posse, proporcionando inefável bem-estar ao ser amado que, descomprometido com o dever de retribuição, também ama. Quando, por acaso, não correspondido, não se magoa nem se irrita, compreendendo que o seu é o objetivo de doar-se, e não de exigir. Permite a liberdade ao outro, que a si mesmo se faculta, sem carga de ansiedade ou de compulsão.

(Vol. 2, cap. 7)

O amor é o antídoto mais eficaz contra quaisquer males. Age nas causas e altera as manifestações, mudando a estrutura dos conteúdos negativos quando estes se exteriorizam.

Revela-se no instinto e predomina durante o período da razão, responsabilizando-se pela plenificação da criatura.

O amor instaura a paz e irradia a confiança, promove a não violência e estabelece a fraternidade que une e solidariza os homens, uns com os outros, anulando as distâncias e as suspeitas. É o mais poderoso vínculo com a Causa Geradora da Vida. É o motor que conduz à ação bondosa, desdobrando o sentimento de generosidade, ao mesmo tempo estimulando à paciência.

Graças à sua ação, a pessoa doa, realizando o gesto de generosa oferta de coisas, até o momento em que é levado à autodoação, ao sacrifício com naturalidade. O amor é o rio onde se afogam os sofrimentos, pela impossibilidade de sobrenadarem nas fortes correntezas dos seus impulsos benéficos. Sem ele a vida perderia o sentido, a significação. Puro, expressa, ao lado da sabedoria, a mais relevante conquista humana.

(Vol. 2, cap. 8)

O amor é o antídoto para todas as causas do sofrimento, por proceder do Divino Psiquismo, que gera e sustenta a vida em todas as suas expressões.

Luarizado pelo amor, o homem discerne, aspira, age e entrega-se em confiança, irradiando energia vitalizadora, graças à qual se renova sempre e altera para melhor a paisagem por onde se movimenta.

O amor é sempre o conselheiro sábio em qualquer circunstância, orientando com eficiência e produzindo resultados salutares, que propelem ao progresso e à felicidade.

(Vol. 3, cap. 3)

[...] O amor dulcifica o ser e incita-o às atitudes edificantes da vida. Mediante a sua vigência, pensa-se antes de tomar-se decisões, considerando-se quais as que são mais compatíveis com a ética e os anseios do próprio coração. [...]

(Vol. 3, cap. 3)

[...] O amor é a vibração do pai expandindo-se na direção do filho e dele se exteriorizando em todas as direções. Mesmo nos indivíduos mais cruéis, nos verdugos mais insensíveis, vigem os lampejos do amor em ondas de ternura, gestos de carinho, expressões de sacrifício... [...]

No homem, o amor esplende e cria o heroísmo, o holocausto, o sacrifício com que a vida se engrandece e triunfa sobre a morte, qual dia perene sobre a noite transitória. [...]

É o antídoto mais poderoso para quaisquer fenômenos degenerativos, em forma de dor ou ingratidão, agressividade ou desequilíbrio, crime ou infâmia. Ele possui os ingredientes que diluem o mal e favorecem o surgimento do bem oculto.

Onde viceja o progresso, o amor se manifesta. [...]

(Vol. 3, cap. 5)

Amor é sinônimo de saúde moral e quem o possui elimina as geratrizes envenenadas que se expandem produzindo sofrimento.

O amor é sutil e sensível, paciente e constante, não se irritando nem se impondo nunca. No entanto, quem lhe experimenta o mimetismo, jamais o esquece. Mesmo que momentaneamente lhe interrompa o fluxo, ele sempre volve.

Na raiz de toda a ação enobrecida está a seiva do amor, produzindo vida e sustentando-a. [...]

Dinâmico, o amor induz à ação construtiva, responsável pelo progresso.

Objetivando sempre o bem, concentra suas forças nele e não desiste enquanto não lobriga a meta. Ainda aí permanece solidário, de modo a evitar que o ser depereça e tombe no desânimo.

(Vol. 3, cap. 5)

Sob a ação do amor, são processados novos mecanismos cármicos positivos, que interrompem aqueles de natureza perniciosa, porquanto o bem anula o mal e suas consequências, liberando os infratores das leis, quando eles as recompõem e corrigem os mecanismos que haviam desarticulado.

É o amor que leva à piedade fraternal, à compaixão, induzindo o homem à solidariedade e mesmo ao sacrifício.

(Vol. 3, cap. 5)

❖

O amor [...] é o *élan* mágico que unirá todas as criaturas um dia [...].

A sua força restaura a confiança nos homens e na vida, porquanto, a sua presença produz estímulos, facultando que, periodicamente, o sangue receba renovação de cargas de adrenalina, produzindo revigoramento orgânico.

Através da sua óptica os acontecimentos apresentam angulações antes não percebidas, permitindo que as emoções não se entorpeçam, nem se exaltem, ao mesmo tempo em que predispõe o indivíduo à compaixão, fator humanizador da criatura.

(Vol. 3, cap. 9)

O amor é a grande Lei da Vida. É o amor que estabelece o critério de justiça com igualdade para todos, respondendo em reação conforme praticada a ação.

(Vol. 3, cap. 13)

Síntese de ímpar sabedoria, o amor é a chave para o enigma da enfermidade/saúde.

(Vol. 4, prefácio)

O amor é a chama que arde atraente, oferecendo claridade e calor, ao tempo que alimenta com paz, em face da permuta de energias entre quem ama e aquele que se torna amado.

(Vol. 5, cap. 1)

❖

O amor é alimento para a vida, que atua nos fulcros do ser e harmoniza os *equipamentos eletrônicos* do perispírito, responsáveis pela interação Espírito-matéria. A sua vibração acalma e dá segurança, ao mesmo tempo reabastece de forças e vitalidade insubstituíveis.

(Vol. 6, cap. 2)

[...] o amor é o antídoto eficaz para todo sofrimento, prevenindo-o, diminuindo-o ou mudando-lhe a estrutura. [...]

O amor é o sentimento que dimana de Deus e O vincula à criatura, aproximando-a ou distanciando-a de acordo com a resposta que der a esse impulso grandioso e sublime.

Nas suas manifestações iniciais, o amor confunde-se com os desejos e as paixões, tornando-se *fisiológico* ou do *queixo para baixo*. É egoístico, atormentante, imprevisível, apaixonado...

À medida que a consciência se desenvolve, sem que abandone as *necessidades*, torna-se psicológico – *do queixo para cima* –, mantendo os idealismos, diminuindo a posse, os arrebatamentos, e superando os limites egoístas. Lentamente ascende à escala superior, tornando-se humanitarista, libertador, altruísta...

(Vol. 6, cap. 3)

Na sua primeira manifestação, o amor deflui do instinto da posse, do uso do prazer egoísta, atravessando um período de inferioridade, não obstante, rompendo as algemas nas quais se ergastula, para alterar o conteúdo que exterioriza e vai sublimando.

Na sua expressão de primarismo, ele é todo sensação impetuosa, na qual a satisfação dos instintos torna-se meta a alcançar, aí permanecendo o tempo que corresponda à conquista da lucidez, ao despertar da consciência, que então elege outras expressões de felicidade, mais consentâneas com a paz, fora do vaivém do gozo-cansaço, prazer-arrependimento, satisfação-frustração, incessante tormento.

Duas circunstâncias propelem a criatura ao avanço iluminativo: a insatisfação sistemática, que passa a considerar outras formas de bem-estar – amizade, serviço fraternal, interesse comunitário –, ensejando o abandono paulatino dos velhos e arraigados hábitos para as novas experiências da solidariedade, do progresso do grupo social, da beleza. O segundo instrumento propiciador do avanço é a reencarnação, na qual os impulsos de crescimento espiritual – após o cansaço nos patamares da perturbação – propelem para a vivência dos princípios morais e as transmutações pessoais, intransferíveis.

Nesse estágio medial do amor, robustecem-se os impulsos de elevação e ele se espraia sem exigência, todo doação, semelhante a um perfume no ar, cuja origem permanece desconhecida.

A fase superior é assinalada pela paz íntima, que não necessita de retribuição, nem se entorpece sob as chuvas da ingratidão.

Enternecedor, torna-se agente anônimo da felicidade dos outros, porque está enriquecido da harmonia geradora de emoções transcendentes, que dispensam o contato físico, a presença, a relação interpessoal.

O amor é o poder criador mais vigoroso de que se tem notícia no mundo. Seu vigor é responsável pelas obras grandiosas da Humanidade.

Na raiz das realizações dignificadoras, ele se encontra presente, delineando os projetos e impulsionando os idealistas à sua execução.

Alenta o indivíduo, impulsiona-o para a frente e faz-se refúgio para a vitória sobre as dificuldades.

No amadurecimento psicológico do ser, ei-lo (o amor) direcionando todos os ideais e sustentando, em todos os embates, aquele que lhe permite desabrochar, qual lótus esplendente sobre as águas turvas e paradas do charco no qual pousa em triunfo...

A sua irradiação acalma, dulcifica, sustenta, porque se origina em Deus, a Fonte Geradora da Vida.

Nas faixas iniciais do seu desenvolvimento, pede socorro, enquanto afirma que o oferece; deseja receber, embora aparente contribuir; quer satisfazer-se sempre, não obstante dê a impressão de agradar...

Trabalhado pela consciência, torna-se equânime, dando e recebendo; espraiando-se e recolhendo; permutando...

Por fim, alcança a plenitude criadora e esquece-se de si mesmo, para atender, iluminar e seguir adiante.

Sem essa força criadora instalada na consciência lúcida de quem não se autodescobre, a permanência nas paixões anestesiantes e no jogo forte dos instintos é imperativa.

Todo o curso da evolução (tomada de consciência) tem como estrutura o autoconhecimento – que proporciona o autoamor –, passo decisivo para que essa força criadora desabroche com todas as potências que lhe são pertinentes.

Sob o seu pálio, o sofrimento se descaracteriza e perde o conteúdo atormentante que o assinala, passando a ser um *élan* de alegria e de felicidade.

(Vol. 6, cap. 5)

[...] O amor é a vibração de Deus que perpassa em todas as coisas do Universo. [...]

(Vol. 6, cap. 10)

[...] confunde-se, ainda hoje, o amor com os jogos do sexo, em tormentosos conúbios, nos quais sobressaem as sensações que os entorpecem e exaurem com facilidade.

O amor é o alicerce mais vigoroso para a construção de uma personalidade sadia, por ser gerador de um comportamento equilibrado, por propiciar a satisfação estética das aspirações e porque emula ao desenvolvimento das faculdades de engrandecimento espiritual que dormem nos tecidos sutis do Eu profundo.

(Vol. 6, cap. 11)

O amor é o grande bem a conquistar, em cujo empenho todos devem aplicar os mais valiosos recursos e esforços. Não obstante, a larga transição no instinto pode transformá-lo em adversário, pelos prejuízos que se originam quando se apresenta em desorganizada manifestação.

Possuidor de uma pluralidade de interesses, expande-se em relação à Natureza, ao próximo, a si mesmo e ao Poder Criador, abrangendo o Cosmo...

Quando alcança a plenitude, irradia-se em forma cocriadora; em intercâmbio com as Energias Divinas que mantêm o equilíbrio universal, o sentimento de amor cresce e sutiliza-se de tal forma que o Espírito se identifica plenamente com a Vida, fruindo a paz e a integração nela.

(Vol. 6, cap. 11)

O alimento mantenedor da vida é o amor, sem o qual ela se transforma em fenômeno vegetativo, sem significado psicológico existencial.

O amor, quando verdadeiro, irradia-se como a luz, nunca se maculando com ressentimentos, dissabores, amarguras...

Perdoa naturalmente e, às vezes, nem necessita fazê-lo, porque não se melindra com ofensas, nem agressões.

Serve sem cessar, porque essa é a sua finalidade, construindo o bem, a paz, o progresso em todo lugar.

Graças à sua presença, aquele que o esparze vive em paz de consciência, com alegria, retirando bons proveitos de todas as ocorrências, sem observar-lhes a procedência.

(Vol. 7, cap. 18)

Transcendendo definições, o amor é vida exuberante; é a razão básica da manifestação do ser que pensa e que sente. [...]

Assim, o amor deve ser causa, meio e fim para o comportamento humano feliz, que desperta com anseios de plenitude.

Amar é o grande desafio.

(Vol. 7, cap. 22)

Somente o amor, como medida terapêutica, possui a solução para as agressões do mal que teima em alastrar-se por toda parte, levando de roldão aqueles que se permitem carregar.

(Vol. 7, cap. 22)

Quando o amor viger nos corações das criaturas, o bem iluminará o mal e a harmonia plenificará todas as almas; mesmo aquelas que avançam em estágios inferiores se sentirão estimuladas a alcançar os patamares elevados da libertação.

(Vol. 7, cap. 22)

A criatura nasceu para ser livre, e, por isso mesmo, o amor é sentimento que liberta, proporcionando paz e alegria. Quando manifestado por exigências descabidas, deperece e morre. O amor tem infinita capacidade de compreender e de tolerar, de ser franco e honesto, nunca diminuindo, quando em dificuldades, por dispor de recursos nobres para eliminar os impedimentos e incompreensões.

(Vol. 8, cap. 3)

O amor é substância criadora e mantenedora do Universo, constituído por Essência Divina.

É um tesouro que quanto mais se divide, mais se multiplica, e se enriquece à medida que se reparte.

Mais se agiganta, na razão que mais se doa. Fixa-se com mais poder, quanto mais se irradia.

Nunca perece, porque não se entibia nem se enfraquece, desde que sua força reside no ato mesmo de doar-se, de tornar-se vida.

Assim como o ar é indispensável para a existência orgânica, o amor é o oxigênio para a alma, sem o qual ela se enfraquece e perde o sentido de viver.

É imbatível, porque sempre triunfa sobre todas as vicissitudes e ciladas.

Quando aparente – de caráter sensualista, que busca apenas o prazer imediato –, debilita-se e se envenena, ou se entorpece, dando lugar à frustração.

Quando real, estruturado e maduro – que espera, estimula, renova –, não se satura, é sempre novo e ideal, harmônico, sem altibaixos emocionais. Une as pessoas, porque reúne as almas, identifica-as no prazer geral da fraternidade, alimenta o corpo e dulcifica o Eu profundo.

O prazer legítimo decorre do amor pleno, gerador da felicidade, enquanto o comum é devorador de energias e de formação angustiante.

O amor atravessa diferentes fases: o infantil, que tem caráter possessivo; o juvenil, que se expressa pela insegurança; o maduro, pacificador, que se entrega sem reservas e faz-se plenificador.

Há um período em que se expressa como compensação, na fase intermediária entre a insegurança e a plenificação, quando dá e recebe, procurando liberar-se da *consciência de culpa*.

O estado de prazer difere daquele de plenitude, em razão de o primeiro ser fugaz, enquanto o segundo é permanente, mesmo que sob a injunção de relativas aflições e problemas-desafios que podem e devem ser vencidos.

Somente o amor real consegue distingui-los e os pode unir quando se apresentem esporádicos.

A ambição, a posse, a inquietação geradora de insegurança – ciúme, incerteza, ansiedade afetiva, cobrança de carinhos e atenções –, a necessidade de ser amado caracterizam o estágio do *amor infantil*, obsessivo, dominador, que pensa exclusivamente em si antes que no ser amado.

A confiança, suave-doce e tranquila, a alegria natural e sem alarde, a exteriorização do bem que se pode e se deve executar, a compaixão dinâmica, a não posse, não dependência, não exigência são benesses do amor pleno, pacificador, imorredouro.

Mesmo que se modifiquem os quadros existenciais, que se alterem as manifestações da afetividade do ser amado, o amor permanece libertador, confiante, indestrutível.

Nunca se impõe, porque é espontâneo como a própria vida e irradia-se mimetizando, contagiando de júbilos e de paz. Expande-se como um perfume que impregna, agradável, suavemente, porque não é agressivo nem embriagador ou apaixonado...

O amor não se apega, não sofre a falta, mas frui sempre, porque vive no íntimo do ser e não das gratificações que o amado oferece.

O amor deve ser sempre o ponto de partida de todas as aspirações e a etapa final de todos os anelos humanos.

O clímax do amor se encontra naquele sentimento que Jesus ofereceu à Humanidade e prossegue doando, na Sua condição de Amante não amado. [...]

O amor se expressa como sentimento que se expande, irradiando harmonia e paz, terminando por gerar plenitude e renovação íntima. Igualmente se manifesta através das necessidades de intercâmbio afetivo, no qual os indivíduos se completam, permutando hormônios que relaxam o corpo e dinamizam as fontes de inspiração da alma, impulsionando para o progresso.

Sem ele, entibiam-se as esperanças e deperece o objetivo existencial do ser humano na Terra.

As grandes construções do pensamento sempre se alicerçam nas suas variadas manifestações, concitando ao engrandecimento espiritual, arrebatando pelos ideais de dignificação humana e fomentando tanto o desenvolvimento intelectual como o moral.

Valioso veículo para que se perpetue a espécie, quando no intercurso sexual, de que se faz o mais importante componente, é a força dinâmica e indispensável para que a vida se alongue, etapa a etapa, ditosa e plena.

Nos outros reinos – animal e vegetal –, manifesta-se como instinto no primeiro e fator de sincronia no segundo, de alguma forma embriões da futura conquista da evolução.

Adorna a busca com a melodia da ternura e encanta mediante a capacidade que possui de envolvimento, sem agressão ou qualquer outro tipo de tormento.

Sob a sua inspiração as funções sexuais se enobrecem e a sexualidade se manifesta rica de valores sutis: um olhar de carinho, um toque de afetividade, um abraço de calor, um beijo de intimidade, uma carícia envolvente, uma palavra enriquecedora, um sorriso de descontração, tornando-se veículo de manifestação da sua pujança, preparando o campo para manifestações mais profundas e responsáveis.

Como é verdade que o instinto reprodutor realiza o seu mister automaticamente, quando, no entanto, o amor intervém, a sensação se ergue ao grau de emoção duradoura com todos os componentes fisiológicos, sem a selvageria da posse, do abandono e da exaustão.

A harmonia e a satisfação de ambos os parceiros constituem o equilíbrio do sentimento que se espraia e produz plenitude.

A libido, sob os seus impulsos, como força criadora, não produz tormento, não exige satisfação imediata, irradiando-se, também, como vibração envolvente, imaterial, profundamente psíquica e emocional.

Quando o sexo se impõe sem o amor, a sua passagem é rápida, frustrante, insaciável...

(Vol. 9, cap. 1)

O amor dulcifica e acalma, espera e confia. É enriquecedor, e, embora se expresse em desejos ardentes que se extasiam na união sexual, não consome aqueles que se lhe entregam ao *abrasamento*, porque se enternece e vitaliza, contribuindo para a perfeita união.

(Vol. 9, cap. 1)

O amor é mecanismo de libertação do ser, mediante o qual todos os revestimentos da aparência cedem lugar ao Si profundo, despido dos atavios físicos e mentais, sob os quais o *ego* se esconde. [...]

O amor está presente no relacionamento existente entre pais e filhos, amigos e irmãos. Mas também se expressa no sentimento do prazer, imediato ou que venha a acontecer mais tarde, em forma de bem-estar. Não se pode dissociar o amor desse mecanismo do prazer mais elevado, mediato, aquele que não atormenta nem exige, mas surge como resposta emergente do próprio ato de amar. Quando o amor se instala no ser humano, de imediato uma sensação de prazer se lhe apresenta natural, enriquecendo-o de vitalidade e de alegria com as quais adquire resistência para a luta e para os grandes desafios, aureolado de ternura e de paz.

(Vol. 9, cap. 1)

[...] o amor sempre se direciona àqueles que são simpáticos entre si e com os quais se pode manter um relacionamento agradável. Este conceito, porém, se restringe à exigência do amor que se expressa pela emoção física, transformando-se em prazer sensual.

Sob outro aspecto, há o amor profundo, não necessariamente correspondido, mas feito de respeito e de carinho pelo indivíduo, por uma obra de arte, por algo da Natureza, pelo ideal, pela conquista de alguma coisa superior ou transcendente, para cujo logro se empenham todas as forças disponíveis, em expectativa de um prazer remoto a alcançar.

(Vol. 9, cap. 1)

O amor relaxa e conforta, sendo felicitador e proporcionando compensação em forma de prazer.

É o sentimento mais complexo e mais simples que predomina no ser humano, ainda tímido em relação às suas incontáveis possibilidades, desconhecedor dos seus maravilhosos recursos de relacionamento e bem-estar, de estimulação à vida e a todos os seus mecanismos.

O amor liberta quem o oferece, tanto quanto aquele a quem é direcionado, e se isso não sucede, não atingiu o seu grau superior, estando nas fases das trocas afetivas, dos interesses sexuais, dos objetivos sociais, das necessidades psicológicas, dos desejos... Certamente são fases que antecedem o momento culminante, quando enriquece e apazigua todas as ansiedades. [...]

Expressando prazer de viver, o amor irradia-se de acordo com o nível de consciência de cada ser ou conforme o seu grau de conhecimento intelectual.

(Vol. 9, cap. 2)

O amor preenche qualquer vazio existencial, por despertar emoções inusitadas, capazes de alterar a estrutura do ser.

(Vol. 9, cap. 9)

É o amor o antídoto, portanto, das doenças modernas, decorrentes da massificação, da robotização, da perda do Si, porque é a alma da Vida, movimentando o Universo e humanizando o *princípio inteligente*, o Espírito, no processo de conquista da angelitude.

(Vol. 9, cap. 12)

O amor é força irradiante que vence as distonias da violência vigente no primarismo humano, gerador das subpersonalidades.

(Vol. 9, cap. 13)

Amor é saúde que se expande, tornando-se vitalidade que sustenta os ideais, fomenta o progresso e desenvolve os valores elevados que devem caracterizar a criatura humana.

Ínsito em todos os seres, é a luz da alma, momentaneamente em sombra, aguardando oportunidade de esplender e expandir-se.

O amor completa o ser, auxiliando-o na autossuperação de problemas que perdem o significado ante a sua grandeza.

(Vol. 9, cap. 13)

A vigência do amor no ser humano constitui a mais alta conquista do desenvolvimento psicológico e também ético, porquanto esse estágio que surge como experiência do sentimento concretiza-se em emoções profundamente libertadoras, que facultam a compreensão dos objetivos essenciais da existência humana, como capítulo valioso da vida.

O amor suaviza a ardência das paixões, canalizando-as corretamente para as finalidades a que se propõem, sem as aflições devastadoras de que se revestem.

No emaranhado dos conflitos que, às vezes, o assaltam, mantém-se em equilíbrio, norteando o comportamento para as decisões corretas.

Por isso é sensato e sereno, resultado de inumeráveis conquistas no processo do desenvolvimento intelectual.

Enquanto a razão é fria, lógica e calculada, o amor é vibrante, sábio e harmônico.

No período dos impulsos, quando se apresenta sob as constrições dos instintos, é ardente, apaixonado, cercado de caprichos que o amadurecimento psicológico vai equilibrando através do mecanismo das experiências sucessivas.

Orientado pela razão, faz-se dúlcido e confiante, não extrapolando os limites naturais, a fim de se não tornar algema ou converter-se em expressão egoísta.

Não obstante se encontre presente em outras emoções, mesmo que em fase embrionária, tende a desenvolver-se e abarcar as subpersonalidades que manifestam os estágios do primitivismo, impulsionando-as para a ascensão, trabalhando-as para que alcancem o estágio superior.

É o amor que ilumina a face escura da personalidade, conduzindo-a ao conhecimento dos defeitos e auxiliando-a na realização inicial da autoestima, passo importante para voos mais audaciosos e necessários.

A sua presença no indivíduo confere-lhe beleza e alegria, proporciona-lhe graça e musicalidade, produzindo irradiação de bem-estar que se exterioriza, tornando-se vida, mesmo quando as circunstâncias se apresentam assinaladas por dificuldades, problemas e dores, às vezes, excruciantes.

Vincula os seres de maneira incomum, possuindo a força dinâmica que restaura as energias quando combalidas e conduz aos gestos de sacrifício e abnegação mais grandiosos possíveis.

O compromisso que produz naqueles que se unem possui um vínculo metafísico que nada interrompe, tornando-se, dessa forma, espiritual, saturado de esperanças e de paz.

O amor, quando legítimo, liberta, qual ocorre com o conhecimento da verdade, isto é, dos valores permanentes, os que são de significado profundo, que superam a superficialidade e resistem aos tempos, às circunstâncias e aos modismos.

Funciona como elemento catalisador para os altos propósitos existenciais.

A sua ausência abre espaço para tormentos e ansiedades que produzem transtornos no comportamento, levando a estados depressivos ou de violência, porquanto, nessa circunstância, desaparecem as motivações para que a vida funcione em termos de alegria e de felicidade.

Quando o amor se instala nos sentimentos, as pessoas podem encontrar-se separadas; ele, porém, permanece imperturbável. A distância física perde o sentido geográfico e o espaço desaparece, porque ele tem o poder de preenchê-lo e colocar os amantes sempre próximos, pelas lembranças de tudo quanto significa a arte e a ciência de amar. Uma palavra evocada, um aroma sentido, uma melodia ouvida, qualquer detalhe desencadeia toda uma série de lembranças que o trazem ao tempo presente, ao momento sempre feliz.

O amor não tem passado, não se inquieta pelo futuro. É sempre hoje e agora.

O amor inspira e eleva, dando colorido às paisagens mais cinzentas, tornando-se estrelas luminosas das noites da emoção.

Não necessita ser correspondido, embora o seu calor se intensifique com o combustível da reciprocidade.

Não há quem resista à força dinâmica do amor.

Muitas vezes não se lhe percebe a delicada presença. No entanto, a pouco e pouco impregna aquele a quem se direciona, diminuindo-lhe algumas das desagradáveis posturas e modificando-lhe as reações conflitivas.

Na raiz de muitos distúrbios do comportamento pode ser apontada a ausência do amor que se não recebeu, produzindo uma terra psicológica árida, que abriu espaço para o surgimento das ervas daninhas, que são os conflitos.

O amor não se instala de um para outro momento, tendo um curso a percorrer.

Apresenta os seus pródromos na amizade que desperta interesse por outrem e se expande na ternura, em forma de gentileza para consigo mesmo e para com aquele a quem se direciona.

É tão importante que, ausente, descaracteriza o sentido de beleza e de vida que existe em tudo.

A sua vigência é duradoura, nunca se cansando ou se amargurando, vibrando com vigor nos mecanismos emocionais da criatura humana.

Quando não se apresenta com essas características de libertação, é que ainda não alcançou o nível que o legitima, estando a caminho, utilizando-se, por enquanto, do prazer do sexo, da companhia agradável, do interesse pessoal egoístico, dos desejos expressos na conduta sensual: alimento, dinheiro, libido, vaidade, ressentimento, pois que se encontra na fase alucinada do surgimento...

O amor é luz permanente no cérebro e paz contínua no coração.

(Vol. 9, cap. 13)

Em qualquer circunstância a terapia mais eficiente é amar.

O amor possui um admirável condão que proporciona felicidade, porque estimula os demais sentimentos para a conquista do *Self*, fazendo desabrochar os tesouros da saúde e da alegria de viver, conduzindo aos páramos da plenitude.

Ao estímulo do pensamento e conduzido pelo sentimento que se engrandece, o amor desencadeia reações físicas, descargas de adrenalina, que proporcionam o bem-estar e o desejo de viver na sua esfera de ação.

Inato no ser humano, porque procedente do Excelso Amor, pode ser considerado como razão da vida, na qual se desenvolvem as aptidões elevadas do Espírito, assinalado para a vitória sobre as paixões.

Mesmo quando irrompe asselvajado, como impulso na busca do prazer, expressa-se como forma de ascensão, mediante a qual abandona as baixadas do *bruto*, que nele jaz para fazer desabrochar o *anjo* para cuja conquista marcha.

A sua essência sutil comanda o pensamento dos heróis, a conduta dos santos, a beleza dos artistas, a inspiração dos gênios e dos sábios, a dedicação dos mártires, colocando beleza e cor nas paisagens mais ermas e sombrias que, por acaso, existam.

Pode ver um poema de esperança onde jaz a morte e a decomposição, já que ensina a lei das transformações de todas as coisas e ocorrências, abrindo espaço para que seja alcançada a meta estatuída nas Leis da Criação, que é a harmonia.

Mesmo no aparente caos, que a capacidade humana não consegue entender, encontra-se o Amor trabalhando as substâncias que o constituem, direcionando o labor no rumo da perfeição.

O homem sofre e se permite transtornos psicológicos porque ainda não se resolveu, realmente, pelo amor, que dá, que sorri de felicidade quando o ser amado é feliz, liberando-se do *ego* a pouco e pouco, enquanto desenvolve o sentido de solidariedade que deve viger em tudo e em todos, contribuindo com a sua quota de esforço para a conquista da sua realidade.

Liberando-se dos *instintos básicos*, ainda em predomínio, o ser avança, degrau a degrau, na escada do progresso e enriquece-se de estímulos que o levam a amar sem cessar, porquanto todas as aspirações se resumem no ato de ser quem ama.

A síntese proposta por Jesus em torno do amor é das mais belas psicoterapias que se conhece: *Amar a Deus acima de todas as coisas e ao próximo como a si mesmo*, em uma trilogia harmônica.

Ante a impossibilidade de o homem amar a Deus em plenitude, já que tem dificuldade em conceber o Absoluto, realiza o mister, invertendo a ordem do ensinamento, amando-se de início, a fim de desenvolver as aptidões que lhe dormem em latência, esforçando-se por adquirir valores iluminativos a cada momento, crescendo na direção do amor ao próximo, decorrência natural do autoamor, já que o outro é extensão dele mesmo, para, finalmente amar a Deus, em uma transcendência incomparável, na qual o amor predomina em todas as emoções e é o responsável por todos os atos.

Diante, portanto, de qualquer situação, é necessário amar.

Desamado, deve-se amar.

Perseguido, é preciso amar.

Odiado, torna-se indispensável amar.

Algemado a qualquer paixão dissolvente, a libertação vem através do amor.

Quando se ama, é-se livre.

Quando se ama, é-se saudável.

Quando se ama, desperta-se para a plenitude.

Quando se ama, rompem-se as *couraças* e os *anéis* que envolvem o corpo, e o Espírito se movimenta, produzindo vida e renovação interior.

O amor é luz na escuridão dos sentimentos tumultuados, apontando o rumo.

O amor é bênção que luariza as dores morais.

O amor proporciona paz.

O amor é estímulo permanente.

Somente, portanto, através do amor, é que o ser humano alcança as cumeadas da evolução, transformando as aspirações em realidades que movimenta na direção do bem geral.

O amor de plenitude é, portanto, o momento culminante do ato de amar.

Desse modo, através do *amor, imbatível amor*, o ser se espiritualiza e avança na direção do infinito, plenamente realizado, totalmente saudável, portanto, feliz.

(Vol. 9, cap. 13)

O amor, porém, é sempre o grande auxiliar que a família deve proporcionar aos dependentes de um como do outro vício devastador, a fim de restituir-lhes a autoconfiança, a disposição para submeterem-se à terapia conveniente, ao entendimento dos objetivos da existência, que deixaram de ter qualquer valor para suas existências fanadas.

(Vol. 10, cap. 3)

O amor vige em todas as expressões da Natureza, mesmo quando não identificado sob essa denominação, qual ocorre nas Leis que regem a Criação, expressando harmonia e ordem. [...]

O amor é sentimento superior que brota espontaneamente no ser humano. Não necessita ser conquistado, nem se reveste de qualquer atavio exterior para impressionar ou atingir a sua meta.

(Vol. 10, cap. 8)

O amor é tão maravilhoso, que basta o desejo de abrigá-lo no íntimo e ei-lo que se encontra embrionário, passando a germinar e desenvolver-se.

O amor é o verdadeiro milagre da vida. Frágil, é portador de força incomum. Assemelha-se a essa persistência e poder do débil vegetal que medra em solo coberto de cimento e asfalto, enfrentando todos os impedimentos, e ali ergue sua pequenina e delicada folha verde de esperança. [...]

O amor leva à integridade moral, quando se pensa que ele conduz à perfeição. Essa é uma aspiração de todo ser que pensa. No entanto, é conveniente não a confundir com o perfeccionismo, que resulta da luta íntima para ser melhor, para atingir metas inalcançáveis em tormentosa insatisfação em relação ao que se faz e ao que se deseja.

(Vol. 10, cap. 8)

O amor é terapia eficaz para vários distúrbios de comportamento, desde que o paciente se resolva pelo ato de ser aquele que ama, devolvendo à vida a grandiosa bênção da existência que pode tornar edificante e felicitadora.

(Vol. 10, cap. 8)

O verdadeiro amor transcende a forma e alcança o ser real que nunca envelhece, nem degenera, permanecendo sempre belo e real.

(Vol. 10, cap. 9)

Esse admirável processo [a busca do ser interior] se desenvolve através do amor, que é o sentimento mais profundo que se conhece, e que tem início no ser inteligente, no vínculo entre o filho e a mãe, do qual decorrem realizações ou conflitos conforme a vivência desse elo.

Esse amor entre filho e mãe é a continuação do simbólico amor entre a criatura e o Criador ou a mesma criatura e a Natureza, que se transfere para quem conduz a gestação e atende por largo período o ser em formação. [...]

O amor propicia mais amplas aberturas e expansão do *Self*, que se alarga alcançando a Humanidade inteira.

(Vol. 10, cap. 9)

Hálito divino, vibração que equilibra o Universo, o amor é a essência fundamental para a vida sob qualquer forma em que se expresse, liame de vinculação de todas as formas vivas com a sua Fonte Geradora.

Graças a essa energia constante que pulsa no Cosmo, se apresenta como identificação harmônica com as demais expressões de vida, em um verdadeiro hino de louvor e de engrandecimento ao Psiquismo Divino que a concebeu e a elaborou.

Integrando as moléculas como condição de força de atração para a formação do conjunto, no ser humano é o sentimento mais profundo de afetividade que fomenta a felicidade e desenvolve o progresso, transformando a face áspera do planeta e desgastando as arestas das imperfeições que predominam na natureza animal, a fim de se revelar em plenitude aquela outra que é de ordem espiritual.

(Vol. 11, cap. 3)

O amor é o liame sutil que une o interior ao exterior do ser, o profano ao sagrado, o *ego* ao *Self* que lhe passa a comandar o comportamento, o material ao espiritual.

O amor nunca se ofende e sempre está lúcido para entender que na sua vibração, tudo se harmoniza, mesmo quando as *leis dos contrários* se apresentam, porque não agride nem violenta, tudo aceitando com equilíbrio e canalizando com sabedoria. [...]

O amor não mente, porque a sua é a estrutura da autenticidade, sempre aberto e claro, possuidor de quase infinita capacidade de paciência e de compreensão.

(Vol. 11, cap. 13)

O amor dinamiza os potenciais internos do ser, contribuindo para que os neurônios e as glândulas do sistema nervoso e do sistema endócrino produzam enzimas saudáveis que imunizam o ser em relação a diversas infecções, enquanto vitalizam o emocional e o psíquico, afinal de onde dimana essa energia poderosa...

(Vol. 11, cap. 13)

O amor, portanto, é o hálito de sustentação da vida, enquanto a sua ausência expressa-se como estágio embrionário do ser, aguardando os fatores propiciatórios ao seu surgimento e exteriorização.

(Vol. 11, cap. 15)

O amor nutre-se de amor e consolida-se mediante a confiança irrestrita que gera, selando os sentimentos com as belas vibrações da ternura e da amizade bem-estruturada.

(Vol. 13, cap. 7)

❖

O amor é como um perfume. Espraia-se invisível, mas percebido, impregnando os sentimentos que se identificam, facultando saúde emocional e bem-estar a todos.

Quando buscado com afã, torna-se neurótico e perturbador, jamais atendendo às necessidades legítimas da pessoa.

(Vol. 13, cap. 7)

O amor é de essência divina, porque nasce na excelsa paternidade de Deus.

Emanação sublime, encontra-se ínsito no hálito da vida, quando o psiquismo em forma primitiva mergulha na aglutinação molecular, dando início ao grandioso processo da evolução.

Na sua expressão mais primária, manifesta-se como a força encarregada de unir as partículas, compondo as estruturas minerais, transferindo-se, ao longo dos bilhões de anos, para as organizações vegetais, nas quais desenvolve o embrionário sistema nervoso na seiva que mantém a vida, através do surgimento da sensibilidade.

Um novo processo, que se desdobra por período multimilenar, trabalha a estrutura vibratória da energia psíquica de que se constitui, facultando-lhe o desdobramento das sensações até o momento em que surge o instinto nas formas animais. É nessa fase que se irá modelar o futuro da constituição do *ego*, enquanto o princípio inteligente, embora adormecido, inicia a elaboração da individualização do *Self*.

(Vol. 13, cap. 19)

O amor é a mais elevada e digna realização do *Self*, que se identifica plenamente com os valores da vida, passando a expandir-se em formas de edificação em todas as partes.

(Vol. 13, cap. 19)

[...] o amor resulta de um estado de amadurecimento psicológico do ser humano, que deve treinar as emoções, partilhando os sentimentos com tudo e com todos.

(Vol. 13, cap. 19)

Somente ama de fato aquele que é feliz, despojado de conflitos, livre de preconceitos, identificado com a vida. [...]

Somente é capaz de amar a outrem aquele que se ama. É indispensável, portanto, que nele haja o autoamor, o autorrespeito, a consciência de dignidade humana, a fim de que as suas aspirações sejam dignificantes, com metas de excelente qualidade.

Amando-se, a si mesmo, o indivíduo amadurece os sentimentos de compreensão da vida, de deveres para com a autoiluminação, de crescimento moral e espiritual, exercitando-se nos compromissos relevantes que o tornam consciente e responsável pelos seus deveres.

Identificando os valores reais e os imaginários, descobre os limites, as imperfeições que lhe são comuns, e luta, a fim de superá-los, trabalhando-se com empenho e com bondade, sem exigências desnecessárias nem conflitos dispensáveis, perdoando-se quando erra, e repetindo o labor até realizá-lo corretamente.

(Vol. 13, cap. 19)

O amor é um encantamento, uma forma de autopercepção, em razão de exigir empatia com o outro, de afirmações e de descoberta de potencialidades que se unem em favor de ambos, sem a castração ou impedimento da liberdade.

(Vol. 13, cap. 19)

O amor é espontâneo. Além do natural dever de amar os pais e os familiares, ele deve brotar em forma de ternura e de emoção felicitadora, para que se não converta em pagamento.

(Vol. 13, cap. 19)

Desse modo, o amor é influxo divino que alcança o ser nos primórdios do seu processo de evolução e que se desenvolve, crescendo, até poder retornar à *Fonte Criadora*.

Sublime, em qualquer expressão em que se apresente, é a presença da harmonia que deve vibrar no sentimento humano.

Partindo das manifestações dos desejos sexuais até as expressões de renúncia e santificação, o amor é o mais eficaz processo psicoterapêutico que existe, ao alcance de todos.

(Vol. 13, cap. 19)

O amor é a terapia preventiva e curadora para os inúmeros males que desestruturam o ser humano e o afligem.

(Vol. 14, cap. 11)

O amor é luz que se espraia em todos os sentidos, a tudo envolvendo na mesma claridade, sem excesso no epicentro nem diminuição a distância.

(Vol. 15, cap. 13)

O amor é, sem dúvida, a terapia eficiente para os males que afligem os indivíduos em particular e a sociedade em geral, porque desperta a reciprocidade, arrancando do esconderijo do egoísmo esse sentimento que é inato, mas necessita de estímulo, de ser despertado, de ser trabalhado, de ser aceito.

(Vol. 15, cap. 3)

❖

O amor abarca o mundo, e por mais se divida, jamais diminui de intensidade, conseguindo multiplicar-se e ampliar-se ao infinito.

Somente no amor está a felicidade, porque nele se haure vida *e vida em abundância*, facultando o encontro com a consciência de si, o autoencontro com o *Self*.

(Vol. 15, cap. 3)

❖

É através do amor que a Divindade penetra a consciência humana, por meio dos seus desdobramentos em forma de interesse pelo próximo, pela vida, do labor em favor de melhores condições para todos, incluindo o planeta ora quase exaurido...

(Vol. 15, cap. 5)

AMOR A DEUS

O amor a Deus significa o respeito e a ação preservadora da vida em todas as suas expressões, tornando-se o ser parte integrante d'Ele, consciente do conjunto cósmico.

(Vol. 4, cap. 6)

O amor a Deus deverá ser uma manifestação natural que emerge do *Self* e vitaliza o ser total, sem a preocupação de ser amado por Deus, o que pareceria um paradoxo, caso não o fosse amado, quer n'Ele se acredite ou não.

(Vol. 12, cap. 10)

AMOR AO PRÓXIMO

O amor ao próximo é consequência daquele que se dedica ao Genitor, demonstrando a fraternidade que a todos deve unir, por Lhe serem filhos diletos que marcham de retorno ao Seu seio.

(Vol. 4, cap. 6)

O amor ao próximo recomendado pode ser definido como companheirismo, solidariedade no sofrimento e na alegria, amizade nas situações embaraçosas, capacidade de desculpar sempre, produzindo uma vinculação afetiva, que suporte os atritos e os conflitos típicos de cada qual. Pelo seu significado profundo, é um amor diferenciado daquele que deve ser oferecido ao inimigo, a quem se fez ofensor, projetando sua imagem controvertida e detestada por si mesmo, naquele que se lhe torna vítima. Amar a esse antagonista é não lhe retribuir a ofensa, não o detestar, não o conduzir no pensamento, conseguir libertar-se da sua diatribe e agressividade.

(Vol. 11, cap. 24)

AMOR A SI MESMO

O amor a si mesmo sem a paixãoególatra eleva-o à culminância da plenitude, auxiliando-o no desenvolvimento dos ignorados tesouros que lhe jazem adormecidos.

Esse amor se manifesta como forma de preservar e dignificar a existência física, harmonizando-se com o conjunto geral, tornando-se um polo de irradiação de alegria, paz e bem-estar que a todos impregna. [...]

Amar-se é maneira de aprimorar-se em espírito, em emoção e em corpo. [...]

(Vol. 4, cap. 6)

AMOR DE PLENITUDE

Esse amor não pede e sempre doa; não tenta modificar os outros e sempre se aprimora; não se rebela nem se decepciona, porque nada espera em retribuição; não se magoa nem se impacienta – irradia-se, qual mirífica luz que, em se expandindo, mais se potencializa.

Porque esse amor não tem apego, nunca é possessivo, portanto faz-se libertador, infinito, não se confundindo com a busca do relacionamento sexual, que pode estar embutido nele, sem lhe ser causalidade. O prazer que gera na comunhão dos sentidos não é fundamental, embora seja contributivo. [...]

Para esse amor de plenitude torna-se indispensável uma entrega autêntica, sem subterfúgios, sem aparências, fazendo-se que sejam retiradas as máscaras e as sujeições.

(Vol. 5, cap. 9)

AMOR-DESEJO

Sendo um dínamo gerador de energia criativa e reparadora, o amor-desejo pode tornar-se, pela potencialidade que possui, instrumento sórdido de escravidão, de transtornos emocionais, de compromissos perturbadores.

A necessidade de controlá-lo, educando as emoções, é o passo decisivo para alcançar-lhe a meta felicitadora.

Toda vez que gera tormento de qualquer natureza, insatisfação e posse, prejudica aquele que o experimenta.

(Vol. 6, cap. 11)

AMOR-PERDÃO

O amor-perdão é um ato de gentileza que a pessoa se dispensa, não se permitindo entorpecer pelos vapores angustiantes do desequilíbrio ou desarticular-se emocionalmente sob a ação dos tóxicos do ódio ressentido.

(Vol. 9, cap. 13)

AMORTERAPIA

A amorterapia tem as suas diretrizes firmadas no ensinamento evangélico, proposto por Jesus, quando estabeleceu: – *Amar a Deus sobre todas as coisas e ao próximo como a si mesmo.* [...]

Na amorterapia a tensão cede lugar à confiança e amortece-se em face da entrega do ser a Deus, relaxando os *focos* de desespero e ansiedade, os *compressores* dos nervos, geradores de tensão.

(Vol. 5, cap. 6)

Amorterapia – eis a proposta de Jesus.

A ignorância deve ser combatida e o ignorante educado.

O crime necessita de ser eliminado, mas o criminoso merece ser reeducado.

As calamidades de quaisquer expressões precisam ser extirpadas, no entanto os seus prepostos, na condição de doentes, aguardam amparo e cura. [...]

O amor não acusa, corrige; não atemoriza, ajuda; não pune, educa; não execra, edifica; não destrói, salva.

(Vol. 7, cap. 22)

O amorterapia é a solução que te está ao alcance. Não apenas te proporcionará a recuperação da saúde, se te encontras enfermo, como te fortalecerá para que evites adoecer.

(Vol. 7, cap. 23)

Amorterapia, portanto, é o processo mediante o qual se pode contribuir conscientemente em favor de uma sociedade mais saudável, portanto, mais justa e nobre.

Essa terapia decorre do autoamor, quando o ser se enriquece de estima por si mesmo, descobrindo o seu lugar de importância sob o sol da vida e, esplendente de alegria, reparte com as demais pessoas o sentimento que o assinala, ampliando-o de maneira vigorosa em benefício de todas as criaturas.

(Vol. 9, cap. 13)

ANGÚSTIA

A angústia, como efeito de frustrações, é semelhante a densa carga tóxica que se aspira lentamente, envenenando-se de tristeza injustificável, que termina, às vezes, como fuga espetacular pelo mecanismo da morte anelada, ou simplesmente ocorrida por efeito do desejo de desaparecer, para acabar com o *sofrimento.*

Normalmente, nos casos de angústia cultivada, estão em jogo os mecanismos masoquistas que, facultando o prazer pela dor, intentam inverter a ordem dos fenômenos psicológicos, mantendo o estado perturbador que, no paciente, assume características de *normalidade.*

(Vol. 5, cap. 2)

A angústia é a terrível agonia que limita o ser na estreiteza das paredes da insatisfação, em face da falta de objetivo e de essencialidade da existência.

Resultado de inúmeros desconfortos morais, expressa-se em desinteresse doentio e afligente, que punge o ser, levando-o a graves transtornos psicológicos.

Radicada no Espírito, exterioriza-se como ressentimento da vida, processo de desestruturação da personalidade, azedume e infelicidade.

(Vol. 9, cap. 9)

A angústia despedaça os sentimentos que se tornam estranhos ao próprio paciente, que perde o contato com a realidade objetiva dos acontecimentos e das pessoas, para somente concentrar-se no próprio drama, isolando-o de qualquer convivência saudável, e quando não se pode evadir do meio social, permanece estranho aos demais, em cruel autopiedade, formulando considerações comparativas entre o que experimenta e o que as demais pessoas demonstram. Parece que somente ele é portador de desafios, e que as aflições se fixaram exclusivamente na sua casa mental.

(Vol. 9, cap. 9)

ANIMUS/ANIMA

Jung ainda pôde identificar a dualidade existente nas criaturas, a que deu as denominações de *animus e anima*, que estão sempre presentes nos sonhos. O *animus* como sendo a representação masculina nas atividades oníricas das mulheres e o *anima*, nas dos homens, como simbolismo presente das mulheres, que repetem os grandes vultos mitológicos, históricos, religiosos, presentes nas estórias, fantasias e mitos dos povos de todas as épocas, proporcionando associações e vivências psicológicas, conforme a estrutura interior de cada qual.

[...] nessas representações oníricas, muitas das personagens *animus* e *anima* são as reminiscências, as revivescências das vidas anteriores arquivadas no inconsciente de cada um, graças ao perispírito ou *corpo intermediário* entre o Espírito e a matéria.

Jesus, por exemplo, harmonizava as duas *naturezas*, o *animus*, quando era necessário usar da energia e vontade forte para invectivar os hipócritas e lutar sem receio pelo ideal do amor, e o *anima*, quando atendia os infelizes que O buscavam, necessitados de entendimento e auxílio. Ninguém, como Ele, conseguiu essa perfeita identificação do *yang* e do *yin*, provando ser o Espírito *mais elevado que Deus ofereceu ao homem para servir-lhe de modelo e guia*, conforme responderam os Mensageiros da Humanidade a Allan Kardec, em *O Livro dos Espíritos*, na questão número 625.

(Vol. 8, cap. 7)

[...] são conexões inconscientes vinculadas ao coletivo não identificado, expressando-se em sexo oposto ao do sonhador [...].

(Vol. 12, cap. 1)

A *anima/animus* ou *alter ego* é também o resultado dos impulsos e tendências que foram rejeitados pela família e pela sociedade, que se aglutinam, formando imagens que permanecem na superfície do inconsciente pessoal. Quando, em qualquer circunstância, uma porção de um par de opostos é conscientizada ou apresentada à *luz* do discernimento, a outra, a que não foi aceita, *desce* e, numa metáfora, transforma-se em *sombra* no inconsciente.

(Vol. 12, cap. 5)

ANSIEDADE

A ansiedade é uma das características mais habituais da conduta contemporânea. [...]

A ansiedade tem manifestações e limites naturais, perfeitamente aceitáveis.

Quando se aguarda uma notícia, uma presença, uma resposta, uma conclusão, é perfeitamente compreensível uma atitude de equilibrada expectativa.

Ao extrapolar para os distúrbios respiratórios, o colapso periférico, a sudorese, a perturbação gástrica, a insônia, o clima de ansiedade torna-se um estado patológico a caminho da somatização física em graves danos para a vida. [...]

A ansiedade trabalha contra a estabilidade do corpo e da emoção.

(Vol. 2, cap. 1)

A ansiedade comedida é fenômeno perfeitamente natural, resultante da expectativa ante o inusitado, em face do trabalho a ser desenvolvido, diante da ação que deve ser aplicada como investimento de conquista, sem que isto provoque desarmonia interior com reflexos físicos negativos.

(Vol. 2, cap. 2)

A ansiedade é, na conjuntura social da atualidade, um grave fator de perturbação e de desequilíbrio, que merece cuidados especiais, observação profunda e terapia especializada.

(Vol. 13, cap. 8)

APARELHO NEUROVEGETATIVO

Constituído por trilhões e trilhões de células na transitoriedade carnal, seu aparelho neurovegetativo [do homem], dividindo-se em dois ramos: simpático – responsável pela consciência; – e parassimpático – envolvido com a inconsciência –, expressa a sua realidade profunda, que lentamente emerge e cresce, guindando-o à sublimação.

(Vol. 6, cap. 5)

APEGO

O apego aos bens materiais torna-se uma jaula que aprisiona o possuidor distraído, que passa a pertencer àquilo que supõe possuir.

(Vol. 1, cap. 14)

O ato de querer (desejar para si, manifestando apego) é fator prenunciador de perda (transferência para outrem, porque o que se detém se deve, não se possui), assim suscitando o domínio responsável pelas sensações de ansiedade, insegurança, medo, que são geradores de sofrimentos.

(Vol. 3, cap. 7)

Considerando-se a impermanência de tudo, em um mundo em constantes alterações, o apego representa a ilusão para deter a marcha dos acontecimentos e reter tudo mais, impossibilitando o surgimento da realidade.

(Vol. 3, cap. 11)

ARISTOCRACIA

A verdadeira aristocracia, refere-se o nobre codificador, é aquela de natureza intelecto-moral, na qual a inteligência e o sentimento unem-se, dando lugar à sabedoria, à libertação das paixões primevas, à superação das heranças negativas e dos atavismos perturbadores.

(Vol. 16, cap. 6)

ARQUÉTIPO

As multifárias experiências da reencarnação deixam no ser profundo infinitas características, que poderíamos denominar como sendo os arquétipos junguianos. Heranças ancestrais, que se transformam em material volumoso no inconsciente, ditando os processos de evolução das ocorrências no ser e que o propelem para as diferentes atitudes comportamentais do cotidiano.

(Vol. 8, cap. 7)

❖

Em realidade, o arquétipo procede da proposta platônica em torno do *mundo das ideias*, primordial e terminal, de onde tudo se origina e para onde tudo retorna.

Jung utilizou-se do pensamento platônico para referir-se a imagens universais, que são preexistentes no ser – ou que procedem do primeiro ser – desde os tempos imemoriais. [...]

A palavra arquétipo se origina do grego *arkhe*, que significa o *primeiro*, e *typon*, que significa *marca, cunho, modelo*, sendo, por isso mesmo, as marcas ou modelos primordiais, iniciais, que constituem o arcabouço psicológico do indivíduo, facultando a identificação da criatura humana. Existem no ser como herança, como parte integrante do seu processo de evolução.

Muitas vezes esses arquétipos surgem nos sonhos como imagens preexistentes, liberando-se do inconsciente. No entanto, nem todos os símbolos são procedentes dos arquétipos, porque podem ter origem na própria energia do indivíduo, nas suas atuais fixações, traumatismos psicológicos, conflitos, frustrações, ansiedades e desejos. Diferem, os arquétipos, dessa energia inerente ao ser, porque os primeiros têm um caráter universal, enquanto os outros são individuais.

Em se considerando a universalidade dos arquétipos, há uma grande variedade de símbolos que foram classificados por Jung, e posteriormente pelos seus discípulos e sucessores. No entanto, não podem ter um número fixo, porque sempre estão a apresentar-se com características individuais, em variações naturais, decorrentes de padrões e sinais de cada personalidade.

(Vol. 8, cap. 7)

Normalmente esses arquétipos aparecem envoltos em símbolos místicos, divinos, com características de realidade ou em forma de fantasias, que os sonhos desvelam de maneira determinante.

Concordando, em parte, com o eminente mestre [Jung], agregaríamos que muitos símbolos, que se apresentam como arquétipos, provêm de um outro tipo de herança primordial: a da experiência de cada Espírito pelo imenso oceano das reencarnações. Graças a elas, são transmitidas as vivências de uma para outra etapa, prevalecendo como determinantes do comportamento aquelas que foram mais vigorosas, assim estabelecendo, no inconsciente individual e profundo, símbolos que emergem no sonho ou durante a lucidez como conflitos variados, necessitados de liberação.

O processo da reencarnação explica a presença dos arquétipos no ser humano, porque ele é herdeiro das suas próprias realizações através dos tempos, adquirindo, em cada etapa, valores e conhecimentos que permanecem armazenados nos refolhos do ser eterno que é.

Enquanto o insigne mestre situa todos os deuses e gênios, heróis e modelos do Panteão grego, inclusive os de outros povos, como sendo a presença dos símbolos geradores dos arquétipos, o estudo das reencarnações demonstra que, mesmo em forma de símbolos, algumas das lendas e mitos presentes na história dos povos são resultantes da inspiração espiritual, de *insights* experimentados por inúmeras pessoas, assim também confirmando a preexistência do Espírito ao corpo e a sua sobrevivência à morte.

Esses *tipos primordiais*, retiradas as indumentárias das lendas, que pertencem ao desenvolvimento do pensamento nos seus variados níveis de crescimento até alcançar o *racional*, o *lógico*, existiram, não somente na imaginação, mas como realidade que a fantasia adornou e perpetuou em figurações mitológicas.

Certamente, como afirma Jung, esses arquétipos aparecem nos sonhos como personalidades divinas, religiosas, portadoras de conteúdos transcendentais e se apresentam como sobrenaturais, invencíveis. Em muitas circunstâncias, porém, são encontros com seres transpessoais, que sobrevivem à morte e que habitam, não só o *mundo das ideias*, da concepção platônica, mas o da energia, precedente ao material, ao orgânico, que é causal e atemporal.

Podemos, portanto, em uma visão transpessoal dos acontecimentos, associar os arquétipos a outro tipo de realidade vivida e ínsita no inconsciente profundo – o Espírito – ditando os comportamentos da atualidade, que são as experiências espirituais, parapsíquicas e mediúnicas.

(Vol. 8, cap. 7)

❖

Prevalecendo os arquétipos de mãe e de pai, o criador da Psicanálise Analítica deteve-se em dividi-los em três grupos, em razão da sua preponderância sobre todos os seres, a saber: a *sombra*, [a *anima* e o *animus*, além do *Self*] [...].

(Vol. 12, cap. 1)

❖

[...] heranças das experiências vivenciadas em reencarnações transatas, quando o Espírito transferiu, mesmo sem dar-se conta, as *lembranças* para o inconsciente, nele arquivando todas as realizações, anseios, frustrações, conquistas e prejuízos, facultando o surgimento das futuras *imagens primordiais*, que correspondem aos acontecimentos nele momentaneamente adormecidos e ignorados pela consciência.

(Vol. 12, cap. 1)

ARQUÉTIPO PRIMACIAL *ver* DEUS

❖

ARREPENDIMENTO

O arrependimento, puro e simples, se não acompanhado da ação reparadora, é tão inócuo e prejudicial quanto a falta dele.

(Vol. 3, cap. 4)

❖

O arrependimento deve constituir um despertar da responsabilidade que convida à reconstrução, à renovação, à ação reparadora sem aflição nem desdita.

(Vol. 3, cap. 13)

O arrependimento sincero constitui elevada conquista do sentimento humano.

Amadurecimento da razão e da emoção, ele surge após a análise do erro, com a consequente descoberta da falha pessoal no julgamento, na atitude e na conduta em relação a outrem. [...]

O arrependimento, no entanto, não irrompe abruptamente nos sentimentos de quem delínque. Quando isto sucede, pode caracterizar-se como remorso, que logo passa, ou medo das consequências do gesto pernicioso. [...]

Somente quando a consciência desperta, e sopesa os danos causados, é que o arrependimento honesto toma corpo e domina, buscando meios para a reparação dos males que foram praticados.

Por si mesmo, embora seja um passo significativo na elevação do caráter, o arrependimento não basta. Faz-se inadiável o dever de ressarcir os prejuízos, de reparar os males praticados.

(Vol. 7, cap. 9)

É inevitável o arrependimento que a culpa proporciona, mas também faculta o *sofrimento expiatório* em relação ao engano, fase inicial do processo de reparação. Não será necessário que se prolongue por um largo período esse fenômeno emocional, a fim de que não se transforme em masoquismo desnecessário e perturbador, gerando autocompaixão, autopunição.

(Vol. 10, cap. 2)

ARREPENDIMENTO/REPARAÇÃO

O arrependimento é luz na consciência. A reparação é a consciência do dever em ação.

(Vol. 7, cap. 9)

ARROGÂNCIA

A arrogância é pequenez moral, na qual se comprazem muitos portadores de distúrbio de conduta, assinalados pelo medo do autoenfrentamento, que se apoiam na forma externa por desestrutura interior para a autorrealização.

(Vol. 14, cap. 4)

ASCENSÃO

A ascensão é experiência que começa no desejo de elevar-se e, conquista a conquista, sedimenta os impulsos inteligentes, sábios, conseguindo chegar ao patamar anelado da plenificação, ao alcance de todo aquele que o intente consciente e subconscientemente.

(Vol. 6, cap. 7)

ASTÚCIA

Em realidade, astúcia não expressa inteligência, mas sim instinto de preservação da vida e dos jogos de interesses pessoais.

(Vol. 8, cap. 3)

O instinto, por não possuir a faculdade de pensar, adquire e exterioriza a astúcia, que é um mecanismo através do qual consegue o que persegue.

Habilidade, perseverança, artimanhas fazem parte dessa manifestação que tipifica diversos animais entre os quais alguns seres humanos.

(Vol. 9, cap. 6)

ATIVIDADE COMPULSIVA

A *atividade compulsiva* apresenta-se como incoercível necessidade de ações repetidas. Desde o simples ato de traçar linhas e desenhos em papel, enquanto conversa ou não, em contar lâmpadas ou cadeiras num auditório, que parecem sem sentido, mas não conseguem ser evitados, incidindo-se sempre na mesma atividade. Podem variar para fórmulas, rituais, cerimônias, como atavismos ancestrais, em imagens arquetípicas perturbadoras que se refletem no comportamento atual.

De alguma sorte é um mecanismo para fazer uma catarse da ansiedade de que se é vítima. Nas tentativas para evitar a *atividade compulsiva*, em razão de circunstâncias poderosas, o paciente sofre, transtorna-se, terminando por entregar-se à ação tormentosa de maneira discreta, simulada que seja...

(Vol. 12, cap. 6)

ATIVIDADE COMPULSIVA *ver também*
PENSAMENTO COMPULSIVO

AUTOAFIRMAÇÃO

As raízes da autoafirmação do indivíduo encontram-se na sua infância, quando os movimentos automáticos do corpo são substituídos pelas palavras, particularmente quando é usada a negativa. Ao recusar qualquer coisa, mediante gestos, a criança demonstra que ainda não se instalaram os pródromos da sua identidade. No entanto, a recusa verbal, peremptória, a qualquer coisa, mesmo àquelas que são agradáveis, denotam que está sendo elaborada a autoafirmação, que decorre da capacidade de escolha daquilo que interessa, ou simplesmente se trata de uma forma utilizada para chamar a atenção para a sua existência, para a sua realidade. [...]

A autoafirmação se expressa especialmente no desejo de algo, mediante duas atitudes que, paradoxalmente, se opõem: o que se deseja e o que se rejeita. [...]

Com o desenvolvimento da capacidade de julgar valores, surgem as oportunidades de autoafirmação, em face da necessidade de escolhas acertadas, a fim de atender aos desejos de progresso, de crescimento ético-moral e de realização interior.

(Vol. 9, cap. 8)

AUTOAMOR

O autoamor ensina-o [o ser consciente] *a encontrar-se e desvela os potenciais de força íntima nele jacentes.*

(Vol. 5, prefácio)

O autoamor induz à elevação dos sentimentos e à conquista de valores éticos que promovem o indivíduo e o iluminam interiormente. [...]

Nessa visão do autoamor, a enfermidade e a morte não constituem fracasso do ser, antes o caminho para a Vida. [...] o autoamor enseja o desfrutar de bem-estar, de equilíbrio, de funções e órgãos saudáveis, cooperando para a estabilidade emocional. [...]

No autoamor, a confiança irrestrita na realidade, da qual ninguém foge, faculta o equilíbrio propiciador da saúde. Esse sentimento produz otimismo, que é fator preponderante para o restabelecimento do campo de energia afetado pelo transtorno, já que favorece com uma mudança de comportamento mental, portanto, agindo no fulcro gerador das vibrações. [...]

Psicologicamente o autoamor é, sobretudo, autoencontro, conquista de consciência de si mesmo, maturidade, equilíbrio.

(Vol. 5, cap. 6)

AUTOANÁLISE

A autoanálise, trabalhada pela insistência de preservação dos ideais superiores da vida, é o recurso preventivo para a manutenção do bem-estar e da saúde nas suas várias expressões.

(Vol. 5, cap. 2)

AUTOAVALIAÇÃO

A medida mais eficaz, para que se evite o agravamento dos distúrbios psicológicos, encontra-se na constante autoavaliação da conduta, em exame frequente da atitude pessoal em relação ao grupo social no qual se encontra, não se deixando alienar por expressões extravagantes, mediante a própria supervalorização ou a presunção de imbatibilidade.

(Vol. 10, cap. 2)

AUTOCOMPAIXÃO

Aquele que se entrega à autocompaixão nunca se satisfaz com o que tem, com o que é, com os valores de que dispõe e pode movimentar. Não raro, encontra-se mais bem aquinhoado do que a maioria das pessoas no seu grupo social; no entanto, reclama e convence-se da desdita que imagina, encarcerando-se no sofrimento e exteriorizando mal-estar à volta, com que contamina as pessoas que o cercam ou que se lhe acercam. [...]

Quando se mantém a autocompaixão, extermina-se o amor, não se amando, nem tampouco a ninguém. [...]

Quem de si se compadece, recusa-se a crescer e não luta, estagiando na amargura com a qual se compraz.

(Vol. 5, cap. 4)

[...] Esse comportamento paranoico é injustificável e resulta da aceitação da própria fragilidade, que trabalha pela continuação da dependência dos outros, o que é muito cômodo, no campo dos desafios morais. Esse falso conceito de aguardar que os demais o ajudem, apenas porque se apresenta fraco, não tem ressonância no ser saudável, que desfruta de lucidez para enfrentar as vicissitudes que desenvolvem a capacidade de luta e de empreendimentos futuros.

(Vol. 8, cap. 9)

AUTOCOMPAIXÃO *ver também* COMPAIXÃO POR SI MESMO

AUTOCONFIANÇA

Da conquista da paciência, em face da perseverança que a completa, passa-se à autoconfiança, à certeza das possibilidades existentes que podem ser aplicadas em favor dos anseios íntimos. Desaparecem o medo e os mecanismos autopunitivos, autoafligentes, que são fatores dissolventes do progresso, da evolução do ser.

Mediante essa conquista, a vontade passa a ser comandada pela mente saudável, que discerne entre o que deve e pode fazer, quais são os objetivos da sua existência na Terra e como amadurecer emocional e psicologicamente, para enfrentar as vicissitudes, as dificuldades, os problemas que fazem parte de todo o desenrolar do crescimento interior.

(Vol. 8, cap. 8)

A autoconfiança produz uma atitude contrária às posses externas e um trabalho de autoconquista, que pode favorecer a realidade do que se é, sem preocupação com a aparência ou com a relevância social.

Descobrindo-se herdeiro de si mesmo, o indivíduo trabalha-se a fim de crescer emocionalmente, amadurecendo conceitos e reflexões, aspirações e programas, a cuja materialização se entrega.

Reconhece as próprias dificuldades e esforça-se para superá-las, evitando a autocompaixão anestesiante quão deprimente do não entusiasmo, que sempre leva a estados enfermiços.

Identificando os valores que lhe são específicos, torna-se vulnerável à dor, sem se deixar vencer; à alegria, sem esquecer os deveres, e compreende que o processo da evolução é todo assinalado por vitórias como por derrotas, que passa a considerar como experiências que contribuirão para futuros acertos.

(Vol. 9, cap. 11)

A autoconfiança leva ao encontro com Deus no mundo íntimo, à grandiosa finalidade para a qual existe, convidado à superação dos impedimentos transitórios que parecem asfixiá-lo.

Nesse admirável esforço surge o conhecimento de como se é e de como se encontra, descobrindo as próprias deficiências, mas igualmente as incontáveis possibilidades de que desfruta. [...]

A autoconfiança resulta das conquistas contínuas que demonstram o valor de que se é portador, produzindo imensa alegria íntima, que se transforma em saúde emocional, com a subsequente superação dos conflitos remanescentes das experiências passadas.

(Vol. 9, cap. 11)

AUTOCONHECIMENTO

O autoconhecimento coopera para que se possa discernir em torno do que é útil ou supérfluo, indispensável ou secundário à vida feliz.

(Vol. 3, cap. 7)

O autoconhecimento revela ao ser as suas possibilidades e limitações, abrindo-lhe espaços para a renovação e conquista de novos horizontes de saúde e plenificação, sem *consciência de culpa*, sem estigmas.

(Vol. 8, cap. 6)

AUTOCONSCIÊNCIA

A autoconsciência conduz o indivíduo à compreensão de como deve agir dentro dos códigos sociais, de ética, de inter-relacionamento pessoal, estruturando-lhe a estabilidade. Essa conquista se expressa na graciosidade dos movimentos, na conduta jovial e enriquecedora de alegria, no intercâmbio fraternal de considerável rendimento emocional.

(Vol. 10, cap. 5)

A autoconsciência é a conquista realizada pelo *Self* após os primeiros meses da infância, quando surgem os evidentes sinais de que se é uma pessoa e não mais o animal irracional orientado apenas pelo instinto.

Essa formosa concessão de tornar-se consciente, embora as dificuldades iniciais de identificação e os conflitos que surgem durante o processo de crescimento, é uma das mais belas aquisições do ser imortal, quando transitando no corpo. É a característica especial do ser humano, que pode raciocinar, compreender o significado dos símbolos, selecionar, por preferência pessoal, aquilo que lhe é apetecível, deixando de lado o desagradável, que pode elaborar esquemas em torno de abstrações, de considerar o ético, o estético, o nobre, diferenciando-os do vulgar, do grosseiro e do indigno.

A autoconsciência amplia os horizontes emocionais e psíquicos do ser, propiciando-lhe a libertação de tudo quanto o junge ao passado – a mãe arbitrária, o pai negligente, as situações penosas – desde que haja o esforço de aceitação dos novos desafios existenciais.

(Vol. 13, cap. 15)

A autoconsciência é responsável pelo processo de mais fácil evolução do pensamento e das realizações humanas, porque faculta entender os significados psicológicos existenciais e os mecanismos que devem ser utilizados, a fim de serem logrados.

(Vol. 13, cap. 16)

❖

A conquista da autoconsciência tem início nesse *cair em si*, graças ao sofrimento experimentado, que é o desencadeador da necessidade de *encontro*, de autoencontro profundo. O sofrimento consciente, que faculta reflexões, convida, normalmente, à mudança de comportamento, porque expressa distonia na organização física, emocional ou psíquica que necessita de ajustamento. Essa experiência evolutiva conduz com segurança ao encontro com o *Cristo* interno, ajudando-o a ampliar as suas infinitas possibilidades de crescimento e de libertação.

(Vol. 15, cap. 5)

AUTOCONSCIENTIZAÇÃO

[...] constitui um passo avançado no terreno da saúde emocional e psíquica, trabalhando em favor da saúde orgânica.

(Vol. 12, cap. 5)

AUTODEPRECIAÇÃO

A autodepreciação é fator preponderante para a infelicidade pessoal e para o relacionamento com outras pessoas, em razão do desrespeito a si mesmo. Quem se subestima, supervaloriza os outros, fazendo confrontos entre si e os demais de forma inadequada, ou projeta a sua *sombra*, acreditando que são todos iguais, variando apenas na habilidade que aqueles possuem para mascarar-se. O seu é um critério de avaliação distorcido, doentio, sem parâmetros bem delineados.

(Vol. 6, cap. 9)

AUTODESCOBRIMENTO

O grande desafio contemporâneo para o homem é o seu autodescobrimento.

(Vol. 2, cap. 1)

O autodescobrimento é também um processo de parto, impondo a coragem para o acontecimento que libera.

(Vol. 2, cap. 3)

O autoencontro enseja satisfações estimuladoras, saudáveis. Esse esforço deve ser acompanhado pela inevitável confiança no êxito, porquanto é ambição natural do ser pensante investir para ganhar, esforçar-se para colher resultados bons.

(Vol. 2, cap. 3)

O autodescobrimento é o clímax de experiências do conhecimento e da emoção, através de uma equilibrada vivência.

(Vol. 2, cap. 8)

O autodescobrimento tem por finalidade conscientizar a pessoa a respeito do que necessita, de como realizá-lo e quando dar início à nova fase. [...]
O autoencontro pode ser logrado através da meditação reflexível, do esforço para fixar a mente nas ideias positivas, buscando saber quem se é, e qual a finalidade da sua existência corporal e do futuro que a aguarda.

(Vol. 5, cap. 2)

Fazem-se imprescindíveis alguns requisitos para que seja logrado o autodescobrimento com a finalidade de bem-estar e de logros plenos, a saber: insatisfação pelo que se é, ou se possui, ou como se encontra; desejo sincero de mudança; persistência no tentame; disposição para aceitar-se e vencer-se; capacidade para crescer emocionalmente.

(Vol. 6, prefácio)

[...] O exercício do bem-pensar, eliminando as ideias perniciosas a que se está viciado, constitui passo decisivo para o autodescobrimento. [...]

O autodescobrimento enseja humildade perante a vida, sem postura humilhante, porque faculta a irradiação do amor desde o centro do Si, consciente da sua realidade e origem divina.

(Vol. 6, cap. 8)

O autodescobrimento, resultado da imersão no ser profundo, é meta prioritária para que seja conseguida a autoidentificação.

(Vol. 10, cap. 4)

AUTODESTRUIÇÃO

São muitos os mecanismos que levam à autodestruição, entre os quais, a fadiga pelo adquirir e poder acompanhar tudo; estar envolvido nas armadilhas criadas pelo mercado devorador, que desencadeia inquietação; a quantidade de propostas perturbadoras pela mídia, que aturde; o excesso de ruídos em toda parte, que desorienta; e a superpoluição nos centros urbanos, que desenvolve os instintos violentos e agressivos, eliminando quase as possibilidades para a aquisição da beleza, do entesouramento da paz, de ensanchas de autorrealização.

(Vol. 9, cap. 7)

AUTOENCONTRO *ver também* AUTODESCOBRIMENTO

❖

AUTOESTIMA

A autoestima, na vida humana, é de relevantes resultados, em razão de produzir fenômenos fisiológicos que decorrem dos estímulos emocionais sobre os neurônios cerebrais, que então produzem enzimas que concorrem para o bem-estar e a alegria do ser.

(Vol. 9, cap. 9)

AUTOIDENTIFICAÇÃO

[...] autoidentificar-se é desidentificar-se de tudo aquilo que foi assimilado por imposição, constrangimento, circunstância de conveniência, sem a real anuência do Si profundo.

A autoidentificação, embora a diversidade de conceituação, pode ser considerada como a conquista dos valores nobres e libertadores que se transformam na suprema aspiração do ser. [...]

Noutros casos, a autoidentificação pode ser considerada como a busca da consciência pura, que somente é conseguida após a experiência do Eu tornado fator primordial e central da consciência.

Ainda se pode analisá-la do ponto de vista da harmonia com o Si, ou o Eu superior, ou o Espírito que se é, liberando-o das masmorras que o limitam, e passando por diferentes fases do processo de emancipação. Alcançar essa *essência do ser*, como fator espiritual e permanente da vida é o objetivo.

(Vol. 10, cap. 4)

A terapia da desidentificação ou autoidentificação proporciona humildade, respeito pela vida, solidariedade, conduzindo o indivíduo para desenvolver papéis de pais, protetores, filhos, amigos, esposos, executivos, etc., demonstrando que esses são deveres a atender no conjunto social, mas não apenas isso, que são parciais, desde que se é o agente de todas as ocorrências, e não apenas a personagem transitória. [...]

A autoidentificação, portanto, é conseguida, partindo-se das sensações para as emoções, para o intelecto, chegando-se ao centro da autoconsciência.

(Vol. 10, cap. 4)

AUTOIDENTIFICAÇÃO *ver também* DESIDENTIFICAÇÃO

AUTOILUMINAÇÃO

Ninguém consegue identificar-se com a autoiluminação não estando disposto ao esforço por educar-se, comportando-se com equilíbrio diante das circunstâncias que defronta no processo social, assim como nos fenômenos e ocorrências pessoais.

(Vol. 7, cap. 14)

AUTOPERDÃO

Considerando a própria fragilidade, o indivíduo deve conceder-se a oportunidade de reparar os males praticados, reabilitando-se perante si mesmo e perante aqueles a quem haja prejudicado.

A perfeita consciência do autoperdão não se apoia em mecanismos de falsa tolerância para com os próprios erros, que seria negligência moral, conivência e imaturidade, antes representa uma clara identificação de crescimento mental e moral, que propicia direcionamento correto dos atos para a saúde pessoal e geral.

(Vol. 3, cap. 4)

O autoperdão compreende a posição mental correta a respeito do erro e a satisfação íntima ante a possibilidade de interromper o curso dos males causados, como arrancar-lhes as raízes encravadas em quem lhes padece a constrição. [...]

O autoperdão ajuda o amadurecimento moral, porque propicia clara visão da responsabilidade, levando o indivíduo a cuidadosas reflexões, antes de tomar atitudes agressivas ou negligentes, precipitadas ou contraditórias no futuro.

Quando alguém se perdoa, aprende também a desculpar, oferecendo a mesma oportunidade ao seu próximo.

(Vol. 3, cap. 4)

O autoperdão é uma necessidade para luarizar a culpa, o que não implica em acreditar haver agido corretamente, ou justificar a ação infeliz. Significa dar-se oportunidade de crescimento interior, de reparação dos prejuízos, de aceitação das próprias estruturas, que deverão ser fortalecidas. Graças a essa compreensão, torna-se mais fácil o perdão dos outros, sem discussão dos fatores que geraram o atrito, com imediato, natural olvido do incidente.

(Vol. 6, cap. 8)

Identificada [a culpa terapêutica], surge o imperativo do autoperdão, através do qual a racionalização do ato abre campo para o entendimento do fato menos feliz, sem punição, nem justificação doentia, mas, simplesmente, *digestão psicológica* deste.

Após o autoperdão, surgem os valores da reabilitação, que facultam o enfrentamento das consequências desencadeadas pelo ato praticado.

Necessário seja entendido que o autoperdão de forma alguma anula a responsabilidade do feito perturbador. Antes faculta avaliação equilibrada da sua dimensão e dos recursos que podem e devem ser movimentados para minimizar-lhe ou anular-lhe as consequências.

(Vol. 10, cap. 2)

AUTOPIEDADE

A autopiedade expressa insegurança emocional propiciadora de preguiça mental, que prefere sempre receber e nunca ofertar, demonstrando carência, como se se encontrasse em atitude de abandono, relegado pela vida ao sofrimento imerecido e injustificado.

(Vol. 14, cap. 3)

AUTORREALIZAÇÃO

O grande fanal da vida é a autorrealização, é o autoencontro, através dos quais se identifica com o seu próximo e Deus. [...]

(Vol. 6, cap. 10)

A autorrealização é como um processo de autoconquista e de alossuperação, no qual se harmonizam os sentimentos, a razão e as aspirações.

(Vol. 9, cap. 12)

A autorrealização é um desafio que se encontra diante de todos os indivíduos, sem a qual a incompletude irrompe, tornando-se fator patológico de desequilíbrio. [...]

A autorrealização é todo um lento e complexo processo de despertamento, desenvolvimento e amadurecimento psicológicos de todas as adormecidas potencialidades íntimas, que estão latentes no ser humano, como suas experiências e realizações ético-morais, estéticas, religiosas, artísticas e culturais. Equivale esclarecer que é todo um esforço bem direcionado para a realização do Eu profundo e não da superficialidade das paixões do *ego*.

(Vol. 10, cap. 1)

A falta de tempo para a autorrealização conduz à ansiedade responsável pela insatisfação, e, posteriormente, ao transtorno comportamental correspondente. Não somente se necessita de tempo físico, mas também o de natureza mental, aquele que proporciona serenidade, que faculta o discernimento para entender os desafios existenciais e enfrentá-los com equilíbrio, sem culpa, nem rebeldia.

(Vol. 10, cap. 1)

AVAREZA

A falsa conduta social de acumular para deter é remanescente do *instinto primário*, que se assegura da possibilidade de retenção da presa para o repasto futuro, sem dar-se conta da variedade de recursos que se encontram em torno e servirão para a preservação da vida.

Essa força, quase incoercível porque ancestral, fincada no *ego*, responde pelos conflitos sociais e econômicos, políticos e psicológicos, que arrastam multidões ao desespero, escravizando os sentimentos e as aspirações pela posse, que se expande na área da afetividade como herança patriarcal de que tudo quanto se encontra à sua volta é-lhe de propriedade. Nesse sentido, a família, os amigos, os objetos são sempre seus, sem que, por sua vez, se permita doar-se aos outros.

(Vol. 11, cap. 23)

BEM

A ação do bem é sempre discreta e contínua, com metas bem-definidas.
Não se deixa entorpecer, quando não compreendida, nem estaciona diante dos obstáculos.
Porque não almeja promoções pessoais nem apoia individualismos, sempre se renova sem fugir às bases, perseverando tempo afora.

(Vol. 7, cap. 12)

Do ponto de vista ético, definem os dicionaristas, o bem é *a qualidade atribuída a ações e a obras humanas, que lhes confere um caráter moral. (Essa qualidade se anuncia através de fatores subjetivos – o sentimento de aprovação, o sentimento de dever – que levam à busca e à definição de um fundamento que os possa explicar.)*

(Vol. 9, cap. 3)

Embora haja o bem social, o de natureza legal, aquele que muda de conceito conforme os valores éticos estabelecidos geográfica ou genericamente, paira, soberano, o bem transcendental, que o tempo não altera, as situações políticas não modificam, as circunstâncias não confundem. É aquele que está inscrito na consciência de todos os seres pensantes que, não obstante, muitas vezes, anestesiem-no, permanece e se impõe oportunamente, convidando o infrator à recomposição do equilíbrio, ao refazimento da ação.

(Vol. 9, cap. 3)

O bem, que equivale ao correto, ao edificante, ao nobre e elevado, estimula os campos energéticos do Espírito, que se robustece e exterioriza essa força aglutinadora de moléculas através do *perispírito*, pelos sistemas nervoso central e endocrínico, sustentando os componentes do imunológico, que se transformam em respostas de saúde e de paz.

(Vol. 10, cap. 5)

❖

O que significa, porém, o bem? Tudo aquilo que contribui em favor da vida, do seu desenvolvimento ético e moral, a sua construção edificante e propiciadora de satisfações emocionais, é considerado como o bem. Necessário, no entanto, evitar confundir o de natureza física com a emoção de harmonia, de equilíbrio interior, de felicidade que se adquire por meio de pensamentos, palavras e ações dignificantes, não geradoras de culpa.

(Vol. 15, cap. 8)

BEM-AVENTURANÇAS

O canto das *bem-aventuranças* é o poema de maior destaque na constelação dos discursos de Jesus.

Nele começa a real proposta da Era Nova, quando os valores éticos serão realmente conhecidos e respeitados, facultando ao ser humano compreender a transitoriedade do *carro físico* a que se encontra atrelado momentaneamente e a perenidade da vida em outra faixa vibratória.

(Vol. 11, cap. 6)

BEM/MAL

Das concepções pretéritas à realidade presente, filosoficamente o bem é tudo quanto fomenta a beleza, o ético, a vida, consoante a moral, e o mal vem a ser aquilo que se opõe ao edificante, ao harmônico, ao bem.

Sociologicamente o bem contribui para o progresso, e todas as realizações que promovem o ser, o grupo social e o ambiente expressam-lhe a grandeza, a ação concreta que resulta da capacidade seletiva de valores éticos para a harmonia e a felicidade.

Como efeito, o mal decorre de todo e qualquer fenômeno que se opõe ou conspira contra esse contributo superior.

(Vol. 5, cap. 6)

O bem e o mal estão inscritos na consciência humana, em a Natureza, na sua harmoniosa organização que deu origem à vida e a fomenta.

Tudo quanto contribui para a paz íntima da criatura humana, seu desenvolvimento intelecto-moral, é-lhe o bem que deve cultivar e desenvolver, irradiando-o como bênção que provém de Deus.

...E esse mal, aliás, transitório, temporal, que o propele às ações ignóbeis, aos sofrimentos, é remanescente atávico do seu processo de evolução, que será ultrapassado à medida que amadureça psicologicamente, e se lhe desenvolvam os padrões de sensibilidade e consciência para adquirir a integração no Cosmo, liberado das injunções dolorosas, inferiores.

(Vol. 5, cap. 6)

O bem pode ser personificado no amor, enquanto o mal pode ser apresentado como a sua ausência.

Tudo aquilo que promove e eleva o ser, aumentando-lhe a capacidade de viver em harmonia com a vida, prolongá-la, torná-la edificante, é expressão do bem. Entretanto, tudo quanto conspira contra a sua elevação, o seu crescimento e os valores éticos já logrados pela Humanidade, é o mal.

O mal, todavia, é de duração efêmera, porque resultado de uma etapa do processo evolutivo, enquanto o bem é a fatalidade última reservada a todos os indivíduos, que se não poderão furtar desse destino, mesmo quando o posterguem por algum tempo, jamais o conseguindo definitivamente.

(Vol. 9, cap. 3)

O bem e o mal – essa dualidade *luz e sombra* – em que se debate o Espírito humano, representam o futuro e o passado de cada ser humano no trânsito evolutivo. O primeiro, à luz da Psicologia Profunda, é o autoencontro, a liberação do *lado escuro* plenificado pelo conhecimento da verdade, enquanto o outro são as fixações do trânsito pelos *instintos primários*, que ainda vicejam nos sentimentos e na conduta, aguardando superação.

(Vol. 11, cap. 4)

BENEFICÊNCIA

A beneficência, ou a ciência de benfazer, a arte da ação do bem é, do ponto de vista da Psicologia Profunda, o compromisso de humanidade para com as criaturas no seu sentido mais elevado.

[...] A beneficência é o movimento que parte da emoção, buscando reumanizar aquele que perdeu o contato com a sua origem espiritual, havendo desfeito o vínculo com as heranças parafísicas da sua realidade inicial.

(Vol. 11, cap. 18)

BENS MATERIAIS

Os bens materiais, não obstante possuam utilidade, favorecendo o conforto, o progresso, a paz entre os homens quando bem distribuídos, são, às vezes, de outra forma, algemas cruéis que aprisionam as criaturas, e que, transitando de mãos, são coisas mortas, que não merecem preferência ante as verdades eternas.

(Vol. 1, cap. 11)

BIOENERGIA

[...] a bioenergia é fonte de inexauríveis potencialidades, que o desconhecimento e a negligência direcionam em sentido equivocado, malbaratando inconscientemente forças preciosas.

Invisível à óptica comum, a irradiação bioenergética passa despercebida, exercendo influência no inter-relacionamento pessoal, graças ao qual provoca ondas de simpatia como de animosidade, conforme a procedência de um indivíduo moralmente são ou enfermo.

Captada pelo perispírito, nele interfere através do campo que exterioriza, facultando renovar as forças ou perturbá-las, de acordo com o tipo de descargas que propicia.

Essa bioenergia é responsável pela atração interpessoal, qual ocorre no campo molecular, celular, gravitacional, universal.

Semelhante à invisível camada magnética que envolve a Terra e que somente é registrada por aparelhos especiais, igualmente ela é somente percebida através da paranormalidade ou de câmeras ultravelozes em filmes também ultrassensíveis.

A sua ação, todavia, é de mais fácil registro na emotividade, nas áreas afetadas por enfermidades, pelas reações psicológicas que provocam nos relacionamentos humanos.

(Vol. 3, cap. 9)

Pode-se direcioná-la [a bioenergia] mediante a oração, a concentração, a meditação e os sentimentos bons, a benefício do próximo, bem como próprio, trabalhando-a para auxiliar na recuperação da saúde, da paz, do bem-estar, dos objetivos elevados.

(Vol. 3, cap. 9)

BIÓTIPOS

Na grande mole humana destacam-se os biótipos introvertidos e extrovertidos.

Os primeiros, na etapa inicial do desenvolvimento psicológico, assumem uma atitude tímida e fazem a introspecção. Passada a fase de autoanálise, torna-se-lhes indispensável a extroversão, o relacionamento, rompendo a cortina que os oculta e desvelando-se.

Os segundos, normalmente, escondem a sua realidade e conflitos erguendo uma névoa densa pela exteriorização que se permitem, inseguros e instáveis. Descobrindo-se honestamente, diminuem a loquacidade e, reflexionando, assumem um comportamento saudável, sem excesso de ruídos nem ausência deles.

(Vol. 5, cap. 5)

BONDADE

A bondade é um pequeno esforço do dever de retribuir com alegria todas as dádivas que o homem frui, sem dar-se conta, sem nenhum esforço, por automatismo – como o Sol, a Lua e as estrelas; o firmamento, o ar, as paisagens; a água, os vegetais, os animais –, e que, inadvertidamente, o homem vem consumindo, poluindo com alucinação, matando com impiedade... [...]

Os sentimentos nobres que não são estimulados à ação por largo período embotam-se, debilitam, quase desaparecem. Desse modo, a bondade cresce por meio do exercício, tornando-se um hábito de vida ou desaparecendo por falta de ação.

Optar por agir ou não com bondade é atitude da mente e produzir o bem é do *coração*. [...]

O exercício da bondade faculta campo para a vigência do amor, cuja conquista plena coroa a vida, libertando-a de todas as algemas que a retêm. [...]

(Vol. 3, cap. 5)

BUSCA

A busca, na acepção da Psicologia Profunda, é o intenso labor de autoaprimoramento, de autoiluminação, esbatendo toda a *sombra* teimosa, gerado de ignorância e de sofrimento.

(Vol. 11, cap. 33)

BUSCA INTERIOR

A experiência de identificação do Si é um passo avançado no processo de autodescobrimento, de autoamadurecimento.

Essa busca interior se expressa como uma forma de insatisfação em relação ao já conseguido: os valores possuídos não preenchem mais os espaços interiores, deixando vazios emocionais; uma necessidade de aprimoramento psicológico, superando os formalismos, os modismos, o estatuído circunstancial, nos quais a forma é mais importante do que o conteúdo, o exterior é mais relevante que o interior; uma consciência lúcida, que desperta para os patamares superiores da existência física;

uma incontida aspiração pelas conquistas metafísicas, em face da vigência permanente do fenômeno da morte em ameaça contínua, pois que a transitoriedade da experiência física se apresenta de exíguo tempo, facultando frustração; uma imperiosa busca de paz desvestida de adornos e de condicionais; e um amplo anseio de plenitude.

Com estes referenciais há uma inevitável autopenetração psicológica, uma busca do Si, do autodescobrimento, a fim de bem discernir o que se anseia para que, o que se possui e qual a sua aplicação, a análise do futuro e como se apresentará.

A emersão do Si, predominando no indivíduo, é característica de cristificação, de libertação do *Deus interno*, de plenitude.

(Vol. 5, cap. 7)

CAIR EM SI

Cair em si deve constituir-se o passo inicial a ser dado por todos os doentes da alma, por aqueles que se comprazem nos conflitos e que se recusam as bênçãos da saúde real, que estorcegam no sofrimento, optando pela piedade e comiseração em vez do apoio do amor e da fraternidade...
(Vol. 15, cap. 5)

Cair em si, portanto, é uma forma de conversão, de voltar-se para algo novo ou redescobrir o valor do que possuía e desperdiçou.
(Vol. 15, cap. 5)

CAOS

Se considerarmos esse caos [do princípio] como de natureza organizadora, programadora, pensante, anuímos completamente com a tese da origem das formas no Universo. Se, no entanto, lhe atribuirmos condição fortuita e impensada dos acontecimentos, somos levados ao absurdo da aceitação de um nada gerar tudo, de uma desordem estabelecer equilíbrio, de um desastre de coisa nenhuma – por inexistir qualquer coisa – dar origem à grandeza das galáxias e à harmonia das micropartículas, para não devanearmos poeticamente pela beleza e delicadeza de uma pétala de rosa perfumada, ou a leveza de uma borboleta flutuando nos rios, da brisa suave, ou das estruturas do músculo cardíaco, dos neurônios cerebrais...

(Vol. 9, cap. 3)

CARÁTER OBSESSIVO

Aqueles indivíduos que são portadores de *caráter obsessivo* apresentam-se, invariavelmente, sistemáticos, impressionando pela rigidez do comportamento, inclusive, para com eles próprios. São portadores de sentimentos nobres, confiáveis e dedicados ao trabalho, que exercem até o excesso. No entanto, foram vítimas de ambiente emocional duramente severo, a partir do parto e especialmente na infância, quando sofreram imposições descabidas e tiveram que obedecer sem pensar, única maneira de se livrarem das imposições e castigos dos adultos. Sentindo-se obrigados, desde cedo, a reprimir as emoções e sentimentos outros, tornam-se ambivalentes, escapando-lhes de controle as que se constituem de natureza hostil, apresentando-se mais como intelectuais do que sentimentais, mecanismos escapistas que se impõem inconscientemente.

Essa compulsão obsessiva é cruel e alucinante, porque se encontra ínsita no ser, que não consegue momento algum de paz e de renovação, mergulhando cada vez mais no desespero com piora do próprio quadro, derrapando na loucura ou no suicídio como solução insolvável para o transtorno aflitivo.

(Vol. 12, cap. 6)

CARIDADE

A caridade, que é o amor na sua expressão mais elevada, para ser real exige a iluminação de quem a pratica, facultando-lhe, ao mesmo tempo, um constante aprimoramento de propósitos que induzem à abnegação e à vitória sobre as tendências primitivas, que permanecem dominadoras.

Pelo seu extraordinário conteúdo emocional, a caridade dulcifica aquele que a pratica e abençoa quem a recebe, dignificando-o, promovendo-o e ajudando-o a superar-se. Por isso, verdadeiramente, a sua é uma ação de profundidade, que exige requisitos especiais, adquiridos através do esforço de constante aprimoramento espiritual.

(Vol. 3, cap. 8)

❖

A caridade proporciona segurança social, respeito pela natureza em todas as suas expressões, motivação para uma vida engrandecida.

Ela expressa como nenhuma outra proposta transformadora a *Lei de Amor*, que é a alma da vida.

(Vol. 11, cap. 14)

❖

Esse é o sentido exato da caridade: libertação do *ego* e plenitude do *Self.* [...]

A caridade resulta na lição mais pura e mais profunda do amor de Jesus [...].

(Vol. 11, cap. 21)

CARL GUSTAV JUNG *ver* JUNG

❖

CARMA

O fundamento essencial dos seus ensinos [de Buda] se encontra na *Lei do Carma*, graças à qual o homem é o construtor de sua desdita ou felicidade, mediante o comportamento adotado no período da sua existência corporal. Em uma etapa, a aprendizagem equipa-o para a próxima, sendo que a soma das experiências e ações positivas anula aquelas que lhe constituem débito propiciador de sofrimento.

(Vol. 2, cap. 8)

❖

Vulgarmente [...] o conceito de *carma* passou a ser aceito como imperativo afligente e reparador, a que ninguém foge, por efeito das suas más ações. Entretanto, esse *carma*, quando provacional, tem a liberá-lo o livre-arbítrio daquele que o padece, como através dele pode mais encarcerar-se, a depender do novo direcionamento que lhe ofereça.

(Vol. 5, cap. 6)

CARREGAR A SUA CRUZ

À luz da Psicologia Profunda, carregar a cruz invisível é transformá-la em asas de ascensão, identificando os madeiros de dor e de *sombra* para alterar-lhes a constituição. [...]

Carregar, portanto, *a sua cruz* é não se submeter às imposições mesquinhas de quem quer que seja, tornando-se livre para aspirar e conseguir, para trabalhar e alcançar as metas da autoiluminação, tendo como modelo Jesus, que rompeu com tudo aquilo que era considerado ideal, estabelecido, legítimo, porém, predominante nos círculos viciados dos poderosos, que o túmulo também recebeu e consumiu na voragem da destruição dos tecidos, não, porém, das suas vidas.

(Vol. 11, cap. 31)

CASAMENTO *ver* MATRIMÔNIO

CENTRO CORONÁRIO

[...] *centro coronário*, que é a área da inspiração divina do *Self*, o incomparável campo de recursos inexauríveis a conquistar que é o superconsciente.

(Vol. 10, cap. 5)

CÉREBRO

O cérebro humano pode ser comparado a um computador especial de elevados recursos e intrincados mecanismos, que escapam à mais sofisticada tecnologia, para penetrá-lo integralmente.

Registrando a *mente* e transformando-a em pensamentos dedutivos, pela razão e lógica que partem de um caso específico para a elaboração de uma teoria, e indutivos, quando crescem de uma teoria para um caso específico, as ideias ficam *digitadas* nos sensores do subconsciente antes de se fixarem nos substratos do inconsciente profundo.

(Vol. 6, cap. 7)

Além de departamento muito complexo da organização física e psíquica, o cérebro é uma valiosa *glândula* que secreta substâncias essenciais à manutenção dos equipamentos que constituem o corpo, mantendo-o ou desorganizando-o.

Graças às *endorfinas* que produz, muitas dores são atenuadas, propiciando a manutenção do nível de bem-estar no indivíduo.

Diversas enzimas outras são produzidas, desenvolvidas e distribuídas pelos numerosos equipamentos orgânicos, cooperando para a sua conservação e renovação, ou desconserto e inarmonia.

(Vol. 7, cap. 14)

O cérebro, que antes era pouco identificado nas suas incomparáveis produções, como a maior *glândula* do corpo humano, é hoje conhecido como um extraordinário e incomum conjunto harmônico de setenta e cinco a cem bilhões de neurônios em circuito especializado e complexo, como o mais notável computador que a mente ainda não pode conceber. Suas enzimas, cerebrinas, globulinas e outras secreções comandam as reações de todo o corpo, trabalhando pela vida física e psíquica. No entanto, essa mente não lhe é fruto de elaboração própria, procedendo de uma fonte geradora que o antecede e sucede ao processo do conjunto neuronial. Pesando em média um quilo e trezentos gramas, absorve oxigênio em quantidade expressiva, vinte por cento de todo aquele de que necessita o corpo total. Quando ocorre a morte de cada célula nervosa e a mente trabalha, pesquisa e se esforça para manter os equipamentos em ordem, amplia-se, transformando as suas extremidades em *árvores (dendrites)*, que facultam o fluxo das informações, sem qualquer solução de continuidade, produzindo as maravilhosas sinapses eletroquímicas, que mantêm todo o equilíbrio dele mesmo e do organismo em geral.

Ainda desconhecido e pouco utilizado, é centro dinâmico da vida, nas mais complexas operações que se possa imaginar, antena transceptora, que se coloca na direção das faixas parapsíquicas, sem perder a sua estruturação para os registros e captações no campo do psiquismo normal.

À semelhança dos músculos que, não ativados pelo exercício, tendem à fragilidade, à flacidez, quando não movimentado pelas energias mentais renovadoras, perde as possibilidades de produção, porque, ao morrerem as células nervosas, as restantes, sem novos estímulos, não se ampliam, falhando na transmissão das mensagens que lhes cabe registrar, encaminhar e responder.

(Vol. 8, cap. 6)

O cérebro é central de força que, somente a pouco e pouco vem sendo descoberto, jazendo ignorado na sua quase totalidade, em especial no que diz respeito aos fenômenos psicológicos, parapsíquicos e mediúnicos.

(Vol. 10, cap. 5)

CÉREBRO TRIÚNO

[...] Assim sendo, cérebro seria triúno, e na sua tríplice constituição cada uma se equilibraria sobre a outra definindo-se na sua morfologia contemporânea.

O primeiro seria o denominado *complexo R*, também conhecido como o *cérebro réptil*, responsável pelo comportamento agressivo – herança do primarismo animal –, os rituais existenciais, a noção de espaço territorial, a formação do grupo social e sua hierarquia, estando presente nos primeiros répteis. Logo depois, viria o *cérebro mamífero*, expresso pelo sistema límbico, com a inclusão da glândula pituitária responsável por grande parte das emoções humanas, quais a área da afetividade, dos relacionamentos, do sentimento de compaixão e de piedade, da manutenção do grupo social e da organização gregária. Por fim, o neocórtex, encarregado das funções nobres do ser, como a inteligência, o raciocínio, o discernimento, a linguagem, a percepção de tudo quanto ocorre a volta, da administração da visão. Esse último, que seria o mais recente, resulta da conquista da evolução há apenas algumas dezenas de milhões de anos, tendo havido um desenvolvimento mais rápido do que os outros, que oscilaram entre duzentos e cinquenta milhões a cento e cinquenta milhões de anos. [...]

Não obstante a valiosa contribuição de Paul MacLean a respeito do cérebro triúno, a Neurofisiologia e outras ciências a cada momento mais o penetram, identificando a sede das funções essenciais da vida emocional, pensante e física, enquanto ainda prossegue algo desafiador e *misterioso* na sua constituição e funcionalidade totais.

(Vol. 12, cap. 1)

A concepção do cérebro triúno, como efeito natural do próprio desenvolvimento do agente de utilização dos seus inimagináveis recursos, atende às necessidades da evolução do Espírito, que poderá recorrer aos seus intrincados mecanismos de delicadíssima tessitura para alcançar os patamares mais elevados da felicidade.

(Vol. 12, cap. 11)

❖

Assim, considerando-se o *cérebro triúno*, de Paul MacLean, nele encontramos toda a história antropológica do ser, desde os primórdios inscritos na presença do *cérebro réptil*, passando pelo *mamífero* e alcançando o *neocórtex* onde permanecem valiosas possibilidades ainda não identificadas de todo. [...]

(Vol. 12, cap. 11)

CHAKRAS

O conhecimento dos *chakras* (rodas) como fontes de energia no sistema de vitalização orgânica propiciou técnicas de desenvolvimento, alimentação e equilíbrio de forças para a manutenção da aparelhagem material de que se utiliza o Espírito no seu processo de evolução.

Os *chakras*, tradicionalmente em número de sete, são considerados como *órgãos de energia*.

Do *coronário ao genésico* eles são o suporte de sustentação das funções psíquicas e orgânicas do corpo.

(Vol. 3, cap. 11)

CHASSI NEUROLÓGICO

O nobre investigador Paul MacLean observou [...] que a constituição mais primária do cérebro humano, que é formada pela sua parte posterior, pela medula espinhal e pelo mesencéfalo, poderia ser aceita como a sua base ou o seu *chassi neurológico*, conforme assim o denominou, que serviria de sustentação aos elementos que se aglutinaram sobre esse conjunto primário para formar o encéfalo contemporâneo.

(Vol. 12, cap. 1)

CHASSI NEUROLÓGICO *ver também* CÉREBRO TRIÚNO

CINISMO

O cinismo é uma expressão que caracteriza a conduta do indivíduo violento, que surge no período infantil – quando patológica –, prolongando-se pela adolescência, em que revela os pendores agressivos com mais intensidade, assim alcançando a idade adulta, sem uma adaptação equilibrada ao meio social.

Esse tipo de sociopatia faculta ao paciente uma existência egocêntrica, conduta teatral, superficial, sem controle da impulsividade, possuidor de muita leviandade, ausência de sentimentos fraternos em relação às demais pessoas, acreditando-se portador de valores que realmente não tem.

Não dispondo de um sentimento organizado, é insensível ao amor, embora exigente e insatisfeito, sempre demonstrando ressentimento contra as pessoas a quem não se afeiçoa. Invariavelmente é hábil na maneira de manipular aqueles com quem convive, mentindo desordenadamente, sem escrúpulos, duvidando da inteligência dos outros...

Quando desmascarado na conduta excêntrica e mentirosa que se permite, parece arrepender-se, a fim de cativar as suas vítimas, mantendo-se, porém, insensível a qualquer transformação moral para melhor.

Sempre sabe dissimular o comportamento, tornando-se gentil e simpático, o que levou a corrente americana de psiquiatras antipsiquiatria a sugerir que esse tipo de sociopata fosse excluído das classificações da doutrina mental, elucidando que o problema era mais de natureza moral e ética do que médica.

(Vol. 13, cap. 10)

CIÚME

Tipificando insegurança psicológica e desconfiança sistemática, a presença do ciúme na alma transforma-se em algoz implacável do ser. O paciente que lhe tomba nas malhas estertora em suspeitas e *verdades*, que nunca encontram apoio nem reconforto. [...]

No aturdimento do ciúme, o *ego* vê o que lhe agrada e se envolve apenas com aquilo em que acredita, ficando surdo à razão, à verdade.

O ciúme atenaza quem o experimenta e aquele que se lhe torna alvo preferencial.

O ciumento, inseguro dos próprios valores, descarrega a fúria do estágio primitivista em manifestações ridículas, quão perturbadoras, em que se consome. Ateia incêndios em ocorrências imaginárias, com a mente exacerbada pela suspeita infeliz, e envenena-se com os vapores da revolta em que se rebolca, insanamente.

Desviando-se das pessoas e ampliando o círculo de prevalência, o ciúme envolve objetos e posições, posses e valores que assumem uma importância alucinada, isolando o paciente nos sítios da angústia ou armando-o com instrumentos de agressão contra todos e tudo.

O ciúme tende a levar sua vítima à loucura.

O *ego* enciumado fixa o móvel da existência no desejo exorbitante e circunscreve-se à paixão dominadora, destruindo as resistências morais e emocionais, que terminam por ceder-lhe as forças, deixando de reagir.

(Vol. 5, cap. 5)

O ciúme, que retrata a falta de autoestima, predominando a autodesvalorização, como decorrência da não confiança em si mesmo, transforma-se em terrível algoz do ser e daqueles que fazem parte do seu relacionamento. [...]

De alguma forma, essa conduta resulta do abandono emocional a que se foi relegado na infância, quando as necessidades físicas e psicológicas não se faziam atendidas convenientemente, resultando nesse terrível transtorno de desestruturação da personalidade, da autoconfiança.

A desconfiança de não merecer o amor – inconscientemente – e a necessidade de impor o sentimento – acreditando sempre muito doar e nada receber – levam a patologias profundas de alienação, que derrapam em crimes variados, desde os mais simples aos mais hediondos...

O medo de não ter de volta o amor que se oferece conduz à raiva contra aquele que é alvo desse comportamento mórbido, porque o afeto sempre doa e não exige retribuição, é um sentimento ablativo, rico de oferta.

(Vol. 9, cap. 11)

❖

O ciúme tem raízes, portanto, no egotismo exagerado, que somente pode ser superado mediante o trabalho de autodisciplina e de entrega pessoal.

(Vol. 13, cap. 7)

❖

O ciúme estimula a inveja, e ambos trabalham em comum acordo para anular a ação daquele que lhes inspira o sentimento negativo.

(Vol. 13, cap. 7)

COMPAIXÃO

Há um tipo de compaixão que, não resultando da ação dinâmica do amor profundo, pode ser perniciosa e até deprimente.

Trata-se daquela que lamenta o sofrimento e descoroçoa quem o experimenta, como uma forma de aureolá-lo de desdita e abandono, de falta de sorte e desgraça. Essa atitude transparece e resulta de uma óptica equivocada sobre o sofrimento, deixando a perspectiva de que este é punição arbitrária, injustiça perturbadora.

A compaixão junta-se ao companheirismo, que comparte dos sentimentos alheios, sem enfraquecer-lhes as resistências morais, incitando o indivíduo à perseverança nos ideais e postulados relevantes, que o impulsionam ao incessante avanço, sem possibilidades de retrocesso.

Compaixão pelo bem, fruto do amor, o ser age adequadamente, mudando a estrutura do sofrimento, do qual o cinzel da ternura arranca as asperezas e anfractuosidades. Esse sentimento é semelhante à suavidade do luar em noite escura espraiando luz tênue e confortadora sobre a paisagem. Faculta uma visão propiciadora de ações úteis, onde predominavam as sombras do desalento, do medo e do desespero em crescimento.

(Vol. 3, cap. 5)

É de vital importância a compaixão no comportamento humano. Ela conduz à análise a respeito da fragilidade da existência corporal e de todos os engodos que a disfarçam.

(Vol. 3, cap. 5)

COMPAIXÃO POR SI MESMO

A compaixão por si mesmo – amor a si próprio – faculta a visão realista, sem agressão, dos objetivos da existência terrena, impulsionando a compaixão pelo seu irmão – amor ao próximo –, solidarizando-se com a sua luta e dando-lhe a mão amiga, a fim de sustentá-lo ou erguê-lo para que prossiga na marcha.

(Vol. 3, cap. 5)

COMPAIXÃO POR SI MESMO *ver também* AUTOCOMPAIXÃO

❖

COMPENSAÇÃO

Foi o admirável pai da Psicanálise Analítica, Alfred Adler, quem, percebendo que um órgão deficitário é substituído pelo seu par – um pulmão enfermo ou um rim doente –, estabeleceu que ocorre uma compensação correspondente na área psicológica. [...]

Na compensação ocorre a *formação de reação*, que responde pela necessidade de um efeito psicológico contrário.

Desse modo, as atitudes exageradas em qualquer área camuflam desejos inconscientes opostos.

Nessa compensação psicológica, o *ego* exacerbado está sempre correto e, sem piedade pela fragilidade humana, exprime-se dominador, superior aos demais, que não raro persegue com inclemência.

Na distorcida visão *egoica*, a sua é sempre a postura certa, por isso exagera para sentir-se aliviado da tensão decorrente da incoerência entre o *ego* presunçoso e o Eu debilitado.

(Vol. 5, cap. 7)

COMPETIR

Competir não é negativo, desde que tenha por meta progredir, e não vencer os outros; porém, superar-se cada vez mais, desenvolvendo capacidades latentes e novas na individualidade. Competir, todavia, para derrubar quem está à frente, em cima, é atitude neurótica, inconformista, invejosa, que abre brecha àquele que vem atrás e repetirá a façanha em relação ao aparente vencedor atual. Tal atitude responde pela insegurança que domina em todas as áreas do relacionamento social.

(Vol. 2, cap. 5)

COMPLEXO DE CULPA

[...] *o complexo de culpa* é igualmente danoso, porque não soluciona o mal praticado, sendo, ademais, responsável pelo agravamento dos seus maus resultados.

(Vol. 3, cap. 4)

COMPLEXO DE ÉDIPO

No *Complexo de Édipo*, por exemplo, detectamos uma herança reencarnacionista, tendo em vista que a mãe e o filho apaixonados de hoje foram marido e mulher de antes, em cujo relacionamento naufragaram desastradamente. [...]

(Vol. 8, cap. 2)

COMPLEXO DE ELECTRA

[...] No *Complexo de Electra*, deparamos uma vivência ancestral entre esposos ou amantes, e que as Soberanas Leis da Vida voltam a reunir em outra condição de afetividade, a fim de que sejam superados os vínculos anteriores de conduta sexual aflitiva.

(Vol. 8, cap. 2)

COMPLEXO DE INFERIORIDADE

No que diz respeito ao complexo de inferioridade, o distúrbio é mais grave e apresenta-se como manifestação psicopatológica que requer cuidadoso trabalho psicoterapêutico.

As causas preponderantes, que se encontram no passado espiritual, agora ressurgem como fatores familiares e sociais que muito contribuem para o surgimento do complexo de inferioridade, sua fixação no imo do ser, que tanto aflige inúmeros indivíduos.

(Vol. 12, cap. 4)

COMPLEXO DE SUPERIORIDADE

Quando se apresenta como complexo de superioridade, o distúrbio é de menor monta, podendo ser melhor trabalhado com uma psicoterapia apropriada, e vencida a situação sem maior desgaste psicológico, porque facilmente descobre a própria fragilidade ante as ocorrências existenciais e os acontecimentos cotidianos.

(Vol. 12, cap. 4)

COMPLEXOS

Exteriorizados pelo inconsciente através dos sutis mecanismos cerebrais, essas ocorrências ressurgem como *complexos* quando possuem conteúdo perturbador, efeitos naturais das ações morais iníquas que as soberanas *Leis de Causa e Efeito* impõem ao Espírito como necessidade de reparação e de reeducação.

(Vol. 12, cap. 1)

COMPORTAMENTALISTA

[...] os *comportamentalistas* estabelecem, como indissociáveis da conduta, as *condições ambientais*.

(Vol. 5, cap. 1)

COMPORTAMENTO

O comportamento saudável segue uma linha de direcionamento equilibrado, sem os altibaixos constantes dos transtornos neuróticos que produzem instabilidade emocional. A escala de valores adquire inteireza e passa a comandar as atitudes em todos os momentos possíveis. [...]

A estabilidade do comportamento não fica adstrita a regras adrede estabelecidas, mas resulta de um amadurecimento íntimo, que ensina como agir diante dos desafios do cotidiano, a enfrentar as situações menos favoráveis, perceber o significado das ocorrências e a deixar-se preencher pela resultante dos valores do amadurecimento da afetividade.

(Vol. 8, cap. 9)

COMPORTAMENTO NEURÓTICO

Produtos do inconsciente profundo a se manifestarem como comportamentos neuróticos, os fatores psicogênicos têm suas raízes na conduta do próprio paciente em reencarnações passadas, nas quais se desarmonizou interiormente. Fosse mediante conflitos de consciência ou resultados de ações ignóbeis, os mecanismos propiciadores de reabilitação íntima imprimem no inconsciente atual as *matrizes* que se exteriorizam como dissociações e fragmentações da personalidade, alucinações, neuroses e psicoses.

(Vol. 2, cap. 5)

Os comportamentos neuróticos são desgastantes, extrapolando os limites das resistências orgânicas, que passam a somatizá-los, abrindo campo para várias enfermidades que poderiam ser evitadas.

(Vol. 2, cap. 5)

COMPREENSÃO

A compreensão é faculdade que melhor contribui para o êxito do relacionamento humano, por facultar à outra pessoa a vigência dos seus valores positivos e perturbadores. Ela reflete o grande desenvolvimento espiritual pelo que concede a quem lhe busca apoio, orientação, quando em conjunturas difíceis.

A compreensão abre o leque da fraternidade ensejando recursos terapêuticos necessários, conforme o caso que lhe chegue ao conhecimento. Sem anuir a todas propostas, ou sem rejeição adrede estabelecida, favorece a percepção do que se apresenta, na forma como se manifesta.

(Vol. 4, cap. 19)

CONCEITOS CARTESIANO-NEWTONIANOS

A súbita mudança de conceitos cartesiano-newtonianos a respeito de tempo e espaço – graças aos admiráveis descobrimentos da Física Quântica, em face dos nobres intentos vitoriosos das neurociências e da Biologia Molecular, em razão do aprofundado estudo do cérebro através da holografia, diante da análise cuidadosa dos estados alterados de consciência por meio da hipnose, da aplicação de drogas psicodélicas, da meditação –, ensejou melhor visão em torno do ser humano e sua grandiosa dimensão.

(Vol. 5, cap. 1)

CONCENTRAÇÃO

A concentração amplia os horizontes enquanto fortalece o íntimo, por facultar o intercâmbio de energias superiores que passam a vitalizar o indivíduo, renovando-lhe as forças quando em exaurimento, especialmente no mister altruístico. [...]

A arte de concentração é uma conquista valiosa e demorada, que exige cultivo e exercício, a fim de responder de maneira eficiente às necessidades emocionais do homem. [...]

Sem o contributo da concentração quaisquer atividades perdem o brilho e são mal executadas. É ela que propicia o enriquecimento dos detalhes, a visão particular e geral do empreendimento, revigorando o indivíduo, concedendo-lhe lucidez e inspiração.

Todos os grandes realizadores devem à concentração, ao esforço e à paciência o êxito que alcançaram. Esqueciam-se de tudo, quando fixados no propósito de algo realizar. [...]

A concentração ilumina o altruísmo e revigora-o nos momentos difíceis, por facultar compreender as circunstâncias dos acontecimentos e os problemas nos quais as pessoas se emaranham. Capacita-o com energia especial e irradia-se em ondas de bem-estar, que impregnam todos quantos se aproximam da pessoa que a exercita. E quanto mais o faz, tanto maior se lhe torna a capacidade de exteriorização. É, portanto, essencial ao altruísmo, propiciando a anulação das causas do sofrimento, por facultar a vigência dos sentimentos elevados da vida em plena realização do bem.

(Vol. 3, cap. 6)

❖

A concentração é a fixação da mente, por interesse ou seleção, em qualquer pensamento, em alguma ideia especial que se deseje analisar ou reter.

(Vol. 3, cap. 8)

❖

[...] a concentração é-lhe [ao ser] de valor inestimável, por propiciar-lhe encontrar-se com os arquivos que lhe guardam as impressões passadas que geram dificuldades ou problemas no comportamento atual. [...]

(Vol. 8, cap. 7)

CONDUTA SAUDÁVEL

A filosofia budista, entre outros ensinamentos nobres, mostra as sete linhas da conduta saudável, estabelecendo os itens ideais do bem proceder, dos quais destacamos apenas: pensar corretamente, falar corretamente, agir corretamente...

(Vol. 8, cap. 3)

CONFLITO

Os conflitos são heranças de experiências fracassadas, mal vividas, deixadas pelo caminho, por falta de conhecimento e de emoção, que se vão adquirindo, etapa a etapa, no processo dos renascimentos do Espírito – seu psiquismo eterno.

(Vol. 9, cap. 3)

CONHECIMENTO DO UNO

[...] o conhecimento do Uno não vem por meio da Ciência e do pensamento... mas através de uma presença imediata, superior à Ciência.

(Vol. 15, prefácio)

CONQUISTA DE SI MESMO

A conquista de si mesmo é o desafio constante para a autorrealização, a harmonia psicológica, o desenvolvimento das percepções parapsíquicas e mediúnicas.

(Vol. 5, cap. 5)

A conquista de si mesmo resulta, portanto, do amadurecimento psicológico, pela racionalização dos acontecimentos, e graças às realizações da solidariedade, que facultam a superação das provas e dos sofrimentos, os quais passam então a ter um comportamento filosófico dignificante – instrumentos de valorização da vida – em vez de serem castigos à culpa oculta, jacente no mundo íntimo. [...]

O homem que se conquista supera os mecanismos de fuga, de transferência de responsabilidade, de rejeição e outros, para enfrentar-se sem acusação, sem justificação, sem perdão.

Descobre a vida e que se encontra vivo, que hoje é o seu dia, utilizando-o com propriedade e sabedoria. Não tem passado nem futuro, neste tempo intemporal da relatividade terrestre, e a sua é uma consciência atual, fértil e rica de aspirações, que busca a integração na Cósmica que já desfruta, vivendo-a nas expressões do amor a tudo e a todos intensamente.

A conquista de si mesmo é lograda mediante o *querer*. [...]

A conquista de si mesmo está ao alcance do *querer* para *ser*, do *esforçar-se* para *triunfar*, do *viver* para jamais *morrer*...

(Vol. 5, cap. 10)

CONQUISTA DO *SELF*

A conquista do *Self* com todos os seus atributos e possibilidades constitui a meta primordial da existência terrena, em cuja busca devemos investir todo o potencial humano, emocional, moral, intelectual.

(Vol. 5, cap. 7)

CONSCIÊNCIA

A *consciência*, na sua realidade, é fator extrafísico, não produzido pelo cérebro, pois que possui os elementos que se consubstanciam na forma que se lhe torna necessária à exteriorização.

Essa energia pensante, preexistente e sobrevivente ao corpo, evolve através das experiências reencarnacionistas, que lhe constituem processo de aquisição de conhecimentos e sentimentos, até lograr a sabedoria. Como consequência, faz-se herdeira de si mesma, utilizando-se dos recursos que amealha e deve investir para mais avançados logros, etapa a etapa.

(Vol. 2, cap. 5)

A consciência expressa-se em uma atitude perante a vida, um desvendar de si mesmo, de quem se é, de onde se encontra, analisando, depois, o que se sabe e quanto se ignora, equipando-se de lucidez que não permite mecanismos de evasão da realidade. Não finge que sabe, quando ignora; tampouco aparenta desconhecer, se sabe. Trata-se, portanto, de uma tomada de conhecimento lógico.

(Vol. 2, cap. 6)

A aquisição da consciência é o resultado de um processo incessante, através do qual o *psiquismo* se agiganta desde o *sono*, na força aglutinadora das moléculas, no mineral; à *sensibilidade*, no vegetal; ao *instinto*, no animal; e à *inteligência*, à *razão*, no homem. Nesta jornada automática, funcionam as inapeláveis Leis da Evolução, em a Natureza, defluentes da Criação.

(Vol. 2, cap. 9)

Essa consciência condutora, certamente a ele preexistente e sobrevivente [ao corpo físico], é o Si eterno, o Espírito imortal, realizando inúmeras experiências da evolução, trabalhando, em cada uma delas, os valores que lhe jazem interiormente – Deus em nós.

(Vol. 6, cap. 1)

O despertar da consciência, saindo da obscuridade, do amálgama do coletivo, para a *individuação*, é acompanhado pelo sofrimento, qual parto que proporciona o desabrochar da vida, porém, sob o guante ainda inevitável da dor.

(Vol. 6, cap. 3)

Ninguém foge da própria consciência, que é o campo de batalha onde se travam as lutas da reabilitação ou os enfrentamentos da regularização de atitudes malsãs.

(Vol. 8, cap. 1)

A conquista da consciência é [...] um *parto* muito dorido do inconsciente, que continua detendo expressiva parte dos conteúdos psíquicos de que o *ego* necessita e deve assimilar. Nesse momento em que se torna consciente do portentoso repositório e passa a expressar-se por seu intermédio, é que a consciência se manifesta.

[...] A consciência é, pois, esse altíssimo valor que o *Self* conquista, integrando todo o patrimônio dos conteúdos psíquicos existentes na realidade do discernimento além do conhecimento, dos sentimentos harmônicos com os instintos, na razão bem-direcionada.

(Vol. 12, cap. 1)

CONSCIÊNCIA *ver também* NÍVEIS DE CONSCIÊNCIA

CONSCIÊNCIA DE CULPA COLETIVA

[...] verdadeiro arquétipo de natureza punitiva, que venceu as gerações e ressurge, ainda hoje, nos indivíduos e grupamentos sociais, fazendo-os responsáveis pelo deicídio no Calvário – confundindo Jesus com Deus –, ou mais remotamente, com a herança da *tentação,* em que Eva tombou, levando Adão ao erro, assim tornando a *mulher inferior* no processo humano da evolução, em flagrante desrespeito ao *simbolismo* da criação humana, que passou à condição de realidade.

(Vol. 5, cap. 1)

CONSCIÊNCIA DE SONO

A *consciência de sono* predomina no mundo moderno, em razão das suas concessões ao prazer imediato, sem a consequente proposta e oportunidade para as emoções libertadoras. Assim, a sociedade se divide em grupos que se hostilizam sub-repticiamente, distanciando-se cada vez mais uns dos outros, quando deveriam eliminar as barreiras separatistas, e não manter ignorância sobre as infinitas possibilidades de realização e de despertamento.

(Vol. 8, cap. 6)

CONSCIÊNCIA DO SI

A consciência do Si possui a nobreza de identificar a vida e a sua proposta, oferecendo alegria sem jaça na experiência humana. Apresenta facetas agradáveis e desconcertantes, que são selecionadas e, com bonomia, aceitas e vividas. Enseja a oportunidade de rir-se e de fruir-se o prazer que emula ao prosseguimento da existência.

(Vol. 9, cap. 12)

CONSCIÊNCIA ÉTICA

A consciência ética é a conquista da iluminação, da lucidez intelecto-moral, do dever solidário e humano. Ela proporciona uma criatividade construtiva ilimitada, que conduz à santificação, na fé e na religião; ao heroísmo, na luta cotidiana e nas batalhas profissionais; ao apogeu, na Arte, na Ciência, na Filosofia, pelo empenho que enseja em favor de uma plena identificação com o ideal esposado.

(Vol. 2, cap. 3)

CONSCIÊNCIA/INCONSCIÊNCIA

A consciência, por sua vez, é *yang* (masculino, racional, extrovertido, alegre, positivo) e a inconsciência é *yin* (feminino, introvertido, melancólico, negativo), harmonizando-se num conjunto de equilíbrio.

(Vol. 6, cap. 5)

CORAÇÃO TRANQUILO

Um coração tranquilo é resultado de uma conduta reta e, por consequência, fator basilar para uma consciência de paz.

Interdependem-se, portanto, esses elementos, para uma vida feliz, desde que, olhar-se para trás sem remorsos, agir-se sem medo, em face dos sentimentos enobrecidos, produzem um estado de paz que nada perturba, porque enraizada na maneira de operar, conduzindo a caminhada retamente.

(Vol. 3, cap. 8)

CORAGEM

A coragem nasce nos valores morais do homem que elege a conduta correta para uma vida feliz.

A coragem de viver deve ser treinada continuamente, vencendo as pequenas barreiras da timidez, dos receios de fracassos, dos complexos de inferioridade, das doenças reais ou imaginárias, fortalecendo o ânimo em cada triunfo e reconsiderando a ação em cada insucesso.

(Vol. 1, cap. 10)

A coragem é fator decisivo para o bem do indivíduo na sua historiografia psicológica. Para hauri-la, basta o interesse consciente e duradouro em favor da aquisição da felicidade, que se deve tornar a meta essencial da sua existência. [...]

(Vol. 2, cap. 8)

A coragem é valor moral para enfrentar a luta e perseverar nela, nunca a abandonando sob qualquer pretexto. O esforço contínuo permite o prosseguimento da ação, que realiza o programa estabelecido. [...]

O esforço bem-direcionado caracteriza o grau de evolução do ser, porquanto, mais expressivo nuns do que noutros, distingue-os, demonstrando as conquistas já logradas, ao tempo em que faculta a percepção do muito a conseguir.

(Vol. 3, cap. 6)

A coragem pode ser incluída na lista das virtudes humanas, em face dos valores benéficos que propicia ao Espírito e à existência em si mesma.

Encontra-se radicada no cerne do ser, em virtude de experiências morais e conquistas sociais realizadas em vivências passadas, quando as lutas e os desafios apresentaram-se exigindo solução. [...]

A coragem, portanto, desenvolve-se lentamente, passando de um estágio a outro, galgando degraus mais elevados, desse modo, favorecendo a criatura com mais altivez e autoconfiança.

(Vol. 13, cap. 18)

A virtude da coragem tem lugar no momento em que o indivíduo liberta-se da proteção familiar, da segurança do lar, atravessando os diferentes períodos da adolescência e entrando na fase adulta, tendo que assumir responsabilidades. [...]

A coragem apresenta-se, nesse momento, equipando o ser em busca da realização pessoal, mediante a seleção de valores de que se deve munir para seguir no rumo das metas que elegerá na sucessão do tempo. [...]

A coragem é um ato, portanto, de bravura moral, virtude que deve acompanhar o sentimento humano, em vez do marasmo ante decisões ou diante da acomodação ao que já foi conseguido, da satisfação infantil pelo que se logrou, quando os horizontes mais se ampliam na direção do futuro, à medida que se avança.

(Vol. 13, cap. 18)

❖

[...] a coragem é o estímulo para que desabrochem os valores que dignificam e produzem a autorrealização.

A coragem pode assumir também outro delicado e sutil aspecto no comportamento humano, qual seja, criar, oferecendo beleza através da arte, da cultura, da religião, da bondade, da solidariedade.

Vivendo-se numa sociedade que se caracteriza pelo isolacionismo, pelo egoísmo, que prefere o interesse imediato, a troca de favores, é natural que alguém rompa o condicionamento e tenha a coragem de ser diferente, desenvolvendo o gênio criativo e o sentimento de compaixão pela ignorância, solidarizando-se com a vida e com todos os seres sencientes.

(Vol. 13, cap. 18)

A coragem de lutar não espera compensação de qualquer natureza. Mesmo quando a morte do corpo se aproxima, o homem e a mulher de coragem prosseguem na sua faina de oferecer exemplos e contribuições que felicitam aqueles que vêm na retaguarda, e avançam confiantes na contribuição daqueles que os precedem pelos caminhos da inteligência e do sentimento.

Coragem é mais que destemor ante perigos, é a conquista da autoconsciência que faculta a segurança nas possibilidades e nos meios valiosos de prosseguir na conquista de si mesmo.

(Vol. 13, cap. 18)

CORPO HUMANO

O corpo deve ser considerado um instrumento transitório para o ser eterno, temporariamente um santuário, em face da finalidade edificante de propiciar à alma a sua ascensão, mediante as experiências iluminativas que faculta, nos aspectos moral, espiritual, intelectual, pelo exercício das virtudes que devem ser postas em prática, e jamais para atendimento das sensações que lhe caracterizam a constituição molecular.

(Vol. 3, cap. 7)

❖

O corpo é veículo dúctil ao pensamento, sujeito aos sentimentos e vítima das emoções. De acordo com a qualidade deles passa a ter a sua organização condicionada, e o sofrimento é-lhe sempre a consequência das expressões errôneas.

(Vol. 6, cap. 3)

❖

O organismo é excelente máquina, constituída por equipamentos delicados, que são comandados pelo Espírito através do cérebro. [...]

O corpo humano é laboratório de gigantescas possibilidades, sempre suscetível de autodesarranjar-se ou autorrecompor-se conforme as vibrações emitidas pela mente.

A mente representa-lhe o centro de controle que envia as mensagens mais diversas para todos os pontos da sua organização.

(Vol. 7, cap. 20)

❖

[...] encarregado de envolver os anteriores [Espírito e perispírito], experimentando os conteúdos que procedem do ser espiritual que é e se manifestam no soma em que transita.

(Vol. 12, cap. 7)

❖

O corpo é o envoltório mais denso e, possivelmente, mais grosseiro, que expressa os conteúdos profundos que procedem da energia pensante que lhe impõe, através do *corpo intermediário*, os mecanismos próprios para a aprendizagem e a reparação dos equívocos cometidos nos diversos experimentos a que vai submetido.

(Vol. 12, cap. 11)

CRENÇA

A crença vive inata no homem, aguardando os estímulos que a façam desabrochar-se, enriquecendo de forças a vida.

Há uma crença automática, natural, herança arquetípica das gerações passadas, que induz à aceitação dos fatos, das ideias e experiências, sem análise racional. E existe aqueloutra, que é resultado da elaboração da lógica, das evidências dos acontecimentos com os quais a razão anui.

Crê-se, portanto, por instinto e por conhecimento experimental.

(Vol. 1, cap. 18)

CRER RETAMENTE

Crer retamente, porém, é direcionar o pensamento de forma positiva, edificante, firmando-o em propósitos saudáveis, que favorecem a realização excelente dos postulados, nos quais se crê.

(Vol. 3, cap. 8)

CRER/SABER

Crer é uma experiência emocional, mas saber é uma conquista da inteligência que experiencia a realidade e se deixa arrebatar, nunca mais alterando a consciência em torno do que conhece.

(Vol. 11, cap. 21)

CRESCIMENTO INTERIOR

O crescimento interior é, definitivamente, a grande meta a que devem aspirar todos os seres humanos. As heranças negativas que o agrilhoam aos transtornos psicológicos e sentimentos perturbadores fazem parte do seu processo evolutivo, mas não devem permanecer enquanto se realiza, lutando pela conquista de mais elevados propósitos de emancipação emocional e espiritual.

(Vol. 10, cap. 6)

CRESCIMENTO PSICOLÓGICO

[...] Não há crescimento psicológico sem o enfrentamento de problemas, sem o atrito das emoções, particularmente na área da afetividade que é campo novo para o ser, quando treina mais fortes e valiosas expressões de amor.

(Vol. 10, cap. 7)

CRIANÇA FERIDA

Todos os indivíduos conduzem no inconsciente individual a sua *criança ferida, magoada*, que lhe dificulta a marcha de segurança na busca da paz interior, da saúde e da vitória sobre as dificuldades.

Essa *criança ferida* é o ser humano perdido no *deserto*, ou na *casa*, que necessita ser varrida, a fim de retirar as camadas de ressentimentos que impedem a claridade da razão, do discernimento.

Mediante a reflexão e a psicoterapia equilibrada, a *criança ferida* libera o adulto encarcerado que não se pode desenvolver, e ocorre uma integração entre a *sombra* e o *ego*, proporcionando alegrias inenarráveis ao *Self*, que aspira à perfeita junção das duas fissuras da psique.

(Vol. 15, cap. 5)

CRIATIVIDADE

A criatividade inspira à busca do real, embora no campo imaginário, conduzindo o ser psicológico à aquisição de recursos que o emulam ao desenvolvimento das potencialidades nele jacentes. Quando bem-direcionada, supera a fantasia que se lhe pode antecipar, penetrando no âmago das coisas e ocorrências com que compõe novos cenários e estabelece produtivos objetivos. [...]

A criatividade dá sentido à existência, que não estaciona ante o já conseguido, demonstrando a excelência de tudo quanto falta para ser alcançado.

Liberta do encarceramento elaborado pelo *ego*, rompendo o círculo da comodidade e impulsionando a novas experiências.

A mente criativa é atuante e renovadora, propiciando beleza ao ser, que se faz solidário no grupo social, participante dos interesses gerais, aos quais se afeiçoa, enquanto vive as próprias expectativas elaboradas pelo pensamento idealista.

(Vol. 9, cap. 6)

❖

A criatividade, a inspiração, o êxtase legítimo, decorrem da perfeita lucidez, num período de bem-estar e de integração com o Cosmo, após o esforço da busca para o autoencontro, facultando ao subconsciente ou ao pré-consciente o auxílio necessário e eficaz.

Nesse comportamento, atinge-se com relativa facilidade o *estado alterado de consciência*, em vez de mergulhar-se em *estados de consciência alterada*, pela ingestão de substâncias alucinógenas, portadoras de danos imprevisíveis ao cérebro e aos respectivos departamentos emocional e psíquico do usuário.

(Vol. 13, cap. 13)

CRIATURA HUMANA *ver* SER HUMANO

CRISE

A crise é uma necessidade sociológica e psicológica, facultando melhor aproveitamento das oportunidades existentes, ensejando a coragem para serem realizadas mudanças de paradigmas assim como de condutas, sempre objetivando resultados mais saudáveis e práticos.

(Vol. 14, cap. 2)

CRISE EXISTENCIAL

A crise existencial é uma forma de ruptura com o passado, com alguns desses substratos, propiciando novos investimentos da inteligência e da emoção, a fim de surgirem outros patamares de apoio para as conquistas mais complexas da harmonia, que pressupõe equilíbrio, estabilidade, realização pessoal.

(Vol. 14, cap. 2)

CRISTÃO

Amando o bem no lar, nos grupos sociais, de trabalho, religioso e na comunidade, o cristão é uma *carta viva* de Jesus. Nela deve estar presente o Código que foi apresentado na montanha, como diretriz de equilíbrio para os outros, a exteriorizar-se de si próprio.

(Vol. 7, cap. 12)

O cristão é fortaleza de segurança e apoio em favor dos que necessitam de ajuda.

(Vol. 7, cap. 26)

CRISTIANISMO

O Cristianismo é doutrina de imortalidade que exalta a sobrevivência do ser, estruturado na Ressurreição de Jesus, o momento glorioso do Seu ministério ímpar.

(Vol. 7, cap. 29)

CRISTO INTERIOR

A busca do *Cristo interior*, nesse cometimento, assume um papel de relevante importância, que é o esforço pela conquista da superconsciência. Quando se consegue essa integração com o *ego*, alcança-se a individuação.

(Vol. 15, cap. 5)

Na sua obra monumental, *Aion*, [Jung] ainda se refere o admirável mestre: "*Cristo é o homem interior a que se chega pelo caminho do autoconhecimento.*"

Esse Cristo ou estado crístico logrado por Jesus, na Sua condição de Médium de Deus, foi alcançado pelo apóstolo Paulo e por muitos discípulos que se Lhe entregaram em regime de totalidade, e ainda pode ser logrado quando se atinge o estado numinoso, tornando-se livre dos processos reencarnatórios, das injunções penosas do corpo, das circunstâncias impositivas da evolução.

Auxiliar, na conquista desse estado, é missão da psicoterapia profunda, trabalhando o ser integral, rompendo a concha grosseira em que a *sombra* muitas vezes se oculta, evitando ser identificada.

(Vol. 15, cap. 6)

CROMOTERAPIA

A *cromoterapia*, mediante a aplicação de cores, propicia alguns resultados favoráveis na área da saúde, especialmente no estado psíquico em desalinho dos indivíduos.

A cor vermelha é considerada excitante, enquanto o azul é calmante. Com essa conclusão, aplica-se a cor vermelha nos estados melancólicos e a azul nos de exaltação, como nos casos de *delirium tremens* e outros semelhantes.

A *cromoterapia* devidamente aplicada, através de um correto conhecimento das cores e dos efeitos, proporciona estados de recuperação da saúde.

A luz vermelha, por exemplo, em determinados estados infecciosos, como na varíola, faculta bons resultados.

(Vol. 3, cap. 11)

CRUELDADE

Na raiz da crueldade existe um transtorno profundo da personalidade. Essa alienação perversa origina-se em conduta criminosa vivenciada em existência pretérita, quando o Espírito, sentindo-se injustiçado por não entender as Leis de Equilíbrio que vigem no Cosmo, tomou a adaga da falsa justiça e desforçou-se de quem acreditou ser responsável pela sua desdita.

(Vol. 13, cap. 9)

CULPA

A culpa é *sombra* perturbadora na personalidade, responsável por enfermidades soezes, causadoras de desgraças de vária ordem.

Insculpida nos painéis profundos da individualidade, programa, por automatismos, os processos reparadores para si mesma.

(Vol. 1, cap. 5)

A culpa assinala a consciência que se abre em chaga viva até a reparação do erro, a recomposição do campo energético agredido. [...]

(Vol. 3, cap. 13)

[...] A culpa procede de uma peculiar sensação de estar-se realizando algo que está errado e de como esse comportamento afeta as demais pessoas. Esse sentimento proporciona uma correlação entre a capacidade de agir correta ou erradamente. O ato de haver-se equivocado, sem uma estrutura equilibrada do *ego* em relação ao corpo, produz uma distonia que gera sentimentos profundos de amargura e desajuste emocional.

(Vol. 9, cap. 8)

❖

A culpa não diluída é terrível flagício que dilacera o ser, seja conscientemente ou não, impondo a necessidade da reparação do dano causado. [...]

(Vol. 9, cap. 9)

❖

A culpa sempre se insculpe no inconsciente como uma necessidade de punição, através de cujo mecanismo o *ego* se liberta do delito.

Originada na conceituação ancestral de pecado – herança atávica do *pecado original*, que seria a desobediência de Adão e Eva, os arquétipos ancestrais do ser humano, a respeito da *Árvore da sabedoria do bem e do mal* –, tem sido, através do processo da evolução, um agente cruel punitivo, que vem desequilibrando o seu mecanismo psicológico.

Desse modo, a *consciência de culpa* torna-se tortura lúcida ou não para o emocional, gerando tormentos que poderiam ser evitados se outros processos houvessem sido elaborados para facultar a reparação do erro.

Por isso mesmo, em vez de *pecado* ou *culpa*, surge o conceito de *responsabilidade*, mediante a qual a colheita se deriva da semeadura, sem qualquer expressão castradora do discernimento nem fatalista do sofrimento.

(Vol. 10, cap. 2)

❖

A culpa ancestral, fixada no inconsciente do indivíduo, exerce uma grande pressão sobre sua conduta atual, estimulando às evasões da realidade, ao esquivar-se dos compromissos vigorosos, mantendo atormentada a sua vítima, sempre à espera de algo perturbador.

(Vol. 13, cap. 1)

Duas são as causas psicológicas da culpa: a que procede da *sombra* escura do passado, da consciência que se sente responsável por males que haja praticado em relação a outrem e a que tem sua origem na infância, como decorrência da educação que lhe foi ministrada.

A culpa é resultado da raiva que alguém sente contra si mesmo, voltada para dentro, em forma de sensação de algo que foi feito erradamente.

(Vol. 13, cap. 6)

A culpa pode apresentar-se a partir do momento em que se deseja viver a independência, como se isso constituísse uma traição, um desrespeito àqueles que contribuíram para o desenvolvimento da existência, que deram orientação, que se esforçaram pela educação recebida. Entretanto, merece considerar que, se o esforço foi realizado com o objetivo de dar felicidade, esta começa a partir do instante em que o indivíduo afirma-se como criatura, em que tem capacidade para decidir, para realizar, para fazer-se independente. [...]

A culpa é algoz persistente e perigoso, que merece orientação psicológica urgente.

(Vol. 13, cap. 6)

Reprimir a culpa, tentar ignorá-la é tão negativo quanto aceitá-la como ocorrência natural, sem o discernimento da gravidade das ações praticadas.

À medida que é introjetada, porém, a culpa assenhoreia-se da emoção e torna-se punitiva, castradora e perversa.

Gerando perturbações emocionais, pode induzir a comportamentos doentios e a atitudes criminosas, em face de repressões da agressividade, de sentimentos negativos incapazes de enfrentamentos claros e honestos que empurram para a traição, para os abismos sombrios da personalidade. [...]

Nos criminosos seriais, por exemplo, a culpa inconsciente propele-os a novos cometimentos homicidas, além do inato impulso psicopata e destrutivo que lhes anula os sentimentos e a lucidez em torno das atrocidades cometidas. Portadores de fragmentação da mente, permanecem incapazes de uma avaliação em torno dos próprios atos.

Podem apresentar-se gentis e atraentes, conseguindo, dessa forma, conquistar as suas futuras vítimas, antegozando, no entanto, a satisfação da armadilha que lhes prepara, estimulando-os ao golpe final.

Bloqueando a culpa, saciam-se, por breve tempo, na aflição e no desespero de quem leva à consumpção. Quanto maior for o pavor de que o outro dê mostra, mais estímulo para golpear experimenta o agressor. A fúria sádica explode em prazer mórbido e cessa até nova irrupção.

(Vol. 13, cap. 6)

A culpa sempre deflui de uma ação física ou mental portadora de carga emocional negativa em relação a outrem ou a si mesmo.

(Vol. 14, cap. 3)

CULPA LÚCIDA

[...] a *culpa* lúcida, bem absorvida, transforma-se em elemento positivo no que tange ao acontecimento malsucedido. [...]

Considerada a ação sob a óptica da culpa saudável, não será factível de introjetá-la, evitando que se transforme em algoz interior, que ressurgirá quando menos seja esperado. [...]

As fronteiras entre uma culpa lúcida e aqueloutra [tormentosa] punitiva são muito sutis, e quando não recebem uma análise honesta, confundem-se em um tumulto entre o desejo de ser livre e de ficar aprisionado até a extinção do mal praticado.

Tem ela o objetivo de proporcionar o exercício da honestidade para com o Si, evitando autojustificação, transferência de responsabilidade, indiferença diante do acontecimento.

(Vol. 10, cap. 2)

CULPA NÃO PERTURBADORA

Poderemos encontrar esse tipo de *culpa* não perturbadora na primeira infância, quando medra a faculdade de discernir nos seus primórdios, favorecendo a criança com a noção do que deve em relação àquilo que não convém ser realizado, mais ou menos a partir dos três anos.

Se o indivíduo não possui interiormente, nele insculpido, um código moral para o comportamento, vagueia entre a irresponsabilidade, as psicopatias pessoais e as sociopatias no grupo no qual se encontra.

(Vol. 10, cap. 2)

CULPA SAUDÁVEL *ver* CULPA LÚCIDA

CULPA TERAPÊUTICA

A *culpa terapêutica* evita que o paciente se lhe agarre transformando-a em necessidade de reparação do delito, assim derrapando em situação patológica. Trata-se apenas de uma plena conscientização de conduta, com vistas à vigilância emocional e racional para os futuros cometimentos. [...]

Quando se foge a esse compromisso de avaliação do erro, estagiando-se no patamar transitório da *culpa terapêutica*, o inconsciente elabora instrumentos punitivos que estabelecem os meios cruéis para a regularização, a recomposição do quadro alterado pelos danos que lhe foram impostos.

(Vol. 10, cap. 2)

CULPA TORMENTOSA

Existe a culpa tormentosa, aquela que se mascara e adormece no inconsciente profundo, trabalhando transtornos de consciência, ante a consideração do ato ignominioso não digerido. No entanto, pode-se considerá-la numa outra expressão, que seria uma avaliação oportuna sobre o acontecimento, tornando-se necessidade reparadora, que propele ao *aloperdão*, como ao autoperdão

Essa conscientização do gravame equipa os instrumentos morais da personalidade, no Eu superior, para mantê-lo vigilante, precatando-o de futuras flutuações comportamentais e deslizes ético-morais. Por outro lado, desperta a consciência para estar atenta ante as ocorrências nos momentos infelizes, isto é, naqueles nos quais o cansaço, o estresse, a saturação, o mal-estar, a irritação estejam instalados no organismo. Esse é o momento perigoso, a hora errada para tomar decisões, assumir responsabilidades mais graves. O seu significado terapêutico propõe limites geradores de sensibilidade para perceber, orientar e viver a conduta edificante.

(Vol. 10, cap. 2)

CULPA/VERGONHA

Os sentimentos de culpa e de vergonha são ambivalentes. A culpa tem a ver com pensamentos, palavras e ações tidos por errados sob o ponto de vista moral, enquanto que a vergonha resulta dos comportamentos considerados sujos ou inferiores. [...]

A culpa é uma carga emocional muito pesada e causadora de várias lesões íntimas, enquanto que a vergonha de condutas inadequadas ou de comportamento inconsequente se transforma em fator dissolvente da personalidade, que se busca anular mediante a autodepreciação e autopunição. [...]

Assim, pode-se dizer que esses dois sentimentos – culpa e vergonha – têm semelhanças de conteúdo, porque ambos coíbem a liberdade e proporcionam sofrimentos que devem ser ultrapassados e vencidos.

Enquanto forem reprimidos, desconsiderados ou negados, permanecerão como inimigos disfarçados, gerando inquietação e impedindo a realização pessoal.

(Vol. 10, cap. 8)

CULTURA

[...] O desenvolvimento da cultura tem por meta libertar o ser humano de todo o primarismo que lhe permanece infelicitador. [...]

(Vol. 10, cap. 6)

CURA

A cura sempre provém da força da própria vida, quando canalizada corretamente.

(Vol. 3, cap. 2)

A cura de uma enfermidade impõe a extinção das suas causas. [...]
(Vol. 3, cap. 4)

❖

A cura real somente ocorrerá do interior para o exterior, do cerne para a sua forma transitória.

Nesse sentido, a cura tem início quando o paciente se ama e passa a amar o seu próximo. [...]

Assim, a cura é um processo profundo de integração da pessoa nos programas superiores da vida.

Toda cura procede de Deus. Como Deus é Amor, eis que o amor é essencial no mecanismo da saúde. [...]

As curas verdadeiras resultam da decisão superior de encontrar-se e localizar-se, cada qual no contexto do equilíbrio que vige no Universo.
(Vol. 7, cap. 23)

CURAR

Curar é participar com elevado sentimento de compreensão das debilidades alheias.

Essa compreensão expressa-se como tolerância, que ajuda sem reprochar e sem revolver feridas.

Curar é tolerar tudo e todos, avançando no rumo da paz [...]

Curar é, portanto, mergulhar no *oceano* da oração, de onde procedem a inspiração e a coragem para prosseguir no esforço de crescimento espiritual. [...]

Curar é liberar-se do *ego* inferior e alar-se ao Eu profundo, espiritual, sua realidade legítima.
(Vol. 7, cap. 23)

DECÁLOGO

Moisés houvera estabelecido por inspiração e observação os códigos essenciais ao processo de libertação da *sombra* e elaborou o *Decálogo* conduzido pelo Psiquismo Divino, tornando-o indestrutível, paradigma para todas as demais leis, por conter em essência o fundamento do respeito a Deus, à vida, aos seres em geral e a si mesmo em particular.

(Vol. 11, cap. 1)

DELITO

O delito resulta do desrespeito aos códigos estabelecidos de leis que regem os povos, propiciando direitos e deveres iguais aos indivíduos.

(Vol. 1, cap. 7)

DEPRESSÃO

A depressão é semelhante à noite inopinada em pleno dia. É nuvem ameaçadora que tolda o Sol. É tóxico que envenena lentamente as mais belas florações do ser.

(Vol. 7, cap. 7)

A depressão é sempre uma forma patológica do estado nostálgico.

Esse deperecimento emocional faz-se também corporal, já que se entrelaçam os fenômenos físicos e psicológicos.

A depressão é acompanhada, quase sempre, da perda da fé em si mesmo, nas demais pessoas e em Deus... [...]

No seu início, a depressão se apresenta como desinteresse pelas coisas e pessoas que antes tinham sentido existencial, atividades que estimulavam à luta, realizações que eram motivadoras para o sentido da vida.

À medida que se agrava, a alienação faz que o paciente se encontre em um lugar onde não está a sua realidade. Poderá deter-se em qualquer situação sem que participe da ocorrência, olhar distante e a mente sem ação, fixada na própria compaixão, na descrença da recuperação da saúde. Normalmente, porém, a grande maioria de depressivos pode conservar a rotina da vida, embora sob expressivo esforço, acreditando-se incapaz de resistir à situação vexatória, desagradável, por muito tempo.

(Vol. 9, cap. 4)

Com alguma razão, Alfredo Adler referia que o instinto de dominação no indivíduo, quando não encontra compensação ou não se sente reconhecido e aceito, foge, oculta-se na depressão, na qual expressa a agressividade e a violência.

(Vol. 15, cap. 1)

DESAFIO

O homem tem necessidade de enfrentar desafios. São eles que o impulsionam ao crescimento, ao desenvolvimento de suas aptidões e potencialidades, sem o que permaneceria sem objetivo, relegando-o ao letargo, à negação da própria mecânica da vida que se expressa como evolução.

(Vol. 9, cap. 6)

DESAMOR

O desamor é, em realidade, uma doença, cuja manifestação se dá de imediato ou posteriormente, assinalando o ser com processos degenerativos da personalidade, que instalam no organismo os vírus e bacilos agressivos.

(Vol. 3, cap. 5)

DESÂNIMO

O desânimo, qual ocorre com o cansaço, pode ser resultado de vários fatores: enfermidade orgânica, gerando perda de energia e, por consequência, de entusiasmo pela vida; estresse decorrente de agitação ou de tensões continuadas; frustrações profundas que retiraram a máscara de como eram considerados os objetivos acalentados, deixando o paciente diante do vazio existencial, e efeito do descobrimento do canal de ligação entre o Eu e o *ego*, dos diferentes níveis do consciente e do superconsciente, facultando a inundação por quase desconhecida claridade, que modifica o rumo existencial. [...]

O desânimo é inimigo sutil do ser humano. Instala-se-lhe, a pouco e pouco, terminando por vencer as resistências morais, que se sentem desestimuladas por falta de suporte emocional para a luta.

(Vol. 10, cap. 1)

DESCANSO FÍSICO/REPOUSO MENTAL

O descanso físico é de alta importância no programa da autocura, todavia, o repouso mental, advindo da harmonia dos pensamentos, torna-se vital, um fator imprescindível para a instalação da saúde.

Uma mente em repouso não significa em ociosidade, antes, em ação positiva, que gera equilíbrio. Esse, proporciona descanso das excitações, das emoções e sensações perturbadoras, geratrizes de doenças, de sofrimentos.

(Vol. 3, cap. 9)

DESEJO

O *desejo* é um corcel desenfreado que produz danos e termina por ferir-se na sua correria insana. [...]

Toda vez que o desejo exorbita, gera sofrimento, em razão de tornar-se uma *emoção perturbadora* forte, que desarticula as delicadas engrenagens do equilíbrio. [...]

Febre voraz, o desejo faz arder as energias, aniquilando-as. Sempre se transfere de uma para outra área, por conduzir ao combustível da insatisfação. Males incontáveis se derivam da sua canalização equivocada, em face das suas nascentes no egoísmo, este câncer do Espírito, responsável por danos contínuos no processo da evolução do ser.

Mesmo a realização edificante, o desejo tem que ser conduzido com equilíbrio, a fim de não impor necessidades que não correspondem à realidade. [...]

(Vol. 3, cap. 3)

O desejo, que leva ao prazer, pode originar-se no instinto, em forma de necessidade violenta e insopitável, tornando-se um impulso que se sobrepõe à razão, predominando em a natureza humana, quando ainda primitiva na sua forma de expressão. Nesse caso, torna-se imperioso, devorador e incessante. Sem o controle da razão, desarticula os equipamentos delicados da emoção e conduz ao desajuste comportamental.

Como sede implacável, não se sacia, porque é devoradora, mantendo-se ao nível de sensação periférica na área dos sentimentos que se não deixam de todo dominar.

É voraz e tormentoso, especialmente na área genésica, expressando-se como erotismo, busca sexual para o gozo.

Em esfera mais elevada, torna-se sentimento, graças à conquista de algum ideal, alguma aspiração, anseio por alcançar metas agradáveis e desafiadoras, propensão à realização enobrecedora. [...]

O desejo impõe-se como fenômeno biológico, ético e estético, necessitando ser bem administrado em um como noutro caso, a fim de se tornar motivação para o crescimento psicológico e espiritual do ser humano.

É natural, portanto, a busca do prazer, esse desejo interior de conseguir o gozo, o bem-estar, que se expressa após a conquista da meta em pauta.

(Vol. 9, cap. 1)

O desejo é fator de tormento, porquanto se manifesta com predominância de interesse, substituindo todos os demais valores, como sendo primacial, após o que, atendido, abre perspectivas a novos anseios.

Nesse capítulo, o desejo de natureza lasciva, fortemente vinculado ao sexo, atormenta, dando surgimento a patologias várias, que necessitam de assistência terapêutica especializada.

Noutras vezes, as frustrações interiores impõem alteração de conduta, dando origem ao desejo do poder, da glória, da conquista de valores amoedados, na vã ilusão de que essas aquisições realizam o seu possuidor. A realidade, no entanto, surge mais decepcionante, o que produz, às vezes, estados depressivos ou de violência, que irrompem sutilmente ou voluptuosos.

(Vol. 9, cap. 3)

DESESPERO

As matrizes do desespero encontram-se [...] fixadas no Eu profundo, que ressumam de experiências transatas, vividas em outras existências, que ora se refletem no comportamento, em razão das atribulações domésticas no seio familiar, com dificuldade de entendimento e convivência com a genitora e os demais membros do clã. [...]

O desespero, que se encontra no imo, agiganta-se até explodir em transtornos psicológicos que levam à agressividade e à violência, ao despautério e à desestruturação do grupo social, às vezes, de forma cruel, como é a toda hora exibido na mídia caçadora de sensacionalismo.

(Vol. 10, cap. 9)

DESGRAÇA

Desgraça é todo acontecimento funesto, desonroso, que aturde e desarticula os sentimentos, conduzindo a estados paroxísticos, desesperadores.

Não somente aqueles que se apresentam trágicos, mas também inúmeros outros que dilaceram o ser íntimo, conspirando contra as aspirações do ideal e do bem, da fraternidade e da harmonia íntima.

(Vol. 11, cap. 6)

DESIDENTIFICAÇÃO

Essa libertação, essa desidentificação com o *ego*, inunda-o de equilíbrio e de confiança, sem pressa nos acontecimentos, sem ressentimento nos insucessos.

A dimensão de tempo-espaço cede lugar ao estado de plenitude, no qual a ação contínua, iluminativa, desempenha o papel principal no prosseguimento da evolução.

Abstraindo-se das objetivações e do mundo sensorial pelo desapego, a vida psíquica se lhe irradia generosa, comandando todos os movimentos e ações sob o direcionamento da realidade imortal, que alguns preferem continuar denominando como inconsciente sagrado.

Tornando-se plenamente realizado, sente-se purificado das mazelas, sem ambições, nem tormentos. Aproxima-se do estado numinoso. Liberta-se.

(Vol. 6, cap. 4)

DESIDENTIFICAÇÃO *ver também* AUTOIDENTIFICAÇÃO

DESINTERESSE

Esse desinteresse surge, quase sempre, da falta de horizontes mentais mais amplos, da aceitação de antolhos idealistas que impedem a visão profunda e complexa das coisas e das formulações espirituais, limitando o campo de observação, cada vez mais estreito, que perde o colorido e a luminosidade.

Em outra situação, pode resultar de algum choque emocional não digerido conscientemente, no qual o ressentimento tomou conta da área mental, considerando-se pessoa desprestigiada ou perseguida, cuja contribuição para o desenvolvimento geral foi recusada. [...]

O desinteresse é uma forma de morte do idealismo, em razão da falta de sustentação estimuladora para continuar vicejando.

Pode-se, ainda, identificar outra maneira em que se escora a preguiça para continuar afligindo as pessoas desavisadas. É aquela na qual o isolamento apresenta-se como uma vingança contra a sociedade, não desejando envolver-se com nada ou ninguém, distanciando-se, cada vez mais, de tudo quanto diz respeito ao grupo familiar, social, espiritual.

Normalmente, esse comportamento é fruto de alguma injustificada decepção, decorrente do excesso de autojulgamento superior, que os outros não puderam confirmar ou não se submeteram ao seu desplante.

(Vol. 13, cap. 2)

DESINTERESSE *ver também* PREGUIÇA

DESLOCAMENTO

A consciência exerce sobre a pessoa um critério de censura, em face do discernimento em torno do que conhece e experiencia, sabendo como e quando se pode fazer algo, de maneira que evite culpa. Nesse discernimento lúcido, quando surge um impulso que a censura da consciência *proíbe* apresentar-se sem reservas, o *ego* produz um deslocamento.

Freud havia identificado essa capacidade de censura da consciência, que situou como *superego*.

Quando se experimenta um sentimento de revolta ou de animosidade contra alguém ou alguma coisa, mas que as circunstâncias não permitem expressar, o *ego* desloca-o para reações de violência contra objetos que são quebrados ou outras pessoas não envolvidas na problemática.

(Vol. 5, cap. 7)

DESOBSESSÃO

A desobsessão [...] é a terapia especializada e única possuidora dos recursos para a libertação do alienado.

Mediante o esclarecimento do Espírito enfermo, imbuído da falsa ideia de justiça, dever-se-á dissuadi-lo do infeliz propósito, demonstrando-lhe o erro em que se encontra e induzi-lo à certeza de que o Amor de Deus tudo resolve.

(Vol. 3, cap. 10)

A desobsessão consiste na interrupção do processo de imantação de ambos os infelizes, porquanto o agressor, embora se considere realizado pelo mal que inflige à sua vítima, padece, por sua vez, de infortúnio e falta de paz.

(Vol. 3, cap. 10)

DESPERTAR

Despertar significa identificar novos recursos ao alcance, descobrir valores expressivos que estão desperdiçados, propor-se significados novos para a vida e antes não percebidos...

O despertamento retira o véu da ilusão e faculta a percepção da realidade não fugidia, aquela que precede a forma e permanece depois da sua disjunção.

Estar desperto é encontrar-se partícipe da vida, estuante, tudo realizando com integral lucidez. [...]

A fixação do despertamento resulta dos insistentes e contínuos espaços da mente, preenchidos pelo desejo veemente de adquirir lucidez. [...]

Estar desperto é mais do que encontrar-se vivo, do ponto de vista fisiológico, superando os automatismos, para localizar-se nas realizações da inteligência e do sentimento enobrecido.

(Vol. 5, cap. 10)

[...] Despertar para a realidade nova da vida é como experimentar um parto interior, profundo, libertador, *dorido* e *feliz*.

(Vol. 8, cap. 8)

O despertar é inadiável, porque liberta e concede autoridade para o discernimento. De tal forma se apresenta a capacidade de entender, que uma visão otimista e clara se torna a base do comportamento psicológico, portanto, do mecanismo íntimo para a aquisição da felicidade.

(Vol. 8, cap. 8)

Esse momento do despertar da consciência para a realidade do Si, também significa a alegria de reconhecer a necessidade de libertar-se das paixões dissolventes, geradoras de tormentos, portanto, das negativas heranças do passado evolutivo.

(Vol. 12, cap.5)

DESPERTO

Estar acordado é encontrar-se pleno, consciente da sua realidade interior e das infinitas possibilidades de crescimento que estão ao seu alcance; libertar-se dos medos que o imobilizam na inutilidade; redescobrir a alegria de viver e de agir; ampliar o campo da comunicação com a Natureza e todos os seres; multiplicar os meios de dignificação humana, colocando-os ao alcance de todos; submeter-se à eloquente proposta de iluminação que pode encontrar em toda parte...

[...] Quando se está desperto, as conquistas e encontros são internos, resplandecentes e calmos, poderosos como o raio e suaves como a brisa do amanhecer. Portadores de vida, conduzem o indivíduo na direção segura de si mesmo, fazendo que possa compreender os que dormem e não se interessam pela decisão de entender-se ou compreender a finalidade da existência. Tampouco se irrita, ou se enfastia, ou se perturba com aqueles que o agridem, que o perseguem, que buscam afligi-lo.

[...] Estar desperto significa encontrar-se construindo, livre de preconceitos e de limites, aberto ao bem e à verdade de que se torna vanguardeiro e divulgador.

(Vol. 8, cap. 6)

Quando está desperto, lúcido para os objetivos essenciais da existência, ergue-se, o indivíduo, e sai do meio dos outros que estão *mortos* para a realidade.

(Vol. 8, cap. 8)

DETERMINISMO

Esse determinismo – inevitável apenas em alguns aspectos: nascimento, morte, reencarnação – estabelece as linhas matrizes da existência corporal, propelindo o ser na direção da sua fatalidade última: a perfeição relativa. Os fatores que programam as condições do renascimento no corpo físico são o resultado dos atos e pensamentos das existências anteriores. Ser feliz quanto antes ou desventurado por largo tempo depende do livre-arbítrio pessoal. A opção por *como* e *quando* agir libera o Espírito do sofrimento ou agrilhoa-o nas suas tenazes.

(Vol. 3, cap. 3)

DETESTAR

Detestar [fugindo do mundo] torna-se escusa para não servir.

(Vol. 7, cap. 18)

DEUS

Há um *Sol* transcendente, que é o *Arquétipo Primacial* – a Divindade –, que se irradia como fonte de vida, de calor, de energia, Eixo central do Universo e Gerador do Cosmos, que atrai na Sua direção todas as expressões que O manifestam na Criação.

A vida, portanto, desenvolve-se no rumo desse Fulcro, que é a Causalidade absoluta, da qual ninguém ou coisa alguma se pode evadir.

É essa força incoercível da evolução que propele o ser humano ao crescimento, a um objetivo de natureza eterna, ao invés da transitoriedade que se consome no aniquilamento, ou melhor dizendo, na transformação dos implementos moleculares da sua constituição orgânica. Eis por que o *Self* é imemorial, indestrutível na sua essência.

(Vol. 12, cap. 6)

Deus, desse modo, na visão moderna do Espiritismo, desumanizado e transcendente quanto imanente, é a verdade absoluta que atrai o Espírito na sua contínua ascensão moral.

Por outro lado, a Sua representação psicológica é facilmente detectada como a plenitude, a harmonia, o estado numinoso *integral.*

(Vol. 15, prefácio)

Todos dependem de Deus, porque, afinal, estamos mergulhados em Deus, sendo necessário reconhecê-lO em nós, a fim de que O manifestemos por intermédio do comportamento emocional e das ações sociais, familiares, espirituais...

(Vol. 15, cap. 6)

❖

Fonte inesgotável de energia, é a causalidade transcendente de tudo...

(Vol. 16, cap. 9)

DEVER

Ser útil em toda e qualquer circunstância, favorecer o progresso, viver com dignidade, são algumas expressões do dever diante da vida.

(Vol. 1, cap. 8)

DIFICULDADE

Dificuldades são testes para desafiar os valores latentes do conhecimento, da capacidade de luta de cada um.

(Vol. 4, cap. 4)

DIGNIDADE

A dignidade, portanto, é esse valor conseguido pelo esforço pessoal que destaca o indivíduo do seu grupo pelos valores intrínsecos de que se investe, tornando-se líder e possuidor da honra e da posição especial que foram conseguidas através dos tempos. [...]

(Vol. 16, cap. 9)

Pode-se acrescentar que a dignidade é o resultado das aquisições éticas decorrentes dos comportamentos que se fixam *na justiça, na honradez e na honestidade.*

(Vol. 16, cap. 9)

DISCIPLINA MENTAL

A disciplina mental é indispensável recurso para a desejada ascensão do instinto para a razão, que indica o melhor caminho de crescimento interior, a fim de ser preservada a paz, de vencer os conflitos que remanescem das lutas iniciais ante as forças em desgoverno da Natureza, dos animais predatórios e vorazes, dos demais indivíduos da convivência inicial, enfim, de todos os fatores que geraram medo e encravaram nas profundas camadas da psique a necessidade da autodefesa, da sobrevivência.

(Vol. 10, cap. 6)

DISSENTIR

Dissentir é, muitas vezes, uma atitude saudável, quando não se está de acordo por uma ou outra razão. No entanto, transformar a sua discordância em motivo de litígio é injustificável, somente compreensível por tratar-se de remanescente da inferioridade moral do opositor.

(Vol. 7, cap. 2)

DISTÚRBIO DO PÂNICO *ver* SÍNDROME DO PÂNICO

DIVERTIMENTO

O divertimento tem duração efêmera: vale enquanto é fruído, logo desaparecendo, para dar lugar a novas buscas.

Algo que parece uma conquista ideal tem o valor essencial do esforço pelo conseguir, deixando certo travo de insatisfação após logrado.

Como consequência, há uma grande necessidade de parecer-se divertido, o que sinaliza como ser ditoso, triunfante no grupo social.

Os divertimentos, nem sempre prazeres legítimos, multiplicam-se até as extravagâncias e aberrações, violências e agressividades, para substituírem o fastio que os sucede, em razão de não poderem preencher as necessidades de bem-estar, que são as realmente buscadas. [...]

Quanto mais divertimentos, mais fugas psicológicas, menos prazeres reais. Onde proliferam, também surgem a crueldade, a indiferença pelo sofrimento alheio, a ausência da solidariedade, porque o egoísmo deseja retirar o máximo proveito da situação, do lugar, da oportunidade de fruir e iludir-se, como se fosse possível ignorar os desafios e os conflitos, somente porque se busca anestesiá-los.

(Vol. 9, cap. 4)

DOAÇÃO

Toda doação gratifica, e nela, embutida, está a satisfação da oferta, que é uma forma de gratulação. Aquele que se recusa a distribuição padece a atrofia da emoção retribuída e experimenta carência, mesmo estando na posse do excesso.

(Vol. 2, cap. 6)

DOENÇA

A doença não é mais do que um *sintoma* do desarranjo do Espírito, em realidade dela o portador.

(Vol. 1, cap. 18)

As doenças, porém, são inevitáveis na existência humana, em razão da constituição molecular do corpo, dos fenômenos biológicos a que está sujeito nas suas incessantes transformações. [...]

À semelhança do buril agindo sobre a pedra bruta e lapidando-a, as doenças são mecanismos buriladores para a alma despertar as suas potencialidades e brilhar além do vaso orgânico que a encarcera.

(Vol. 3, cap. 2)

A doença, todavia, é resultado do desequilíbrio energético do corpo em razão da fragilidade emocional do Espírito que o aciona. Os vírus, as bactérias e os demais micro-organismos devastadores não são os responsáveis pela presença da doença, porquanto eles se nutrem das células quando se instalam nas áreas em que a energia se debilita. Causam fraqueza física e mental, favorecendo o surgimento da doença, por falta da restauração da energia mantenedora da saúde. Os medicamentos matam os *invasores*, mas não restituem o equilíbrio como se deseja se a *fonte* conservadora não irradia a força que sustenta o corpo.

(Vol. 3, cap. 2)

❖

As causas profundas das doenças, portanto, estão no indivíduo mesmo, que se deve autoexaminar, autoconhecer-se a fim de liberar-se desse tipo de sofrimento.

(Vol. 3, cap. 2)

❖

Sendo a enfermidade o resultado da desarmonia vibratória dos órgãos que compõem a maquinaria orgânica, permitindo a proliferação dos elementos destrutivos, todo trabalho de regularização deve partir da energia para o corpo, do Espírito para a matéria.

(Vol. 3, cap. 9)

❖

O leito de enfermidade é lugar para acuradas meditações e estabelecimento de metas, que a agitação do cotidiano em outra situação não permite.

(Vol. 3, cap. 9)

❖

Doença, em qualquer circunstância, é prova abençoada, exceto quando, mutiladora, alienante, limitadora, constitui expiação oportuna de que as Soberanas Leis utilizam-se para promover os calcetas que, de alguma forma, somos quase todos nós.

(Vol. 4, cap. 18)

❖

A doença caracteriza-se pela inarmonia em qualquer área da pessoa humana, gerando os distúrbios catalogados nos diferentes departamentos do corpo, da mente, da emoção.

(Vol. 5, cap. 4)

As doenças [...] resultam do uso inadequado das energias, da inconsciência do ser em relação à vida e à sua finalidade. [...]

A doença resulta do choque entre a mente e o comportamento, o psíquico e o físico, que interagem somatizando as interferências.

(Vol. 6, cap. 1)

Determinadas emoções fortes – medo, cólera, agressividade, ciúme – provocam uma alta descarga de adrenalina na corrente sanguínea, graças às glândulas suprarrenais. Por sua vez, essa ação emocional reagindo no físico, nele produz aumento da taxa de açúcar, mais forte contração muscular, em face da volumosa irrigação do sangue e sua capacidade de coagulação mais rápida.

A repetição do fenômeno provoca várias doenças como a diabetes, a artrite, a hipertensão... Assim, cada enfermidade física traz um componente psíquico, emocional ou espiritual correspondente. Em razão da desarmonia entre o Espírito e a matéria, a mente e o perispírito, a emoção (os sentimentos) e o corpo, desajustam-se os núcleos de energia, facultando os processos orgânicos degenerativos provocados por vírus e bactérias, que neles se instalam. [...]

As enfermidades, sob outro aspecto, podem ser consideradas como processos de purificação, especialmente aquelas de grande porte, as que se alongam quase que indefinidamente, tornando-se mecanismos de sublimação das energias grosseiras que constituem o ser nas suas fases iniciais da evolução.

(Vol. 6, cap. 1)

Um *erro* de comunicação entre a consciência e o corpo favorece a desorganização molecular, propiciando a instalação das doenças.

(Vol. 6, cap. 2)

Na raiz, portanto, de qualquer enfermidade encontra-se a distonia do Espírito, que deixa de irradiar vibrações harmônicas, rítmicas, para descarregá-las com baixo teor e interrupções que decorrem da incapacidade geradora da Fonte de onde procedem.

(Vol. 6, cap. 2)

A doença pode, portanto, ter *função psicológica*, sem fator cármico, decorrendo do *doloroso* processo inevitável da evolução.

(Vol. 6, cap. 5)

As enfermidades são a presença da sombra nos equipamentos-luz do ser. Porque não hajam alcançado a plenitude do desenvolvimento, esses mecanismos sofrem os impactos da mente em desalinho – geradora de pensamentos mórbidos e atos perturbadores – cujo teor vibratório alcança-os, desconectando-os e abrindo campo para que se instalem as infecções degenerativas, as distonias emocionais e psíquicas.

(Vol. 7, cap. 22)

[...] Doença é ocorrência vibratória perturbadora, mudança de comportamento na organização molecular do indivíduo ou no seu psiquismo em processo de amadurecimento.

Essa distonia no mecanismo sutil do ser, abrindo espaços para a manifestação e proliferação dos processos degenerativos, tem sua sede nas intrincadas malhas do Espírito, em si mesmo herdeiro dos atos que o acompanham na larga trajetória da evolução, sempre responsável pelo que é e pelo que se candidata a conseguir.

[...] Quando bem entendida e direcionada para finalidades superiores, que são conseguidas por meio da reflexão, do amadurecimento das ideias, pode ser considerada, em muitos casos, como terapia preventiva a males piores – os de natureza moral profunda, espiritual significativa –, advertindo que a organização somática é sempre uma indumentária de breve duração e que o ser, em si mesmo, é que merece todo o investimento de preocupação e esforço iluminativo, preservador.

(Vol. 8, cap. 1)

A doença é sempre *acidente de percurso*, jamais sendo uma realidade, antes é um estado transitório, que pode ser ultrapassado, mesmo quando se apresente com características expiatórias. [...]

(Vol. 8, cap. 5)

Na raiz de toda doença há sempre componentes psíquicos ou espirituais, que são heranças decorrentes da *Lei de Causa e Efeito*, procedentes de vidas transatas, que imprimiram nos genes os fatores propiciadores para a instalação dos distúrbios na área da saúde.

(Vol. 9, cap. 7)

A doença somente é impedimento para quem se recusa a alegria de existir e receia enfrentar a conjuntura, que considera limitadora para a sua felicidade. [...]

Quando se crê que a enfermidade é uma desgraça, que a tudo impede, ei-la que assim se manifesta, gerando embaraços e até imobilizando o paciente. Se, no entanto, a visão é otimista e rica de resignação dinâmica, que não se submete ao seu impositivo, mas luta por superá-lo, transforma-se em experiência positiva para que os objetivos existenciais sejam alcançados.

(Vol. 10, cap. 10)

DOENÇA PSICOSSOMÁTICA

As enfermidades psicossomáticas são geradas na consciência espiritual – a sede mental do ser eterno – geradora dos recursos indispensáveis ao crescimento emocional e intelectual, ao desenvolvimento dos tesouros ético-morais, onde está *escrita a Lei de Deus*.

(Vol. 10, cap. 5)

DOGMA RELIGIOSO/FATO CIENTÍFICO

Na análise entre o dogma religioso e o fato científico, não poucas vezes se tem afirmado que o primeiro, porque impõe e abrange a totalidade, e sendo *irracional*, porque afirma e reproduz a existência psíquica, possui mais poder psicológico sobre o indivíduo do que a ocorrência racional que produziu a teoria em que se expressa. Nesse dogma estariam todos os arquétipos ancestrais das experiências da *gnose* exteriorizada nas variadas revelações espirituais de todos os tempos. E esse fenômeno encontra-se no âmago de todas as religiões do passado e do presente. Isto porque os fenômenos despertaram o ser humano antes que ele se desse conta da sua possibilidade: sonhos, aparições, desdobramentos da personalidade e *viagens astrais*, transes espontâneos que sempre aconteceram na história da Humanidade... Essas ocorrências sucederam mesmo sem a compreensão daqueles por quem se expressavam.

O dogma religioso teria o conteúdo genérico de todas as experiências da psique, enquanto que a teoria e o fato científico abrangeriam somente os painéis da consciência, variando, muitas vezes, ou sendo substituídos por outros de mais recente conquista. Procedente do inconsciente, das suas imagens arquetípicas, o dogma religioso pode abordar abstrações que impõem *punições* à culpa e a liberam através de sacrifícios, mortificações, penitências, que são dramatizados, resultando em processos psicoterapêuticos valiosos.

Apesar do sentido positivo do dogma das religiões em determinadas circunstâncias, não se pode negar a excelência da fé religiosa racional, que enfrenta a culpa de forma positiva, analisando a *dramatização do pecado* e possuindo os instrumentos específicos para a *redenção* através da *reparação* do mal que se haja praticado pelo bem que se pode realizar.

(Vol. 12, cap. 10)

DOR

A dor, porém, não é uma punição. Antes, revela-se um excelente mecanismo da vida a serviço da própria vida.

Fenômeno de desgaste pelas alterações naturais da estrutura dos órgãos – à medida que a energia se altera, advém a deterioração do invólucro material que ela vitaliza –, essa disjunção faz-se acompanhada pelas sensações desagradáveis da angústia, desequilíbrio e dor, conforme seja a área afetada no indivíduo.

(Vol. 3, cap. 1)

As dores que chegam aos corações, em luta de redenção, não têm caráter punitivo, antes constituem técnicas de educação, de que se utiliza o Pai Amoroso convocando o filho rebelde à edificação interior, à reparação dos próprios erros.

(Vol. 7, cap. 17)

A dor possui uma função específica, extraordinária: auxiliar o progresso da criatura humana. [...]
Existe a dor-elevação, a dor-conquista, a dor-resgate.

(Vol. 7, cap. 21)

DOR *ver também* SOFRIMENTO

DOR/SOFRIMENTO

A dor e o sofrimento em geral são estágios mais primitivos do processo de desenvolvimento que, através das sensações e emoções afligentes, propelem o ser para outros planos, patamares mais elevados, nos quais os estímulos se apresentam de maneira diversa, mais nobremente convidativos. Em tudo e em todos jazendo a Presença de Deus, é necessário saber descobrir neles a bondade que expressa a sua essência, a sua origem, igualmente presente em todas as vidas.

(Vol. 3, cap. 5)

DROGADIÇÃO

A drogadição constitui, na atualidade, um dos mais graves problemas de saúde mental e orgânica, em face das substâncias tóxicas que exercem sobre o sistema nervoso um predomínio perturbador.

(Vol. 13, cap. 12)

EDIFICAÇÃO

Criar, freneticamente, atividades novas, delegando o trabalho a outrem, por mais saudáveis que sejam as intenções, é passatempo a soldo do desequilíbrio.

Toda edificação exige planejamento e reflexão, esforço e trabalho estoico, especialmente nas obras do bem.

(Vol. 7, cap. 13)

EDUCAÇÃO

A educação moral e espiritual do ser é o instrumento seguro para libertá-lo do sofrimento na Terra, como no Além-túmulo, facultando-lhe vida em abundância de paz.

(Vol. 3, cap. 13)

Somente a educação consegue libertar o ser, por fundamentar-se no conhecimento e no dever para com a Vida, a sociedade e o próprio cidadão.

(Vol. 7, cap. 25)

[...] a educação é um ato de amor e não um meio de intimidar, de descarregar problemas [...]

(Vol. 8, cap. 1)

❖

A educação é valioso instrumento para o trabalho de construção da pessoa feliz, que se torna, por sua vez, uma viva lição da vida para as demais, que seguem na retaguarda.

(Vol. 8, cap. 5)

EDUCAÇÃO MENTAL

A educação mental, que resulta do esforço pelo cultivo das ideias edificantes, torna-se de alta validade no processo de uma existência saudável, geradora de futuros comportamentos orgânicos e psíquicos, que sempre produzirão bem-estar e felicidade. [...]

(Vol. 8, cap. 1)

EGO

O predomínio do *ego* nos relacionamentos humanos responde pelas incessantes frustrações e desequilíbrios outros, que assinalam a criatura humana.

Sem a correspondente consciência lúcida em torno dos objetivos da existência carnal, o indivíduo que assim age faz-se vítima da personalidade enfermiça a que se acostumou, como método de triunfo nos seus cometimentos.

(Vol. 6, cap. 6)

O *ego* é produção do estado de consciência, portanto, transitório, impermanente.

(Vol. 6, cap. 12)

❖

O *ego*, predominando em a natureza humana, utiliza-se de muitos mecanismos para ocultar os seus conflitos, expressando-se como diversos tipos de fuga da realidade, tais a projeção, a compensação, o deslocamento, a introjeção, a racionalização, entre outros mais... Trata-se de uma exacerbação do *superego,* para manter a sua identidade e permanecer soberano, impedindo as manifestações superiores do *Self.*

(Vol. 10, cap. 6)

❖

O *ego*, no conceito freudiano, conforme bem o define o dicionário Aurélio, é: *A parte mais superficial do id, a qual, modificada por influência direta do mundo exterior, por meio dos sentidos, e, em consequência, tornada consciente, tem por funções a comprovação da realidade e a aceitação, mediante seleção e controle, de parte dos desejos e exigências procedentes dos impulsos que emanam do id.*

Nele se encontram, portanto, os impositivos dos instintos que se derivam do princípio do prazer e pela compulsão ao desejo.

São esses impulsos o resultado dos instintos procedentes das faixas primárias da evolução, que se destacam em oposição quase dominante contra a razão, a consciência de solidariedade, de fraternidade, de tolerância e de amor.

(Vol. 15, cap. 1)

EGOCÊNTRICO

Graças à sua constituição emocional e orgânica, na vida infantil o ser é egocêntrico, qual animal que não discerne, acreditando que tudo gira em torno do seu universo, tornando-se, em consequência, impiedoso, por ser destituído de afetividade ainda não desenvolvida, que o propele à liberdade excessiva e aos estados caprichosos de comportamento.

(Vol. 5, cap. 1)

EGOCÊNTRICO *ver também* **EGÓLATRA** *e* **EGOÍSTA**

EGOÍSMO

O egoísmo é a estaca zero, às vezes perniciosa, para ensejar os primeiros movimentos no rumo da solidariedade, do bem comum. [...]

(Vol. 3, cap. 5)

O egoísmo é um remanescente cruel do primitivismo que predomina em a natureza humana. Responsável por inumeráveis males, comanda os indivíduos, que vilipendia; os grupos, que entorpece moralmente; as sociedades, que submete a seu jugo.

Resultado dos impulsos animais, conduz a pesada carga do interesse imediatista em detrimento dos valores que enobrecem, quando partilhados com o grupo social.

Porque propõe o prazer asselvajado, propele o ser humano no rumo das conquistas exteriores em mecanismos hediondos de perversidade, pouco se preocupando com os resultados nefastos que os seus lucros e triunfos oferecem à sociedade.

(Vol. 9, cap. 11)

O egoísmo, no entanto, que se encontra instalado em a natureza humana, responde pelas situações embaraçosas e desafiadoras que retardam a marcha evolutiva, criando impedimentos e transtornos complexos no processo da evolução.

(Vol. 10, cap. 8)

O egoísmo é úlcera moral que degenera o *organismo espiritual* da criatura humana.

Remanescente do primarismo que lhe é dominante, responde por incontáveis males que a afligem, assim como à sociedade, dificultando o progresso que é fatalidade inevitável.

(Vol. 11, cap. 14)

EGOÍSTA

Em sucessão [aos períodos egocêntrico eególatra], apresenta-se introvertido, egoísta, possuindo sem repartir, detentor de coisas, não de paz pessoal.

(Vol. 5, cap. 1)

A meta do egoísta é o gozo pessoal, perturbador, insaciável, porque oculta a insegurança que se realiza através da posse, com o que pensa conquistar relevo e destacar-se no grupo, nunca imaginando a ocorrência terrível da solidão e do desprezo que passa a receber mesmo daqueles que o bajulam e o incensam.

O egoísta é o exemplo típico da autonegação, do descaso que tem pelo Si profundo, vitimando-se pelo alucinar das ansiedades insatisfeitas e pelo tormento de não conseguir ser amado.

(Vol. 9, cap. 11)

EGOÍSTA *ver também* EGOCÊNTRICO *e* EGÓLATRA

EGÓLATRA

Passado esse primeiro período [de egocentrismo], faz-se ególatra, acumulando tudo e apenas pensando em si, em fatigante esforço de completar-se, isolando-se socialmente dos demais ou considerando as outras pessoas como descartáveis, cujo valor acaba quando desaparece a utilidade, de imediato ignorando-as, desprezando-as...

(Vol. 5, cap. 1)

EGÓLATRA *ver também* EGOÍSTA *e* EGOCÊNTRICO

EMOÇÃO

A emoção bem-direcionada torna-se um dínamo gerador de estímulos e forças para realizações expressivas, promovendo aqueles que a comandam, como pode fazer-se instrumento de desgraça, caso lhes fuja ao controle.

Nos relacionamentos interpessoais, a emoção exerce um papel relevante, essencial para o êxito, contribuindo para a afetividade, a convivência feliz. No entanto, antes de se exteriorizar como seria ideal, exige todo um curso disciplinante, uma análise profunda, a fim de converter-se em equipamento adequado do Eu superior, expressando-se na conduta e na vivência.

(Vol. 6, cap. 2)

O amor resulta da emoção, que pode ser definida como uma *reação intensa e breve do organismo a um lance inesperado, a qual se acompanha dum estado afetivo de concentração penosa ou agradável*, do ponto de vista psicológico. Também pode ser definida como *o movimento emergente de um estado de excitamento de prazer ou dor*.

(Vol. 9, cap. 1)

ENERGIA SEXUAL

A energia sexual, pela sua constituição íntima, é criativa, não apenas das formas físicas, mas principalmente das expressões da beleza, da cultura e da arte. À medida que é expandida, mais sublime se torna, quando direcionada pelo amor; mesmo que, na sua primeira fase, tenha conotação carnal, vai-se depurando e sublimando até adquirir um sentido de liberdade, de autorrealização, facultando ao ser amado a felicidade, mesmo que seja compartida com outra pessoa.

(Vol. 10, cap. 4)

ENFERMIDADE *ver* DOENÇA

ENVELHECER

Envelhecer é uma arte e uma ciência, que devem ser tomadas a sério, exercitando-as a cada instante, pois que, todo momento que passa conduz à senectude, caso não advenha a morte, que é a cessação dos fenômenos biológicos.

(Vol. 10, cap. 9)

ENVELHECIMENTO

O processo de envelhecimento, por ser portador de muita beleza, é lento, biologicamente bem elaborado, proporcionando o tesouro da sabedoria, em forma de discernimento lúcido, propiciador de harmonia íntima e de autoentrega, após o ciclo da existência física.

(Vol. 8, cap. 5)

A arte de envelhecer, de ceder passo, de amparar as gerações novas, é valiosa conquista da maturidade psicológica e da saúde mental, que caracterizam aqueles que se fazem amar e permanecem na memória de todos após o seu momento.

(Vol. 10, cap. 3)

EPÍFISE

Somente a epífise ou pineal, situada no cérebro por cima e atrás das camadas ópticas, constitui, por si mesma, um incomparável santuário, que *vela* as funções sexuais durante a infância, e, na puberdade, experimenta significativas alterações na forma e na função; torna-se, a partir daí, um escrínio de luz, um *lótus de mil pétalas* que se abrem como antenas ultrassensíveis em direção das Esferas espirituais de onde procede a vida, desempenhando papel fundamental nas experiências espirituais do ser humano.

(Vol. 10, cap. 5)

EQUANIMIDADE

O sentimento de equanimidade nasce da razão que discerne e da emoção que compreende, fazendo que o recurso, o método de reeducação seja o mesmo para todos os incursos nos seus códigos, não sendo severa em demasia para uns e generosa em excesso para com outros. A sua linha reta de ação abrange na mesma faixa todos os infratores, prodigalizando-lhes idêntico tratamento.

(Vol. 3, cap. 9)

EQUILÍBRIO

Equilíbrio é harmonia entre o que se aspira, o que se faz e como se comporta emocionalmente, sem ansiedade pelo que deve produzir, nem conflito por aquilo que foi conseguido. Trata-se de uma conquista interior, capaz de medir, sem paradigma estático, o valor das próprias conquistas. [...]

O equilíbrio resulta da identificação de vários recursos adormecidos no inconsciente profundo que, penetrado, abre campo para a conscientização dos deveres e responsabilidades a desempenhar. Somente através do trabalho constante de autoidentificação, é possível conseguir-se a harmonia para agir, iniciando a conduta nas paisagens mentais, pelos pensamentos cultivados, que se transformam em motivos para a luta.

(Vol. 8, cap. 8)

ESCÂNDALO

Tudo aquilo quanto violente o equilíbrio, o estabelecido, constitui um escândalo, uma irreverência atentatória contra a ordem. Como consequência, os efeitos do ato danoso produzem ressonância, desarmonizando o indivíduo e, com ele, o grupo social no qual se encontra situado.

Por constituir um desequilíbrio daquele que o pratica, o escândalo, sob o ponto de vista da Psicologia Profunda, é manifestação da *sombra* que permanece em vertiginosa expansão no ser humano, gerando vícios e hábitos mórbidos que levam a desaires profundamente perturbadores, já que terminam por afetar aqueles que lhe compartem a convivência, a afetividade.

(Vol. 11, cap. 9)

ESCOLHIDO

Em uma análise psicológica profunda, o *escolhido* é aquele que consegue o triunfo sobre a inferioridade moral, entregando-se com fidelidade à opção realizada, que o compensa interiormente com a alegria do bem que insculpe nos sentimentos.

(Vol. 11, cap. 25)

ESFORÇO

Esforçar-se retamente é saber aplicar a capacidade dos seus recursos naquilo que propicia felicidade real, duradoura, sem as aflições dos prazeres fugidios, que necessitam de repetir-se sem cessar, não lhes aplacando a sede, antes aumentando-a, perturbadoramente.

No esforço bem dirigido, as energias se retemperam e as motivações, por serem elevadas, mais atraem a novos tentames, que se sobrepõem aos limites e desgastes dos sofrimentos.

(Vol. 3, cap. 8)

Esforço, nesta leitura psicológica, pode ser descrito como tenacidade para não se deixar vencer pelo marasmo, pela acomodação, pelo limite de realizações conseguidas. É o investimento da vontade para crescer mais, alcançar novos patamares, desembaraçar-se de toda peia que retém o Espírito na retaguarda.

(Vol. 8, cap. 8)

ESPAÇO

O espaço é de vital importância para a movimentação dos seres, especialmente do homem. [...]

A diminuição do espaço retira a liberdade, diminuindo-a, na razão do volume daqueles que o ocupam, o que dá margem à promiscuidade no relacionamento das pessoas, com o consequente desrespeito entre elas mesmas.

(Vol. 2, cap. 6)

A pessoa se deve acostumar com o seu espaço, liberando-se da propriedade total sobre ele e adaptando-se, mentalmente, à ideia de reparti-lo com outrem, mantendo, porém, integral, a sua liberdade íntima, cujos horizontes são ilimitados.

Ademais, deve considerar que os espaços físicos são transitórios, em razão da precariedade da própria vida material, que se interrompe com a morte, transferindo o ser para outra dimensão, na qual os limites tempo e espaço passam a ter outras significações.

(Vol. 2, cap. 6)

ESPIRITISMO

O Espiritismo, em razão da sua complexa estrutura cultural, científica, moral e religiosa, é a Doutrina capaz de equacionar o sofrimento, liberando as suas vítimas.

(Vol. 3, cap. 14)

O Espiritismo chega, neste momento grave, como resposta do Céu generoso à Terra aflita, oferecendo diretrizes, equipamentos e luzes que proporcionam paz.

(Vol. 7, prefácio)

ESPÍRITO

[...] *feixe de energia pensante* [...].

(Vol. 6, cap. 2)

O Espírito [...] é o autor de todas as ocorrências no que diz respeito aos intrincados processos mantenedores da vida orgânica nos seus variados departamentos, mantendo vida dentro e fora do cérebro, submetido, quando encarnado; e livre, quando deslindado dos fluidos mais densos da matéria.

(Vol. 10, cap. 5)

O Espírito é o arquiteto seguro do próprio destino, por meio das condutas que se impõe.

(Vol. 10, cap. 10)

A sede da inteligência, o ser em si mesmo, é o Espírito – *Self* – fonte geradora da vida e portadora de inexauríveis recursos que devem ser penetrados e utilizados no processo da evolução [...].

(Vol. 12, cap. 7)

Desde os primeiros impulsos da inteligência até as momentosas construções da intuição, o Espírito ou *Self* é o construtor das ocorrências que lhe dizem respeito, gerando e desenvolvendo os instrumentos hábeis para o crescimento e amplitude das aspirações de felicidade e de paz que lhe jazem em latência, porque procedente de Deus.

(Vol. 12, cap. 7)

O Espírito humano é o mais elevado clímax da evolução antropos-sociopsicológica na Terra. [...]

(Vol. 12, cap. 9)

Preexistente ao berço carnal e sobrevivente à disjunção molecular, o Espírito é o agente da vida nos diferentes aspectos sob os quais se apresente.

Herdeiro de todas as realizações, seus pensamentos, palavras e atos programam os acontecimentos que o capacitarão para a vitória sobre o primarismo em que se apresenta nos primeiros cometimentos da evolução, tornando-se cada vez mais portador do conhecimento divino que nele jaz e das possibilidades superiores que igualmente se lhe encontram latentes.

(Vol. 12, cap. 11)

ESPÍRITO *ver também* EU SUPERIOR *e* SELF

ESQUECIMENTO DO PASSADO

É providencial o esquecimento do passado, das reencarnações anteriores. Graças a ele, as dificuldades que ressumam do inconsciente profundo, em forma de animosidade e antipatia, de ressentimento e insegurança, tornam-se mais fáceis de ser vencidas, administradas na leitura da renovação interior. Tivéssemos conhecimento lúcido das razões que as desencadearam no pretérito; soubéssemos com clareza das ocorrências que as geraram; recordássemos dos momentos em que sucederam e das circunstâncias em que se deram, e se constituiriam verdadeiros impedimentos para a pacificação, para o equilíbrio emocional, para o perdão.

Ademais, a recordação das cenas antes vividas, não ficaria adstrita apenas à personagem central interessada, mas também às outras pessoas que dela participaram, gerando situações amplas e de complexos conflitos.

Ninguém se sentiria em segurança, sabendo que seus equívocos e erros de ontem eram agora recordados por outras pessoas. Tal fenômeno produziria estados humilhantes para alguns ou, quando menos, profundamente desagradáveis para todos que se encontrassem neles incursos.

Assim considerando, vale a pena ter-se em mente que a soma das experiências anteriores, perturbadoras, com as atuais, produziria tão pesada carga emocional, que a harmonia mental se desconcertaria, interferindo no conjunto social, que ficaria gravemente afetado.

O esquecimento, portanto, do passado espiritual, é providencial para o ser no seu processo de crescimento.

... E não apenas no que diz respeito aos quesitos perturbadores, mas também às ações de enobrecimento, de renúncia, que poderiam surpreender a criatura, levando-a à jactância ou à presunção, ou ao marasmo, por facultar-lhe pensar na desnecessidade de mais esforçar-se para prosseguir na conquista de outros elevados patamares.

(Vol. 7, cap. 19)

ESQUIZOFRENIA

Nos transtornos psicóticos profundos, a esquizofrenia destaca-se aterrorizante, em face da alienação que impõe ao paciente, afastando-o do convívio social e conduzindo-o à vivência da própria incúria, sem a capacidade de discernimento que se encontra embotada.

Denominada, por Freud, como "neurose narcisista", identificada por Kraepelin, que estabeleceu como sintoma frequente a "indiferença ou embotamento afetivo", coube a Bleuler assinalar que o paciente é vítima de uma "desagregação do pensamento", que produz uma certa rigidez com extrema "dificuldade de exteriorização dos sentimentos", não sendo, portanto, imune à afetividade.

Clinicamente se apresenta sob três formas, consideradas clássicas: *hebefrenia, catatonia* e *paranoide*. Posteriormente foi acrescentada outra, que ficou denominada como *esquizofrenia simples*. [...]

Sem dúvida, fatores hereditários preponderantes impõem o desvio psicótico profundo, graças às impressões vigorosas registradas nos genes desde os primórdios da concepção.

Essa terrível afecção mental responde pela falta da associação de ideias, pelo desleixo e abandono do Si em transtorno grave de conduta.

Enfermidades infectocontagiosas e suas sequelas podem, também, desencadear o processo esquizofrênico, em razão dos prejuízos que impõem aos neurônios cerebrais e às suas sinapses, que se desconectam, tornando-se incapazes de enviar as mensagens corretamente de um ao outro, nessa cadeia complexa de informações que transitam através das suas delicadas conexões. Fenômenos orgânicos que promovem grande tensão, como aqueles considerados críticos, tais a puberdade, o catamênio, a menopausa e a andropausa, são arrolados como responsáveis também pelas manifestações lentas e contínuas do transtorno esquizofrênico.

Por outro lado, traumatismos cranianos atingindo o cérebro produzem efeitos equivalentes, perturbando o raciocínio do paciente e afastando-o do convívio da sociedade.

Outrossim, fatores exógenos, que dizem respeito aos *eventos de vida*, também respondem pelo transtorno cruel, especialmente nos indivíduos de compleição moral frágil ou marcados por graves distúrbios familiares, sociais, de trabalho, de relacionamento afetivo, que os predispõem às fugas espetaculares para o quase autismo.

Não obstante, deve-se incluir na psicogênese do transtorno esquizofrênico, *a consciência de culpa* das ações vivenciadas em existências anteriores, quando a delinquência assinalou o desenvolvimento do *Self*, hedonista e explorador, que somente se utilizou dos amigos e conhecidos para os explorar, traindo-lhes a confiança ou covardemente destruindo-lhes o corpo em horrorosos crimes que não foram justiçados, porque passaram desconhecidos ou as circunstâncias legais não os alcançaram. Não havendo sido liberados pela reparação através dos cometimentos impostos pela Lei vigilante, insculpiram nas delicadas tecelagens vibratórias do corpo perispiritual a responsabilidade infeliz, que ora ressurge como cobrança, necessidade de reparação, impositivo de reequilíbrio, de recomposição social, familial, humana.

Eis que nessa, como noutras ocorrências psicopatológicas, a interferência de seres desencarnados ou de outra dimensão, se assim for mais acessível ao entendimento, impondo sua vontade dominadora sobre aquele que o infelicitou no curso de existência anterior, produz distonia equivalente àquelas que procedem das psicogêneses internas e externas.

Essa imposição psíquica frequente e insidiosa afeta os neurotransmissores, facultando que moléculas – neuropeptídeos – responsáveis pelo equilíbrio das comunicações, as desconectem produzindo a alienação.

(Vol. 12, cap. 6)

A esquizofrenia, embora passando por grandiosos experimentos, é considerada na atualidade como um distúrbio *que engloba várias formas clínicas de psicopatia* e distonias *mentais próximas a ela.*

Nela predomina a característica identificada como *dissociação e assintonia das funções psíquicas, disto decorrendo fragmentação da personalidade e perda de contato com a realidade.*

(Vol. 14, cap. 6)

ESTAR/SER

Todos que transitam em experiências humanas, durante o seu curso *estão*, mas não *são* a soma destas. Conscientizar-se de que se *é* o que se *está* constitui desequilíbrio comportamental. O que se *está*, deixa-se, passa; o que se *é*, permanece. [...]

Psicologicamente, quando se *está* mal, tem-se a possibilidade de transferir-se para o bem-estar. Se, no entanto, se *é* mau, a luta para mudança de situação é gigantesca, demorada, até ocorrer uma transformação de profundidade. Quando se *está* bem, de maneira equivalente é preciso esforço para *ser* bom, permanecendo útil, agradável, produtivo.

(Vol. 6, cap. 11)

ESTRESSE

Numa investigação realizada por Selye, no ano de 1948, foi aplicado o termo estresse como a pressão exercida sobre o indivíduo em forma de carga de energia superior à sua capacidade de resistência emocional, que produz distúrbio de conduta.

Desse modo, qualquer tipo de carga, pressão ou força que se vivencia, passou a ser considerada como passível de natureza estressante.

Essa carga não tem uma característica isolada, mas pode ser considerada como a soma de fenômenos e ocorrências não específicas, que se pode manifestar como prejuízo ou defesa.

Apresenta-se em localização especial, quando se trata de um problema orgânico, ou de maneira geral, em forma de síndrome, resultado de diversas coerções que não são liberadas.

(Vol. 13, cap. 16)

ÉTICA

Entendamos essa ética, na condição de serenidade que respeita todos os comportamentos, sem impor a sua forma de ser, de encarar a vida, de manifestar-se. Além de uma ética moral, tem um caráter universal, superando os interesses e convenções geográficas, que estabelecem conceitos de conveniência, estribados em preconceitos e limites, estatuídos em leis transitórias, às vezes, necessárias, mas que não objetivam o bem comum.

Assim, observamos éticas que apoiam Estados escravocratas, limitam a liberdade de movimento, freiam a procriação, perseguem os que discordam dos seus códigos, punem e dizimam a seu bel-prazer.

(Vol. 3, cap. 6)

Essa ética faculta discernir o correto do equivocado, impulsionando a criatura à aquisição de uma consciência elevada, resultado da eleição dos valores positivos, que tornam a vida digna de ser fruída.

(Vol. 3, cap. 6)

ÉTICA DA GENEROSIDADE

A ética da generosidade centraliza suas atenções na *Lei Natural* ou *de Amor*, que respeita a vida em todos os seus estágios e ampara todos os seres scientes, facultando-lhes a expansão. [...]

Não é castradora, por apresentar-se destituída de caráter punitivo; não obstante, o seu senso crítico analisa tudo e todos de modo a produzir o melhor.

A ética da generosidade é tranquila e, nesse conceito, pode ser considerada como a conquista da serenidade, conforme o seu significado profundo em sânscrito.

Como efeito, é paciente, não antecipando apressadamente realizações, nem buscando resultados imediatos.

(Vol. 3, cap. 6)

EU INDIVIDUAL

O Eu individual é resultado das aquisições e experiências do processo existencial com os seus conflitos e aspirações, em luta contínua pela conscientização da realidade. Essa, porém, somente se fará quando o Eu superior seja identificado e decodificada a sua expressão imortal, de essência eterna, que deve ser conscientizada e vivida com harmonia.

Quando se dá essa conjuntura feliz, faz-se indispensável a terapia de assimilação dos conteúdos do Eu individual no Eu superior, diluindo fronteiras que pareciam inexpugnáveis e desfazendo barreiras psicológicas, que se transformam numa corrente de energia contínua entre um fluxo e outro, favorecendo a estrutura do *ego* equilibrado ante o *Self* consciente.

(Vol. 10, cap. 2)

EU PESSOAL

[...] O Eu pessoal é, muitas vezes, confundido com a personalidade, sendo, ele mesmo, o ponto de *autoconsciência pura*, conforme o define Roberto Assagioli. Corresponde ao *ego*, ao centro da consciência individual, diferindo expressivamente dos conteúdos da própria consciência, tais as sensações, os pensamentos, as emoções e sentimentos. [...]

O Eu pessoal é consciente, não obstante, deixa de ter lucidez quando se adormece, quando se é vítima de um traumatismo craniano e se desfalece, quando se está em transe natural ou sob ação hipnótica ou medicamentosa, reaparecendo quando do retorno à consciência lúcida, que decorre naturalmente de um outro Eu, certamente superior, que rege a organização e a atividade da consciência.

Em realidade, não são dois Eus independentes, separados, mas uma só realidade em dois aspectos distintos de apresentação, conforme já houvera identificado o psicólogo americano William James, ao cuidar da análise das subpersonalidades.

Essas duas expressões psicológicas que se apresentam no indivíduo, quando não unificadas harmonicamente, podem ser fator de fragmentação da personalidade, gerando distúrbios de comportamentos, instabilidade emocional.

(Vol. 10, cap. 2)

EU PROFUNDO

A libertação do Eu profundo ocorre à medida que se desenfeixa dos desejos – *raga* (as paixões) do conceito budista –, a fim de alcançar a realização interior. [...]

O Si profundo, pleno, é semelhante à transparência que o diamante alcança após toda a depuração transformadora que sofre no silêncio da sua sutilização molecular, libertando-se de toda imperfeição interna por que passa e de toda a ganga que o reveste.

(Vol. 6, cap. 12)

EU SUPERIOR

O Eu superior corresponde ao Espírito, ao *Self*, também podendo ser denominado como superconsciente.

(Vol. 10, cap. 2)

O Eu superior é o fiel para delimitar as linhas de comportamento entre uma e outra conduta, por ter um caráter universalista, que trabalha pela harmonia geral.

(Vol. 10, cap. 2)

EU SUPERIOR *ver também* ESPÍRITO *e* SELF

EVANGELHO

Sob qualquer aspecto considerado, o Seu Testamento [de Jesus] – O Evangelho – é o mais belo poema de esperanças e consolações de que se tem notícia. Concomitantemente, é preciso tratado de psicoterapia contemporânea para os incontáveis males que afligem a criatura e a Humanidade.

(Vol. 11, prefácio)

EVOLUÇÃO

O processo de evolução faz-se lento, nas faixas inferiores do desenvolvimento da consciência, acelerando-se, à medida que o ser desperta para a responsabilidade e para o dever.

(Vol. 7, cap. 22)

O processo da evolução, facultando o surgimento da inteligência que dimana do Espírito e deverá predominar no comportamento do ser, propõe, inevitavelmente, a superação dos condicionamentos mais primários, que constituem vitórias naturais, e ensejam conquistas mais expressivas na área do psiquismo.

(Vol. 10, cap. 6)

EXALTAÇÃO

A exaltação, idêntica à faísca de eletricidade devoradora, atinge os nervos e produz *relâmpagos* de loucura com *trovoadas* carregadas de impropérios e rebeldias, que estiolam os ideais da vida e despedaçam aqueles que lhe tombam nas malhas.

(Vol. 7, cap. 7)

EXCÊNTRICO

O excêntrico é ser atormentado, ególatra; frágil, que se faz indiferente; temeroso, que se apresenta com reações imprevisíveis; insensível, que se recusa enfrentar-se. Ignora os outros e vive comportamentos especiais, como única maneira de liberar os conflitos em que se aturde.

(Vol. 5, cap. 4)

EXCESSO DE HUMOR

O oposto [do mau humor], o excesso de humor, também expressa disfunção orgânica, revelando-se em traços da personalidade em forma exagerada de otimismo que não tem qualquer justificação de conduta normal, já que se torna uma euforia, responsável pela alteração do senso da realidade. Perde-se, nesse estado, o contorno do que é real e passa-se ao exagero, tornando-se irresponsável em relação aos próprios atos, já que tudo entende como de fácil manejo e definição. Em tal situação, quando irrompe a doença, há uma excitação que conduz o paciente às compras, à agitação, à insônia, com dificuldades de concentração.

(Vol. 9, cap. 10)

EXIBIÇÃO

Toda exibição oculta um conflito de timidez ou inconformação, de carência ou incapacidade.

(Vol. 2, cap. 7)

A exibição não é apenas uma forma de assumir o estado interior, psicológico, mas, também, de chocar, em evidente revolta contra o equilíbrio mente-corpo, emoção-função fisiológica...

Por extensão, a compulsão psicótica leva-o à extroversão exagerada, em todas as formas da sua comunicação com o mundo exterior, pondo para fora os conflitos, mascarados em expressões que lhe parecem afirmar-se perante si mesmo e as demais pessoas.

(Vol. 5, cap. 4)

EXISTÊNCIA

Todo indivíduo enfrenta desafios para crescer. A própria existência terrestre é um permanente convite ao esforço. [...]

(Vol. 8, cap. 3)

Uma existência feliz não é, necessariamente, aquela que se faz breve ou larga, mas sim aquela que se transforma em mensagem de alegria e bem-estar para a própria pessoa, bem como para todos aqueles que a cercam. Cada existência é uma mensagem, cujo conteúdo deve ser positivo, de forma que dignifique outras, enriquecendo-as de esperança. [...]

(Vol. 8, cap. 6)

A existência humana é uma síntese de múltiplas experiências evolutivas, trabalhadas pelo tempo através de automatismos que se transformam em instintos e se transmudam nas elevadas expressões do sentimento e da razão.

(Vol. 9, cap. 5)

A existência humana é capítulo da vida real, que se expressa por meio de etapas sucessivas, em que o corpo é um envoltório que propicia o desenvolvimento das notáveis possibilidades de que se constitui o Espírito procedente da Causalidade Universal Primeira.

(Vol. 10, cap. 9)

A existência humana é uma sucessão de quadros comportamentais que se alternam incessantemente, proporcionando enriquecimento de experiências a todos quantos se encontrem interessados na construção da sua realidade.

(Vol. 10, cap. 10)

❖

A existência física é toda um processo biológico de permutas vibratórias que sustentam a maquinaria regida pela consciência, departamento de segurança que se exterioriza do *Self*. Nele residem todas as faculdades delineadoras da realidade física nos seus múltiplos departamentos.

(Vol. 11, cap. 35)

❖

A existência corporal é ensancha de crescimento espiritual e de aquisição de infinitos recursos iluminativos, que constituem a grande meta da existência humana aguardando ser conseguida.

(Vol. 12, cap. 3)

A existência física tem por meta o aprimoramento dos valores espirituais que jazem latentes no ser humano, que adquire sabedoria e paz, de forma que possa desfrutar de saúde integral, o que não significa ausência de enfermidades, que podem ser consideradas como acidentes de percurso na marcha, sem danos graves de qualquer natureza.

(Vol. 13, cap. 7)

O objetivo essencial da existência humana, do ponto de vista psicológico, na visão junguiana, é facultar ao indivíduo a aquisição da sua totalidade, o estado *numinoso*, que lhe faculta o perfeito equilíbrio dos polos opostos.

(Vol. 15, cap. 1)

A existência terrena é uma experiência de aprendizagem valiosa, através da qual o *Self*, em sua essência superior, penetra nos arquivos grandiosos do inconsciente coletivo e individual, para bem o assimilar, ampliando a sua capacidade de discernimento e de conquistas libertadoras.

(Vol. 15, cap. 4)

A existência terrena tem uma finalidade primordial e impostergável, que é a unificação do *ego* com o inconsciente, no qual se encontram adormecidos todos os valores jamais experienciados e capazes de produzir a *individuação*.

(Vol. 15, cap. 4)

A existência humana pode ser comparada ao curso de um rio que busca o mar. A sua nascente com aparente insignificância, não poucas vezes, vai formando singelo curso que aumenta de volume à medida que recebe a contribuição de afluentes, vencendo obstáculos, arrastando-os, seguindo a fatalidade que o aguarda, que é o mar ou o oceano...

(Vol. 15, cap. 5)

O objetivo essencial da existência terrena é o de autoconhecer-se, de penetrar os imensos *abismos* do inconsciente atual, a fim de descobrir os objetivos da vida, enquanto adquire recursos para alcançar a superconsciência e captar as mensagens superiores da imortalidade, que o convidam à autossuperação dos impedimentos, enquanto desenvolvem as aptidões dignificadoras.

(Vol. 15, cap. 7)

O sentido profundo da existência humana é a busca do significado, a plenificação do *Self – a imago Dei* – a substância divina que orienta a existência e dignifica-a.

(Vol. 15, cap. 8)

[...] o significado psicológico mais valioso da existência corporal é a conquista valiosa da imortalidade, na qual se está mergulhado, mas que se torna lúcida e plena após a desencarnação.

(Vol. 15, cap. 10)

EXISTIR

Existir significa ter vida, fazer parte do Universo, contribuir para a harmonia do cosmo.

(Vol. 9, cap. 5)

Existir é desafio psicológico de que ninguém se pode evadir.

Haver atingido a etapa da razão constitui a mais notável saga do processo da evolução no qual está engajada a vida. [...]

Existir é também sentir, envolver-se, amar, desenhar projetos, caminhar no rumo das necessidades para equacioná-las, logrando a perfeita identificação entre estar e ser.

(Vol. 10, cap. 9)

Existir, sem o contributo da luta, dos desafios contínuos, é permanecer em estágio automatista do processo da evolução, não alcançando o significado psicológico maduro que diferencia os indivíduos e os promove.

Existir, no entanto, vencendo dificuldades e prosseguindo jovialmente, torna-se a experiência máxima da realidade espiritual, qual aconteceu com os grandes exemplos de saúde moral e emocional da Humanidade.

(Vol. 10, cap. 9)

ÊXITO

[...] o êxito de qualquer empreendimento depende do seu realizador. Os fatores circunstanciais são-lhe o campo, o espaço onde agirá.

(Vol. 1, cap. 13)

O êxito, portanto, resulta das soluções reais dos problemas existenciais, sem prejuízos para o próximo ou adiamentos para si mesmo.

(Vol. 7, cap. 24)

❖

O êxito veste exteriormente o indivíduo, sem o modificar por dentro, nem conceder-lhe plenitude. Trata-se de um objetivo que se pode também transformar em mecanismo de fuga dos conflitos, que se não tem coragem de enfrentar ou que se prefere ignorar.

Não raro, ao conseguir-se o êxito, depara-se com o vazio interior, a desmotivação, o tédio.

(Vol. 9, cap. 12)

ÊXITO/FRACASSO

A visão transpessoal do êxito e do fracasso está ínsita na pessoa interior, real, a criatura harmonizada consigo mesma, com as outras pessoas, com a Natureza e a Vida.

Êxito é encontro, enquanto fracasso é domínio pelo *ego*.

O êxito gera paz, e o fracasso inquieta.

Autoanalisando-se, cada qual se descobre, assim dando-se conta do triunfo ou do insucesso, podendo recomeçar para alcançar o êxito, nunca o fracasso.

(Vol. 5, cap. 3)

EXPERIÊNCIA

A experiência é a súmula das tentativas que deram resultados positivos e negativos.

(Vol. 1, cap. 10)

EXPIAÇÃO

As expiações [...] são impostas, irrecusáveis, por constituírem a medicação eficaz, a cirurgia corretiva para o mal que se agravou.

Semelhante ao que sucede na área civil, o delinquente primário tem crédito que lhe suaviza a pena e, mesmo ante os gravames pesados, logra certa liberdade de movimento sem a ter totalmente cerceada. O reincidente é convidado à multa e prisão domiciliar conforme o caso, no entanto, aquele que não se corrige é conduzido ao regime carcerário e, diante de leis mais bárbaras, à morte infamante.

Guardadas as proporções, nos primeiros casos, o infrator espiritual é conduzido a provações, enquanto que, na última hipótese, à expiação rigorosa. Porque o Amor de Deus vige em todas as Suas Leis, mais justas do que as dos homens, seja qual for o crime, elas objetivam reeducar e conquistar o revel, não o *matando*, isto é, não o extinguindo. Jamais intentam vingar-se do alucinado, antes buscam recuperá-lo, porque todos são passíveis de reabilitação.

(Vol. 3, cap. 3)

As expiações normalmente talam o ser orgânico ou psíquico de maneira irreversível, como decorrência dos atos pretéritos de rebeldia: suicídio, homicídio, perversidade, luxúria, concupiscência, avareza, ódio e os seus sequazes.

(Vol. 5, cap. 6)

EXPIAÇÃO/PROVAÇÃO

As expiações podem ser atenuadas, não, porém, sanadas.

Enquanto as provações constituem forma de sofrimento reparador que promove, as expiações apenas restauram o equilíbrio perdido, reconduzindo o delituoso à situação em que se encontrava antes da queda brutal.

(Vol. 3, cap. 3)

ÊXTASE

Assim, o êxtase deve ser alcançado mediante perfeita sintonia com as faixas sutis da vida, sem a intoxicação resultante de qualquer substância vegetal ou química.

Quando ocorre a transcendência temporária na dicotomia sujeito/objeto, dá-se o êxtase, sem qualquer conotação neurótica ou pejorativa, ou ainda, regressão a serviço do *ego*.

Será sempre nesse estado de perfeita afinidade que sucede, facultando o abandono do *ego* e suas injunções para a harmonia com o *Self* numa outra dimensão espaço/tempo.

(Vol. 13, cap. 13)

EXTROVERTIDO/INTROVERTIDO

Não raro, a característica do ser *introvertido* é a distração, o *estado alfa*, em que as circunstâncias externas não são significativas, muito comum em homens como Newton, Einstein e outros, que têm dificuldade de adaptação ao mundo denominado do *senso prático*. Quase sempre dependem das mulheres, o que os leva a sonhos nos quais se sentem devorados por elas...

No que diz respeito ao homem de pensamento extrovertido, constitui um biótipo que se vincula a regras estritas de comportamento, tornando-se excelente amigo, o que não ocorre, quando é o sentimento que predomina na sua conduta, deixando a impressão de frivolidade, de irresponsabilidade, sentindo-se completamente à vontade nos ambientes festivos e barulhentos.

(Vol. 12, cap. 4)

Seria de crer-se que o tipo introvertido seja mais afeiçoado à função intelectual e que o extrovertido é mais afeito à sensação, o que constitui realidade. Todavia, há certa predominância dessas funções nesses indivíduos, que irão trabalhar as demais para alcançarem a meta da sua *individuação*, e que são rotas variadas que podem e devem ser percorridas com interesse e cuidado para o logro em pauta.

(Vol. 12, cap. 4)

Quando o indivíduo avança no rumo do mundo exterior, é considerado *extrovertido*, e quando o realiza no sentido inverso, torna-se *introvertido*. O primeiro é portador de uma atitude primária em relação à vida, enquanto o segundo mantém uma postura elementar interiorizada.

Todo indivíduo, desse modo, possui intimamente as duas opções, podendo mesmo movimentar-se entre ambas. Nada obstante, sempre escolhe uma delas para a manutenção do seu comportamento, no qual extravasa as suas necessidades emocionais.

O *extrovertido* prefere o meio agitado, barulhento, no qual se encontra em perfeita identidade, diferindo do *introvertido* que opta pelo silêncio, como essencial para a recuperação das forças e a renovação das atividades a que se dedica. São diferentes na conduta e movimentam-se em áreas mui diversas. Aquilo que a um agrada ao outro desgosta, excetuando-se quando ocorrem situações especiais que os movimentam transitoriamente no rumo oposto ao habitual, logo retornando ao comportamento básico.

(Vol. 12, cap. 4)

FALAR RETAMENTE

O *falar retamente* fomenta o progresso, desenvolvendo as aspirações que se exteriorizam em ideais de liberdade e amor, impulsionando as criaturas para a frente, para o bem. [...]

As boas palavras enrijecem o caráter, dulcificam o coração e iluminam a vida; as más entorpecem os sentimentos, deformam a conduta e matam os ideais de enobrecimento.

(Vol. 3, cap. 8)

FAMA

Milton, o grande poeta inglês, afirmava que: *"A fama é a espora que eleva o Espírito iluminado, a fim de que ele mais se desdobre e mais trabalhe, e quando, finalmente, pense em gozá-la, as* Fúrias *cindem o seu êxito e a vida fragilmente tecida"*.

O brilho da fama é visitado constantemente pela treva da inveja, que a tenta empanar ou mesmo apagá-la, levando a calúnia a tiracolo para o empreendimento nefasto.

(Vol. 7, cap. 28)

FAMÍLIA

[...] um compromisso dignificador, e não um ringue de lutas [...]
(Vol. 8, cap. 1)

A família é o laboratório de vivências das mais expressivas de que necessita o ser humano no seu processo de evolução, porquanto, no mesmo clã, os indivíduos são conhecidos, não podendo disfarçar os valores que os tipificam. [...]

O *élan* que se estabelece no lar tem valor decisivo, muitas vezes, na conduta do indivíduo, onde quer que se encontre, tornando-o inibido, introvertido ou jovial, agradável, como efeito das ocorrências do ninho doméstico.

Os Espíritos antipáticos entre si, quando se reencontram na família, unidos pela consanguinidade, expressam essa animosidade de muitas formas, o que gera transtornos cuja gravidade tem a dimensão dos problemas vivenciados.

(Vol. 10, cap. 7)

A família é o grupo social onde o Espírito se aprimora, aprofundando a sensibilidade do amor, lapidando as arestas das imperfeições, depurando-se das sujidades morais, limando as anfractuosidades dos sentimentos e condutas; que merece carinho, mas constitui campo de desenvolvimento e de conquistas, nunca prisão ou fronteira delimitadora impeditiva dos grandes saltos na direção do triunfo sobre o Si.

(Vol. 11, cap. 31)

FAMÍLIA/LAR

Representando a família a mais valiosa célula do organismo social, é nela que se encontram os Espíritos necessitados de entendimento, de intercâmbio de sentimentos e de experiências, de forma que o lar se faz sempre a escola na qual os hábitos irão definir todo o rumo existencial do ser humano.

(Vol. 10, cap. 7)

FAMÍLIA UNIVERSAL

A família universal reúne todos os seres em um só grupo, que se inicia no clã doméstico. Nele se desenvolve a vida social, facultando o crescimento intelectual e moral, que leva à conquista da sabedoria.

(Vol. 7, cap. 11)

FANATISMO

O fanatismo resulta da insegurança interior, não consciente, pela legitimidade daquilo em que se pensa acreditar, desse modo compensando-se.

(Vol. 5, cap. 7)

FÉ

"A fé remove montanhas", acentuou Jesus. Ela é a canalização de todas as possibilidades psíquicas alterando a ação das forças habituais. Quando se apresenta, estimula à ação e vibra interiormente, gerando energias que vitalizam toda a maquinaria pela qual se movimenta.

(Vol. 3, cap. 8)

A fé natural é fenômeno pertinente ao ser que pensa. Manifesta-se, mesmo de forma inconsciente, nas mais variadas situações e circunstâncias existenciais da criatura.

Deixar-se conduzir sem preocupação, em todos os instantes, é demonstração tácita de fé na vida, nas pessoas, em todas as coisas...

(Vol. 7, cap. 10)

Ela é a estrela polar em noite escura, apontando o rumo para a vitória.

Força e vitalidade constituem a segurança de qualquer empreendimento.

Equilíbrio na vida estabelece as linhas do comportamento ético, a conduzir o homem aos objetivos superiores anelados.

Razão fundamental para o triunfo, mais se agiganta, tanto quanto mais exercitada.

A fé é a alma da vida, sem a qual esta última perderia o significado evolutivo.

A fé é membro importante do contexto humano, cujo contributo fortalece as nobres conquistas da sociedade.

Fé e vida são, portanto, partes integrantes da equação do progresso.

(Vol. 7, cap. 10)

A fé é a alma da caridade, que a não prescinde.

Essência de todas as virtudes, a fé é a vida a manifestar-se nas mais diversas situações, oferecendo braços e força para todos aqueles que buscam os horizontes infinitos da Imortalidade.

(Vol. 7, cap. 10)

❖

A fé expressa-se mediante a confiança que o Espírito adquire em torno de algo. Apresenta-se natural e adquirida. No primeiro caso, é espontânea, simples, destituída de reflexão ou de exigência racional, característica normal do ser humano. Na segunda acepção, é conquista do pensamento que elabora razões para estabelecer os seus parâmetros e manifestar-se. Robustece-se com a experiência dos fatos, tornando-se base dos comportamentos lógicos e das realizações significativas do pensamento e da experiência humana.

A fé procede também de vivências transatas, quando o Espírito enfrentou situações e circunstâncias que foram experienciadas deixando os resultados dos métodos utilizados para superá-las. Conhecendo os acontecimentos, embora inconscientemente, o ser adquire a confiança espontânea para os enfrentamentos que se apresentem por semelhança, evocativos daqueles passados.

Torna-se, desse modo, indispensável para uma conduta saudável, porquanto se faz bastão e alicerce para novos cometimentos mediante os quais o ser progride.

A fé, no entanto, deve apoiar-se na razão que perquire, no discernimento que estabelece as diretrizes comportamentais, a fim de que não se expresse de maneira *cega*, levando ao delírio do absurdo ou à ingenuidade do período infantil.

A fé amadurece através da conduta que propõe, coroando-se de segurança pelos resultados colhidos nos empreendimentos encetados.

(Vol. 11, cap. 26)

A fé, em Jesus, era certeza do próprio poder, da perfeita sintonia com Deus, a Quem recorria sempre que necessário, sabendo por antecipação dos resultados que seriam colhidos.

A fé é força que se irradia como energia operante e, por isso, consegue remover as montanhas das dificuldades, aplainar as arestas dos conflitos, minar as resistências que se opõem à marcha do progresso.

(Vol. 11, cap. 26)

A verdadeira fé, aquela que é racional e se fundamenta na experiência da imortalidade, é a única portadora das resistências morais para os enfrentamentos que se expressam como solidão, sofrimento, silêncio, expectativa, angústia...

(Vol. 15, cap. 8)

❖

A fé, em qualquer forma que se apresente, é estímulo de alto significado para uma existência feliz e saudável, portanto, para a contribuição eficaz para a individuação.

(Vol. 15, cap. 9)

FÉ RACIONAL

A fé racional nunca excede os limites da sua capacidade, nem se doira de ambição descabida, conhecendo as possibilidades que possui e os meios de que se deve utilizar para os cometimentos que enfrentará.

É pujante, mas não presunçosa; é nobre, mas não jactanciosa.

(Vol. 11, cap. 26)

FÉ RELIGIOSA

A crença religiosa pode expressar-se sob dois aspectos psicológicos: um castrador, proibitivo, gerador de culpa, e outro estimulante, psicoterapêutico, consolador.

No primeiro, apresenta-se como fenômeno de transferência dos conflitos que parecem apaziguar-se mediante a eleição de uma confissão doutrinária que pertence ao indivíduo, portanto tornando-o *melhor* e mais presunçoso do que os demais, em uma falsa autorrealização, por efeito, não raro, de dificuldade de ajustamento e vitória no meio social. Trata-se da *fé cega*, aquela que impõe seus dogmas e conteúdos sem permitir reflexão nem análise, contribuindo para que o adepto se sinta autoconfiante e aparentemente pleno. Os seus conflitos, dessa maneira, não são superados, mas recalcados no inconsciente e espocam em clima de fanatismo que se exterioriza mediante as perseguições de lamentáveis consequências – resultado da insegurança pessoal e da instabilidade emocional.

No segundo, oferecendo oportunidade de reflexões e aprofundamentos numinosos, estabelece parâmetros de segurança através da contribuição dos estudos científicos, que demonstram a realidade dos seus postulados doutrinários. Suportando os desafios experimentais em laboratórios, torna-se racional e lógica, pois que possui um suporte filosófico para explicar as ocorrências morais, sociais, do destino, do sofrimento e as infinitas possibilidades de triunfo em relação ao futuro. Evidentemente, não se trata do triunfo apenas material, mas, conforme acentuou Jesus – que Ele *vencera o mundo* –, portanto, de um triunfo interior. Essa ânsia tresvairada e patológica de vencer no mundo econômico, social, político ou sob qualquer aspecto material em que se apresente, gera conflito, porque desenvolve a ansiedade mórbida. A vitória, porém, sobre o mundo das paixões, das disputas perturbadoras, eis a proposta psicoterapêutica da fé religiosa, que faculta a compreensão das ocorrências negativas, ensejando resignação ante aquelas que não sejam as esperadas, as agradáveis, mas que, bem compreendidas, podem ser dinamicamente transformadas em recursos de harmonia e de bem-estar. [...]

A fé religiosa segura, resultado da experiência pessoal com a transcendência, faculta uma perfeita integração do *ego* com o *Self*, auxiliando-o no deciframento de muitas incógnitas íntimas, que desaparecem, eliminando possíveis fatores de insegurança emocional. Esse encontro com a transcendência pode ser denominado como experiência mística, aquela que dilata os horizontes do psiquismo na direção de outras realidades não palpáveis, no entanto, existentes e vibrantes no Universo.

(Vol. 12, cap. 10)

A fé religiosa, em sua necessidade de harmonização do ser humano, é uma experiência pessoal e intransferível, que pode ser despertada por outrem, todavia tem que ser vivenciada pelo indivíduo.

(Vol. 12, cap. 10)

FELICIDADE

Só existe felicidade em quem se encontrou com a verdade, absorveu-a e tomou-a como norma de conduta.

(Vol. 1, cap. 14)

A felicidade relativa é possível e se encontra ao alcance de todos os indivíduos, desde que haja neles a aceitação dos acontecimentos conforme se apresentam. Nem exigências de sonhos fantásticos, que não se corporificam em realidade, tampouco o hábito pessimista de mesclar a luz da alegria com as sombras densas dos desajustes emocionais. [...]

O amadurecimento psicológico, a visão correta e otimista da existência são essenciais para adquirir-se a felicidade possível.

(Vol. 2, cap. 7)

O sentido, o significado da vida centra-se na busca e no encontro da felicidade. Constitui o mais frequente desafio existencial responsável pelas contínuas realizações humanas. A felicidade, por isso, torna-se difícil de ser lograda e, não raro, muito complexa, diferindo de conteúdo entre as pessoas em si mesmas e os grupos sociais. Confundida com o prazer, descaracteriza-se, fazendo-se frustrante e atormentadora.

A visão da felicidade é sempre distorcida, levando o indivíduo a considerar que, quando não se encontra feliz, algo não está bem, o que é uma conclusão incorreta.

(Vol. 5, cap. 9)

A felicidade se expressa mediante vários requisitos, entre outros, os de natureza cultural, atavismo que lega ao indivíduo o meio social de onde se origina e no qual se encontra, de nível de consciência e de maturidade psicológica.

[...] a felicidade tem a ver com o que o indivíduo é e com o que ele pensa ser. [...]

Assim, a felicidade tem a ver com a identificação do indivíduo com os seus sentidos e sensações, os seus sentimentos e emoções, ou as suas mais elevadas aspirações idealistas, culturais, artísticas, religiosas, com a verdade.

(Vol. 5, cap. 9)

[...] a felicidade não se radica na satisfação de qualquer desejo do *ego*, porquanto, após satisfazê-lo, manifesta-se com veemência, gerando ansiedade e desconforto. [...]

Na busca da felicidade são inevitáveis os estágios de sofrimento e de prazer, por constituírem fenômenos da experiência humana, da realização do *Self* desidentificando-se do *ego*. [...]

(Vol. 5, cap. 9)

[...] a harmonia entre o *ego* e o *Self* [...]

(Vol. 5, cap. 9)

[...] Embora a felicidade não dependa do prazer, o prazer bem-estruturado é-lhe caminho. A sua ausência, no entanto, em nada a afeta, por estar acima das sensações e emoções imediatas.

(Vol. 5, cap. 9)

A felicidade se estabelece quando os dois níveis – físico e mental – harmonizam-se, ensejando o prazer emocional e transpessoal.

(Vol. 5, cap. 9)

❖

[...] a iluminação, a bem-aventurança [...] são as expressões máximas da felicidade. [...]

A consciência, portanto, iluminada, é a responsável final pela felicidade. No começo é apenas vislumbrada, intuída, até tornar-se realidade, sem a necessidade de alienação do mundo.

Todos os seres humanos têm direito à felicidade e devem fruí-la, desde as suas mínimas expressões às mais grandiosas, em todo o painel da existência.

Com a visão transpessoal da felicidade, tudo e todos devem ser vistos, sentidos e amados como são. A consciência os absorve com a sua estrutura.

Não seja a felicidade, no entanto, o resultado da indução externa ou de autossugestão, pois que se tornaria um engodo proposto e conseguido pelo inconsciente.

A intimidade, a identificação com a Unidade, de forma persistente e natural, propiciam o manifestar da felicidade, permitindo uma entrega consciente ao *Self* plenificador.

A felicidade é, portanto, uma forma de viver e, para que se torne permanente, é necessário que seja adquirido o nível de consciência do Espírito, e isto começa quando se descobre e se atenta para o que realmente se deseja da vida além dos níveis imediatos do gozo e do prazer.

(Vol. 5, cap. 9)

A felicidade real independe daquilo que se tem, mas é resultado daquilo que se é.

(Vol. 8, cap.5)

Desse modo, a busca da felicidade deve caracterizar-se pelo conhecimento de si mesmo em relação aos demais indivíduos, pela conscientização das próprias aspirações, pelos objetivos que sejam colocados como fundamentais para a vida.

(Vol. 14, cap. 7)

A felicidade constitui-se da sabedoria de poder-se administrar as ocorrências do quotidiano, retirando das situações mais difíceis a quota edificante e produtora de harmonia, considerando-as como propostas educativas e aprendizado oportuno para os futuros embates.

(Vol. 14, cap. 7)

A felicidade, porém, apresenta-se com simplicidade, destituída de atavios e complexidades que somente a enfeitariam sem produzi-la em realidade, qual mecanismo de fuga em relação à sua conquista verdadeira.

(Vol. 14, cap. 7)

A felicidade advém do autoconhecimento, da identificação do *Self* com o *ego* que se adapta às imposições superiores, passando a vivenciar as emoções e os sentimentos de beleza, de harmonia e de tranquilidade.

(Vol. 14, cap. 7)

❖

A conquista da felicidade depende de como se espera ser feliz, de quais os fatores que a proporcionam, da mais eficiente maneira de alcançá-la.

(Vol. 16, cap. 7)

FELIZ

Somente é feliz aquele que é livre.

(Vol. 1, cap. 14)

FILHOS

Os filhos são mais do que reproduções do corpo. Trata-se de Espíritos atentos, necessitados uns, preparados outros, para seguirem adiante e construírem o mundo do futuro. [...]

(Vol. 8, cap. 3)

FOBIA

Nos quadros *fóbicos*, podemos encontrar Espíritos que conduzem, no íntimo, pavores que sobreviveram ao fenômeno biológico da reencarnação, cicatrizes *do Mundo espiritual inferio*r por onde transitaram, ou do despertamento na sepultura, em face das mortes aparentes, havendo desencarnado, em consequência, por falta de oxigênio, e que reexperimentam o tormento na *claustrofobia*. Outrossim, as recordações de cenas apavorantes de que participaram na multidão como vítimas ou desencadeadores, revivem-nas, inconscientemente, na *agorafobia*.

(Vol. 8, cap. 2)

Entre as perturbações desencadeadas pela ansiedade, destacam-se, invariavelmente, as fobias, que se trata de um medo irracional de determinado objeto, situação ou circunstância.

Denominadas no passado de maneira especial na língua grega, essas perturbações apresentavam-se de maneira esdrúxula e ameaçadora.

Em face da variedade de objetos e circunstâncias que as desencadeiam, passaram a constituir um capítulo denominado como de fobias específicas. [...]

O que chama a atenção é o medo em si mesmo, porque destituído de qualquer racionalidade, pela impossibilidade da ocorrência de qualquer mal ou prejuízo, no entanto irresistível, levando ao desespero aqueles que lhes sofrem o aguilhão. Em face dessa irracionalidade, o paciente está preocupado com algo que lhe aconteça e o infelicite, gerando-lhe dissabor e sofrimento, mesmo que todas as análises dos fatos demonstrem a total impossibilidade disso ocorrer. [...]

As fobias estão associadas espiritualmente a condutas incorretas anteriormente vivenciadas, quando se permitiram os indivíduos abusos e crueldades, ou sofreram sepultamento em vida, considerados mortos e estando apenas em estado cataléptico, despertando depois e vindo a falecer em situação deplorável, desenvolvendo a *claustrofobia*, ou foram vítimas de crueldades em praças e ambientes abertos, diante da massa alucinada, desencadeando *agorafobia* e fobia social, etc. Noutros aspectos, ocorrências traumáticas não superadas, transferiram os estímulos geradores de sofrimentos que ora se converteram em *fobias específicas*.

(Vol. 12, cap. 8)

A fobia é uma perturbação de ansiedade relativamente comum, apresentando-se totalmente irracional.

(Vol. 13, cap. 17)

FOBIA SOCIAL

Surge, porém, no momento, um [estado fóbico] que se generaliza, a pouco e pouco, o denominado como *fobia social*, graças ao qual o indivíduo começa a detestar o convívio com as demais pessoas, retraindo-se, isolando-se.

A princípio, apresenta-se como forma de mal-estar, depois, como insegurança, quando o homem é conduzido a enfrentar um grupo social ou o público que lhe aguarda a presença, a palavra. [...]

A *fobia social* impede uma leitura em voz alta, uma assinatura diante de alguém que acompanhe o gesto, segurar um talher para uma refeição, pegar um vaso com líquido sem o entornar... O paciente, nesses casos, tem a impressão de que está sob severa observação e análise dos outros, passando a detestar as presenças estranhas, até os familiares e amigos mais íntimos. [...]

A tendência natural do portador de *fobia social* é fugir, ocultar-se malbaratando o dom da existência, vitimado pela ansiedade e pelo medo.

(Vol. 2, cap. 2)

FORÇA

[...] Não será pelo vigor dos bíceps que se pode medir a força de um indivíduo; porém, pela sua capacidade de administrar a existência, de enfrentar dificuldades, de resolver desafios, de lutar e vencer estâncias controvertidas.

Há o vigor para ensinar, para ajudar com a experiência, para nutrir de sabedoria, para conduzir o pensamento e não apenas para carregar pesos e exibir musculatura, conseguida às vezes com a ação de exercícios físicos sob anabolizantes...

(Vol. 10, cap. 9)

FORTUNA

A fortuna, seja como for que se manifeste, é alta responsabilidade de que o seu detentor terá que prestar contas, inicialmente a si mesmo, pelo açodar da consciência responsável quando desperta e impõe a culpa pelo seu mau emprego, e diante da Consciência Cósmica, da qual ninguém se evade por presunção, capricho ou infantilidade emocional...

(Vol. 11, cap. 23)

FREUD

Freud, como psiquiatra, melhor do que ninguém se adentrou no profundo do ser, mediante o seu inconsciente, já percebido por Carus e Nietzsche. Freud, porém, através da Psicanálise, conseguiu elaborar um sistema através do qual a consciência se revela somente em uma parte, que se manifesta como deformada da vida psíquica, que somente será desvelada quando seja possível reunir em um mesmo estudo o inconsciente, o consciente e o subconsciente do ser humano. Praticamente todos os fenômenos da vida humana se iniciam e passam pelo inconsciente, onde se encontram as tendências libidinosas, que permanecem esmagadas pelo critério decorrente da censura elaborada e mantida pela consciência.

(Vol. 10, cap. 10)

FRUSTRAÇÃO

A *frustração*, por sua vez, responde por sofrimentos que seriam evitáveis, não fossem as exageradas esperanças do homem, as suas confusas ideias de automerecimento, que lhe infundem crenças falsas nas possibilidades que não lhe estão ao alcance.

Porque se supõe credor de títulos que não possui, a criatura se frustra, entregando-se a reações inesperadas de depressão ou cólera, fugindo da vida ou atirando-se, rebelde, contra ela e os seus valores.

(Vol. 3, cap. 3)

FUGA PSICOLÓGICA

Toda fuga psicológica contribui para a manutenção do medo da realidade, não levando a lugar algum. Mediante sua usança, aumentam os receios de luta, complicam-se os mecanismos de subestima pessoal e desconsideração pelos próprios valores. [...]

A fuga, portanto, consciente ou não, no comportamento psicológico, deve ser abolida, por incondizente com a Lei do Progresso, sob a qual todas as pessoas se encontram submetidas pela fatalidade da evolução.

(Vol. 2, cap. 6)

FUGIR

Fugir [do mundo] é ato de desamor.

(Vol. 7, cap. 18)

FUNÇÃO DA PSICOLOGIA

Esta é, sobretudo, a função da Psicologia, ao penetrar o âmago do ser, para o desalgemar dos conflitos e heranças infelizes que lhe pesam na economia emocional.

(Vol. 8, cap. 2)

FUNÇÃO PSICOLÓGICA

Há funções psicológicas que não podem ser negligenciadas sem graves consequências, como a intuição, a criatividade, a vontade, que se exteriorizam do fulcro da psique humana, que é o Espírito.

(Vol. 10, cap. 1)

FUTURO

O futuro [...] desenha-se assinalado pelas realizações enobrecedoras, quando não mais haverá crime ou hediondez, aberração ou vício, maldade ou desgraça.

(Vol. 7, cap. 26)

G

GENE DE DEUS

O *gene de Deus* de que todos os seres humanos são possuidores, conduz a carga vigorosa da imortalidade, produzindo a crença natural, embora a crença religiosa seja consequência da cultura, da convivência social e educacional, conforme já referido.

(Vol. 14, cap. 11)

GENEROSIDADE

Costuma-se afirmar que, *aquele que não abre a mão mantém fechado o coração*. E com fundamento, porquanto a generosidade tem início no sentimento que ama e deseja ajudar, a fim de concretizar-se na ação que socorre.

Abrir a mão é o gesto de deixar verter do coração ao mundo exterior o fluxo generoso em forma de doação, a fim de alcançar, no futuro, as grandiosas formas de abnegação. A generosidade, portanto, doa, de início, coisas, objetos e utensílios, roupas e alimentos, agasalhos e teto, para depois brindar sentimentos, aprimorando a arte de servir até poder doar-se.

Somente quem se exercita na oferta material predispõe-se às dádivas transcendentes, aquelas que não têm preço, "não enferrujam", nem "os ladrões roubam".

A generosidade mais se enriquece quanto mais distribui, mais se multiplica quanto mais divide, pois que tudo aquilo que se oferece possui-se, não obstante, qualquer valor que se retenha passa-se a dever. A felicidade, desse modo, resulta da ação de doar, dos benefícios dela decorrentes.

(Vol. 3, cap. 6)

GOZOS MATERIAIS

Os gozos materiais são cadeias muito vigorosas que jugulam os homens às paixões primitivas que deveriam superar a benefício próprio, mas que quase sempre os levam à decomposição moral, à morte dos ideais libertadores.

(Vol. 1, cap. 11)

GRATIDÃO

A gratidão, dessa maneira, é a força que logra desintegrar os aranzéis da degradação do sentido existencial.

Filha da maturidade alcançada mediante a razão, sobrepõe-se ao instinto, é conquista de elevada magnitude pelo propiciar de equilíbrio que faculta àquele que a sabe ofertar. [...]

A gratidão é um sentimento mais profundo e significativo, porque não se limita apenas ao ato da recompensa habitual. É mais grandioso, porque traz satisfação e tem caráter psicoterapêutico.

(Vol. 16, cap. 1)

A gratidão é uma bênção de valor desconhecido, porque sempre tem sido considerada na sua forma simplista e primária, sem o conteúdo psicoterapêutico de que se reveste. [...]

A gratidão deve ser um estado interior que se agiganta e mimetiza com as dádivas da alegria e da paz.

(Vol. 16, cap. 1)

Agradecer, portanto, significa inebriar-se de emoção lúcida e consciente da realidade existencial, mas não somente pelo que se recebe,

Elucidações psicológicas à luz do Espiritismo

também pelo que se gostaria de conseguir, assim como pelo que ainda não se é emocionalmente.

(Vol. 16, cap. 1)

❖

A gratidão é a assinatura de Deus colocada na Sua obra.

Quando se enraíza no sentimento humano, logra proporcionar harmonia interna, liberação de conflitos, saúde emocional, por luzir como estrela na imensidão sideral...

(Vol. 16, cap. 1)

❖

A gratidão é uma experiência moral, não cerebral, do *Self*, não do *ego*, porquanto o primeiro é de origem divina e o segundo, de natureza humana. [...]

(Vol. 16, cap. 2)

❖

A gratidão é a mais sutil psicoterapia para os males que se instalam na sociedade, constituída esta, em grande parte, por Espíritos enfermos.

(Vol. 16, cap. 3)

❖

A gratidão possui esse maravilhoso mister de transformar o mundo e tornar as pessoas mais belas e mais queridas.

(Vol. 16, cap. 4)

❖

A gratidão é sentimento nobre que procede das profundas nascentes da psique.

(Vol. 16, cap. 4)

❖

A gratidão individual é uma nota harmônica a contribuir para a sinfonia universal, ampliando-se e tornando-se um sentimento coletivo que proporciona o equilíbrio social e espiritual da Humanidade.

(Vol. 16, cap. 5)

A gratidão é a impressão digital do desenvolvimento intelecto-moral do Espírito, que se liberta das heranças afligentes.

(Vol. 16, cap. 6)

❖

A gratidão constitui bênção de amadurecimento psicológico que felicita o Espírito, facultando-lhe ampliar os sentimentos de amor e de compaixão, porque reconhece todos os bens de que desfruta, mesmo quando alguma circunstância menos feliz se apresenta.

(Vol. 16, cap. 6)

❖

A gratidão é combustível para a claridade da vida, assim como a cera para o pavio da vela manter-se aceso.

(Vol. 16, cap. 9)

❖

A gratidão pode ser considerada como uma condição para se viver feliz, conforme a definiu Albert Schweitzer, informando que ela era *o segredo da vida.*

(Vol. 16, cap. 10)

A gratidão pode também se expressar de forma especial, como respeito e apreço, consideração e amizade, singelos padrões de comportamento social que devem existir em todo grupo humano.

(Vol. 16, cap. 10)

❖

A gratidão, filha dileta do amor sábio, enriquece a vida de beleza e de alegria porque com a sua presença tudo passa a ter significação enobrecida, ampliando os horizontes vivenciais daquele que a cultiva como recurso de promoção da vida em todos os sentidos.

(Vol. 16, cap. 11)

[...] a gratidão é um dos mais grandiosos momentos do desenvolvimento ético-moral do ser humano e está ínsita na individuação, quando tudo adquire beleza e significado.

Elucidações psicológicas à luz do Espiritismo

A gratidão é, portanto, um momento de individuação, quando o ser humano recorda o passado com alegria, considerando os trechos do caminho mais difíceis que foram vencidos, alegrando-se com o presente e encarando o futuro sem nenhum receio, porque os arquétipos responsáveis pelas aflições foram diluídos na consciência, não restando vestígios da sua existência. [...]

A gratidão abrange, num afetuoso abraço, os sentimentos que dignificam os seres humanos e os tornam merecedores de felicidade, quando estarão instalando no íntimo o decantado *Reino dos Céus*, conforme proposto por Jesus, o maior psicoterapeuta da Humanidade.

(Vol. 16, cap. 11)

HÁBITO

Os hábitos de qualquer procedência são resultados da dinâmica de manutenção do exercício, mediante a afinidade com este ou aquele, seja possuidor de benefícios ou de aflições.

Quanto mais se repetirem as tentativas e ações, mais serão fixadas no comportamento, tornando-se uma denominada segunda natureza.

(Vol. 13, cap. 13)

HARMONIA

A harmonia universal resulta da diversidade de formas, de expressões, de apresentações, em sutis processos de sintonia, de similaridade.

(Vol. 3, cap. 5)

A harmonia sempre resulta de uma perfeita identificação entre o *ego* e o *Self* que devem conjugar esforços para o bem-estar do ser. Interagindo reciprocamente em perfeita identificação de propósitos, constroem uma estrutura saudável de personalidade capaz de enfrentar as vicissitudes e ocorrências desafiadoras do processo de crescimento e amadurecimento pessoal.

(Vol. 10, cap. 6)

HARMONIA ÍNTIMA

A harmonia íntima, que decorre do discernimento das finalidades da vida, propicia a natural integração da criatura no conjunto cósmico, contribuindo para a preservação da Unidade Universal.

(Vol. 6, cap. 5)

HEDONISMO

O conceito de hedonismo tem-se desdobrado em variantes através dos séculos. Criado, originariamente para facultar o processo filosófico da busca do prazer, hoje se apresenta, do ponto de vista psiquiátrico, como uma expressão psicopatológica, por significar apenas o gozo físico, abrasador, incessante, finalidade única da existência humana, essencialmente egotista.

Tal conceito surgiu com o discípulo de Sócrates, Aristipo de Cirene, por volta do século V a.C., e foi consolidado por seus seguidores.

A finalidade única reservada ao ser humano, sob a óptica hedonista, era o prazer individual.

Na atualidade, consideram-se duas vertentes no hedonismo: a primeira, denominada *psicológica* ou *antiga*, que tem como meta o prazer como o último fim, constituindo uma realidade psicológica positiva, gratificante; e a *ética* ou *moderna*, que elucida não procurarem as criaturas atuais sempre e somente o prazer pessoal, mas que se devem dedicar a encontrar e conseguir aquele que é o prazer maior para si mesmas e para a Humanidade.

(Vol. 9, cap. 3)

HELIOTERAPIA

A *cromoterapia* talvez se haja inspirado na *helioterapia*, que consiste, esta última, na utilização dos raios solares, com equilíbrio, provocando uma ativação salutar dos mecanismos vitais do corpo. [...]

É de excelente resultado, quando sob cuidadoso controle, mediante aumento de tempo sob a exposição solar, nos casos de espasmofilia, nas anemias infantis, em variados casos de astenia, nas convalescenças, na asma infantil, na tuberculose cutânea, em múltiplas dermatoses, etc.

(Vol. 3, cap. 11)

HEMISFÉRIOS CEREBRAIS

Estudos acurados dos hemisférios cerebrais concluíram que o esquerdo é responsável pela razão e lógica, pelas funções verbais, pela globalização, enquanto o direito se encarrega do comportamento místico, indutivo, intuitivo, orientação espacial... Como consequência, estabeleceu-se que, nos ocidentais, o hemisfério esquerdo é mais desenvolvido do que o direito, este mais usado pelos orientais e, por isso mesmo, portadores de mais amplos recursos.

(Vol. 5, cap. 1)

HEREDITARIEDADE

Afirmam alguns psicólogos que a hereditariedade responde sempre pela criatura, seus atos, sua existência, tudo quanto lhe acontece internamente na área da saúde física, emocional – no comportamento – e psíquica. Em alguns casos, indubitavelmente se encontram com razão, não, porém, quando consideram que os condicionamentos sociais e a educação em quase nada contribuem para alterar o quadro anteriormente definido pelos códigos genéticos. [...]

Assim considerando, o Espírito imprime, nos códigos genéticos de que se irá utilizar, tudo quanto se lhe tornará indispensável para o desenvolvimento intelecto-moral durante o processo de evolução. Não obstante, a educação no lar e na escola, o convívio social, alteram com vigor o seu comportamento e destino, construindo valores que podem modificar o processo anterior formulado para a recuperação espiritual, em face dos gravames antes cometidos.

(Vol. 10, cap. 8)

HIGIENE

A higiene também desempenha papel preponderante na reconquista da saúde. Ela faculta mais ampla eliminação de toxinas, ao tempo que proporciona agradável sensação de leveza.

(Vol. 3, cap. 9)

HIPOCONDRIA

[...] O paciente está convencido de sofrer de uma enfermidade grave que o infelicita, procurando sempre soluções médicas e reagindo à lógica da procedência psicológica da dela. O paciente, nesse caso, assimila com facilidade as doenças de que ouve falar e, no quadro da sua ansiedade e desconforto íntimo, passa a experimentar os sintomas que caracterizam o quadro enfermiço. [...]

(Vol. 12, cap. 8)

HOMEM

[...] O homem é o modelador do próprio destino, vivendo conforme o estabeleceu através dos atos nas experiências passadas.

(Vol. 1, cap. 2)

O homem é um mamífero biossocial, *construído* para experiências e iniciativas constantes, renovadoras.

(Vol. 2, cap. 1)

O homem é o único "animal ético" que existe. [...] Somente ele pode apresentar uma "consciência criativa", pensar em termos de abstrações como a beleza, a bondade, a esperança, e cultivar ideais de enobrecimento. Essa consciência ética nele existe em potencial, aguardando que seja desenvolvida mediante e após o autodescobrimento, a aquisição de valores que lhe proporcionem o senso de liberdade para eleger as experiências que lhe cabem vivenciar.

(Vol. 2, cap. 3)

O homem é, deste modo, um conjunto de elementos que se ajustam e interpenetram, a fim de condensar-se em uma estrutura biológica, assim formado pelo Espírito – ser eterno, preexistente e sobrevivente ao corpo somático –, o perispírito – também chamado *modelo organizador biológico*, que é o "princípio intermediário, substância semimaterial que serve de primeiro envoltório ao Espírito e liga a alma ao corpo. Tais, num fruto, o germe, o perisperma e a casca" [KARDEC, Allan. *O Livro dos Espíritos*. 29. ed. Rio de Janeiro: FEB.] – e o corpo – que é o envoltório material.

(Vol. 2, cap. 9)

Herdeiro da própria consciência, é também legatário dos atavismos sociais, dos hábitos enfermos, dentre os quais se destacam esses pavores que resultam das superstições, desinformações e ilusões ancestrais, formando os condicionamentos perturbadores.

(Vol. 3, cap. 2)

Indubitavelmente, conforme acentua a Doutrina Espírita, o homem é a síntese das suas próprias experiências, autor de seu destino, que ele elabora mediante os impositivos do determinismo e do livre-arbítrio.

(Vol. 3, cap. 3)

O homem pode e deve ser considerado como sendo sua própria mente. Aquilo que cultiva no campo íntimo, ou que o propele com insistência a realizações, constitui a sua essência e legitimidade, que devem ser estudadas pacientemente, a fim de poder enfrentar os paradoxos existenciais – parecer e ser –, as inquietações e tendências que o comandam, estabelecendo os paradigmas corretos para a jornada, liberado dos choques interiores em relação ao comportamento externo.

(Vol. 5, prefácio)

Com muita propriedade, Albert Einstein definiu o homem como *um conjunto eletrônico regido pela consciência.* [...]

(Vol. 6, cap. 1)

Ser espiritual, o homem é um incessante despertar. Pela sua natureza energética se vincula à angelitude e, através do seu processo de evolução, conduz a herança animal por onde transitou, retendo-se nas amarras do instinto e esforçando-se pela aquisição da consciência, a fim de liberar-se dele, para favorecer o desdobrar de todas as potências latentes, que procedem da sua origem transcendental.

Mergulhado no tropismo divino e por ele atraído, sai da obscuridade da ignorância e da perturbação (inconsciência) para galgar os abençoados espaços do conhecimento e da sabedoria (consciência).

(Vol. 6, cap. 5)

A criatura humana é um complexo de expressões que se alternam conforme as circunstâncias e se exteriorizam de acordo com os acontecimentos que penetram nas aparências, desvelando a realidade em cada indivíduo. Mesmo essa, periodicamente, cede a outras mais significativas, que se encontram adormecidas e despertam ampliando o seu campo de manifestação, até sobrepor-se predominando e desvelando o ser legítimo.

(Vol. 6, cap. 5)

O homem é a medida dos seus esforços e lutas interiores para o autocrescimento, para a aquisição das paisagens emocionais.

(Vol. 9, cap. 4)

O homem, na perspectiva da Psicologia Profunda, é um ser real, estruturalmente parafísico, revestido de corpo somático, que lhe permite o processo de construção de valores ético-morais e aquisições espirituais que o tornam pleno, quanto mais conquista e ascende na escala evolutiva com abandono das mazelas que lhe constituem embaraço ao progresso.

Criação do Psiquismo Divino, é germe de vida fadado ao desabrochar de mil potencialidades que lhe dormem na essência, que é a sua realidade.

(Vol. 11, cap. 22)

HOMEM *ver também* INDIVÍDUO *e* SER HUMANO

HOMEM CONSCIENTE

Ser consciente significa estar desperto, responsável, não arrogante, não submisso, livre de algemas, liberado do passado e do futuro.

Cada momento atual é magno na vida do homem consciente, e tudo quanto se propõe realizar, em vez de tornar-se desafio, é-lhe estímulo ao prosseguimento tranquilo da iluminação interior.

Usa a inteligência e aplica o sentimento em perfeita interação, avançando sempre, sem recuos nem amarguras.

Certamente experimenta as contingências da vida social, dos prejuízos políticos, das injunções do corpo, sem que tais ocorrências o desanimem ou o infelicitem.

Consciente desses fenômenos, mais se afervora na busca da harmonia, conquistando novas áreas que antes permaneciam desconhecidas.

Age sempre lúcido, e cada compromisso que assume, dele se desincumbe em paz, sem a preocupação de vitória exterior ou mesmo de superação.

A autoconquista é-lhe um crescimento natural e não perturbador, assinalado pelo aprofundamento da visão da vida, totalmente diverso do comum, passando-a a transpessoal, portanto, espiritual.

Harmonizando aspirações e lutas, buscas e realizações, o homem consciente vive integralmente todos os momentos, todas as ações, todos os sentimentos, todas as aspirações.

(Vol. 5, cap. 10)

HOMEM-APARÊNCIA

Homens-aparência, tornam-se quase todos. Calmos ou não, fortes ou fracos, ricos ou pobres enxameiam num contexto confuso, sem liberdade, no entanto, em regime político e social de liberdade, atulhados de ferramentas de trabalho como de lazer, desmotivados e automatistas, sem rumo. Prosseguem, avançando – ou caminhando em círculo? – desnorteados na grande horizontal das conquistas de fora, temendo a verticalidade da interiorização realmente libertadora.

(Vol. 2, cap. 2)

HOMEM DE BEM

O homem de bem é perseverante e sempre disposto ao labor encetado. Mantém-se discreto e silencia as suas ações benéficas, evitando alardear os feitos e os não executados. Fomenta a esperança e não transfere cargas para o seu próximo. Atua, e o seu exemplo sensibiliza outros, que passam a ajudá-lo. Não abandona o campo onde semeia, a pretexto algum.

(Vol. 7, cap. 13)

HOMEM-ESPELHO

No caleidoscópio do comportamento humano há, quase sempre, uma grande preocupação por mais parecer do que ser, dando origem aos *homens-espelhos*, aqueles que, não tendo identidade própria, refletem os modismos, as imposições, as opiniões alheias. Eles se *tornam* o que agrada às pessoas com quem convivem, o ambiente que no seu comportamento neurótico se instala. [...]

(Vol. 2, cap. 3)

HOMEM-SENSAÇÃO

O homem-sensação é exigente e possuidor, não se apercebendo do valor da liberdade dos outros, que pretende controlar, nem dos deveres para com a sociedade que se lhe não submete. Sentindo-se marginalizado, graças à hostilidade que mantém em relação a todos quantos se lhe não subalternizam, volta-se contra os estatutos vigentes e as pessoas livres, brutalizando-se e agredindo, pelos meios ao alcance, os demais.

(Vol. 8, cap. 4)

HOMEOPATIA

A *homeopatia* nasceu por volta de 1796, quando Samuel Hahnemann iniciou a sua aplicação, após publicar o seu *Ensaio sobre um novo princípio para descobrir as virtudes curativas das substâncias medicinais*, seguido de alguns comentários a respeito dos princípios aceitos na época atual.

Ele havia experimentado em si mesmo e nos familiares por seis anos a nova terapêutica, cujos resultados foram surpreendentes.

A *homeopatia* se fundamenta no princípio do *similia, similibus curantur* ou seja, os *semelhantes curam os semelhantes* e, através de diluições infinitesimais, nas quais, teoricamente, não devem existir moléculas da substância original, o medicamento deixa de ser químico para tornar-se físico.

(Vol. 3, cap. 11)

HOMOSSEXUALIDADE

Examine-se, por exemplo, a questão da homossexualidade, que tem raízes em múltiplas vivências do *Self*, ora num como noutro corpo anatomicamente masculino ou feminino, preservando as emoções de um como do outro equipamento.

(Vol. 15, cap. 9)

HONRA

Honra é a coragem de eleger o melhor.

(Vol. 1, cap. 6)

HUMILDADE

A humildade é uma conquista da consciência que se expressa em forma de alegria, de plenitude. Quando se manifesta com sofrimento, desprezo por si mesmo, violenta desconsideração pela própria vida, exibe o lado oculto da vaidade, da violência reprimida e chama a atenção para aquilo que, legitimamente, deve passar despercebido.

A humildade é uma atitude interior perante a vida; jamais uma indumentária exterior que desperta a atenção, que forja comentários, que compensa a fragilidade do *ego*.

(Vol. 5, cap. 5)

A humildade não frequenta os mesmos campos morais da conivência com o erro, com o mal, em silêncios comprometedores. Antes é ativa, combatente, decidida, sendo mais um estado interior do que uma apresentação externa.

(Vol. 6, cap. 11)

Da mesma forma [que a abnegação], a humildade é cativante, sem aparência. Sente-se-lhe o *perfume* primeiro, para poder-se vê-la depois, qual ocorre com as delicadas violetas... Quando se é humilde, logra-se a pureza com o desprezo pelo puritanismo; vive-se a sinceridade, sem a preocupação de agradar; confia-se no sucesso das realizações, mas não se lhes impõem as propostas. Tudo transcorre em uma psicosfera de harmonia e naturalidade.

(Vol. 6, cap. 11)

IDENTIDADE

A identidade é conquista valiosa do ser, através da qual se afirma e se caracteriza no grupo social, de forma a existir conscientemente. Não se trata de uma herança psicológica, mas de um desenvolvimento gradual que se inicia no momento em que nasce, e se manifesta através do primeiro choro, que lhe expressa desconforto de qualquer natureza. [...]

Há três fatores que contribuem para um bom e bem-direcionado senso de identidade: percepção do desejo, reconhecimento da necessidade e consciência da sensação corporal.

(Vol. 9, cap. 8)

Um senso de identidade normal transita entre os acertos e os erros, sem autoexaltação nem autopunição, enfrentando as situações como parte do processo evolutivo que todos encontram pelo caminho. [...]

O dever dos pais em relação aos filhos, na moldagem da identidade, é muito grave, porquanto, de acordo com a conduta mantida, aquela será plasmada dentro dos padrões vigentes no lar. As castrações e as inibições, os conflitos não superados e as necessidades emocionais não satisfeitas contribuem para o transtorno da identidade, gerando a necessidade da projeção do papel dos pais nas outras pessoas. [...]

(Vol. 9, cap. 8)

A identidade é parte essencial do equilíbrio individual, porquanto lhe constitui característica básica para o comportamento e a vida. Quando ocorre essa despersonalização, fica-se predisposto a um colapso mental, que também resulta da vigência da ira contínua, que se transforma em tensão, desde que por muito tempo controlada.

(Vol. 10, cap. 8)

IGNORÂNCIA

A ignorância, geradora do egoísmo, que propicia o apego e a paixão às pessoas e coisas, é a grande responsável pelos sofrimentos.

(Vol. 3, cap. 11)

ILUMINAÇÃO INTERIOR

A iluminação resulta do esforço da busca íntima do ser profundo, opção de sabedoria que é, em relação ao *ego* que prevalece no mapeamento das aspirações humanas mais imediatas, portadoras de distúrbios vitais e fragorosas derrotas na luta, que é a breve existência corporal.

O desenvolvimento da *chama divina* imanente em todos os seres merece todos os sacrifícios e empenhos, a fim de que arda em todo o seu esplendor, vencendo as teimosas *sombras*, que são a herança demorada das experiências nas faixas primitivas do processo inicial da evolução.

A verdadeira iluminação promove o homem que, superando as contingências-limites da estância carnal, anula todas as causas de sofrimentos, fazendo-as cessar. Já não necessita da dor para alcançar metas, pois o amor lhe constitui a razão única do existir, em sintonia com o Pensamento Divino que o atrai cada vez com mais vigor para a meta final.

(Vol. 3, cap. 5)

A iluminação interior independe da educação das faculdades paranormais, mediúnicas em particular, dos estados de exaltação e do transe, do êxtase ou de quaisquer outras manifestações parafísicas. Ocorre, mediante o desenvolvimento dos inesgotáveis recursos internos que procedem de Deus, do acalmar das ansiedades da emoção e das imposições orgânicas.

(Vol. 14, cap. 10)

A iluminação ocorre quando se é capaz de compreender quem se é, de onde se veio e para onde se vai, culminando com o esclarecimento em torno do que deve realizar na Terra... A ignorância desses postulados mantém na escuridão, no tormento das dúvidas e aflições.

A iluminação, portanto, rompe a treva densa do desconhecimento, facultando a experiência contínua do equilíbrio e da harmonia que levam ao *numinoso*.

(Vol. 14, cap. 10)

A iluminação interior procede da busca do vir a ser, harmonizando-se com o ser que já foi conquistado e por cujo empreendimento todos se devem empenhar pelo conquistar. É também o descobrimento (revelação) do Ser Supremo pelo Espírito em crescimento, em busca de estágios mais dignificantes e elevados, que demonstram a essência da própria origem.

(Vol. 14, cap. 10)

A iluminação é, portanto, a grande meta que todos devem buscar, a fim de alcançar o melhor de si mesmo.

(Vol. 14, cap. 10)

A iluminação interior, porque dilui toda sombra de ignorância no imo do Espírito, trabalha pela vitória sobre o medo em todas as suas expressões – da morte, da vida, do insucesso, das doenças, do erro, da velhice, da miséria – ocorrendo, ora de chofre, ora lentamente.

(Vol. 14, cap. 10)

A iluminação interior não se restringe apenas aos aspectos da fé religiosa, mas também aos ideais de humanidade, de benemerência, de arte, de ciência, de pensamento...

(Vol. 14, cap. 10)

Quando ocorre a iluminação, surge um sentimento de amor e de reconhecimento pela vida, por todos os seres que o anteciparam, por todos quantos trabalharam pela modificação das estruturas do mundo, tornando-o melhor, mas não se detém apenas nessa compreensão. Também alarga o amor em direção ao futuro, às sociedades que virão, aos construtores do bem e da fraternidade.

(Vol. 14, cap. 10)

ILUSÃO

[...] a ilusão [é] um fator responsável por incontáveis sofrimentos [...] A ilusão é, pois, anestésico para o Espírito.

Certamente, algo de fantasia emoldura a vida e dá-lhe estímulo. Entretanto, firmar-se nos alicerces frágeis da ilusão, buscando aí construir o futuro, é pretender trabalhar sobre areia movediça ou solo pantanoso coberto por água tranquila apenas na superfície.

(Vol. 3, cap. 5)

Os convites existenciais que propelem para o exterior, para a aparência, modelam a personalidade, impondo inúmeros *mecanismos de sobrevivência do ego,* aos quais o indivíduo se aferra, permanecendo ignorante quanto à sua realidade e aos relevantes objetivos da vida.

As ilusões, desse modo, são comensais da criatura, que se apresenta conforme gostaria de ser e não de acordo com o Si, o Eu profundo, o que é. [...]

(Vol. 5, cap. 7)

A ilusão é responsável por inúmeros sofrimentos.

Valorizando, excessivamente, os bens transitórios e apegando-se em demasia aos interesses materiais – paixões sensuais, valores amoedados, propriedades, juventude, saúde orgânica, entre outros –, o indivíduo teme vê-los desaparecer, transformar-se ou gerar conflitos, no entanto deixando-os todos, um dia, mediante o fenômeno biológico da morte.

(Vol. 7, cap. 29)

A ilusão resulta, igualmente, da falta de percepção e densidade de entendimento, que se vai esmaecendo e cedendo lugar à realidade, à medida que são conquistados novos patamares representativos das necessidades do progresso. São essas necessidades – primárias, indispensáveis, essenciais – que estabelecem o *considerando* do psiquismo para a busca do que lhe parece fundamental e propiciador para a felicidade.

(Vol. 9, cap. 3)

IMAGO DEI

A *imago Dei*, que nele se encontra [no Espírito], traz-lhe a *pulsão* do bem, da vida, que rompe as camadas grosseiras das tecelagens cerebrais, a fim de expressar-se em pensamentos, palavras e ações, que assinalam o estágio de saúde real ou de patologias defluentes dos comportamentos impostos pelos instintos.

Responsável pelo amplo discernimento, auxilia a racionalizar o mal, mediante a observância dos resultados dele advindos e dos instrumentos que poderiam ter sido utilizados para efeitos mais consentâneos com o bem-estar e o prazer, em vez de culpa, do arrependimento e da angústia que se lhe instalam no íntimo...

(Vol. 15, cap. 8)

IMATURIDADE PSICOLÓGICA

Como efeito cresce-lhe [no indivíduo] a área dos conflitos da personalidade, com predominância da autocompaixão, num esforço egoísta de receber carinho e assistência, sem a consciência da necessidade de retribuição. [...]

Outras vezes, a imaturidade psicológica reage pela forma de violência, de agressividade, decorrentes dos caprichos infantis que a vida, no relacionamento social, não pode atender.

Uma peculiar insensibilidade emocional domina o indivíduo, que se desloca, por evasão psicológica, do ambiente e das pessoas com quem convive, poupando-se a aflições e somente considerando os próprios problemas, que o comovem, ante a frieza que exterioriza quando em relação aos sofrimentos do próximo.

(Vol. 2, cap. 6)

Já o indivíduo imaturo não se enfrenta, nem a ninguém enfrenta, utilizando-se de mecanismos especiais para evitar definições, assumir compromissos e cumpri-los. Outras vezes, tem facilidade para comprometer-se, como forma de postergar decisões e soluções, transferindo, porém, sempre, a realização.

(Vol. 8, cap. 3)

❖

A imaturidade psicológica e o conflito tornam a vida menos saudável e cheia de suspeitas, que não é averiguada pelos transeuntes do processo da evolução. Mal equipados, tudo observam através das lentes escuras do seu desespero, sem a coragem de retirar os antolhos que impedem a visão clara da natureza e a compreensão dos desafios, que têm por meta conduzir o indivíduo a estágios mais avançados de crescimento interior.

(Vol. 10, cap. 9)

IMPERMANENTE

O impermanente é a materialização transitória da realidade [...].

(Vol. 3, cap. 11)

INCERTEZA

Nas experiências psicológicas de amadurecimento da personalidade, na busca da plenitude, a incerteza é indispensável, pois que ela fomenta o crescimento, o progresso, significando *insatisfação* pelo já conseguido. [...]

Graças à incerteza, que não representa falta de fé, os erros são mais facilmente reparáveis e os êxitos mais significativos. Ela ajuda na libertação, pois que a presença do apego, no sentimento, gera a dor, a angústia. [...]

(Vol. 2, cap. 7)

INCLINAÇÕES MÁS

Essas *inclinações más* ou tendências para atitudes primitivas, rebeldes, perturbadoras do equilíbrio emocional e moral, são heranças e atavismos insculpidos no *Self*, em razão da larga trajetória evolutiva, em cujo curso experienciou o primarismo das formas ancestrais, mais instinto que razão, caracterizadas pelos impulsos automáticos do que pela lógica do discernimento.

(Vol. 12, cap. 5)

As *más inclinações* que induzem ao erro, ao crime, à crueldade, são as heranças perversas que não o abandonaram, jungindo-o ao primarismo que deve ser superado a esforço contínuo, qual a débil plântula fascinada pelo raio de Sol, ascendendo na sua direção, enquanto dele se nutre e submete-se-lhe ao tropismo.

(Vol. 12, cap. 6)

INCOMPREENSÃO

A incompreensão tem raízes em comportamentos íntimos que se mascaram, renovando as formas de agressão e mantendo a mesma acidez.

A inveja é-lhe estimuladora, provocando situações insustentáveis.

A competição malsã encoraja-a, buscando derrubar o aparente adversário.

A malícia favorece o intercâmbio para a sua ação mórbida, espalhando suspeitas e calúnias.

A incompreensão está em germe na alma humana ainda em processo de crescimento.

Herança dos *instintos agressivos*, reponta com insistência nas mentes e busca residência nos corações.

Em razão da inferioridade dos homens, a incompreensão fomenta o desabar de excelentes construções de amor.

(Vol. 7, cap. 4)

INCONSCIENTE

Do ponto de vista psicológico, o inconsciente é *o conjunto dos processos que agem sobre a conduta, mas escapam à consciência*. [...]

Com as notáveis contribuições de Freud e, mais tarde, de Jung, entre outros, o inconsciente passou a ser a *parte da atividade mental que inclui os desejos e aspirações primitivas ou reprimidas*, segundo o mestre de Viena, em razão de não alcançarem a consciência espontaneamente, graças à censura psíquica que bloqueia o conhecimento do ser, mas somente através dos métodos psicoterápicos – revelação dos sonhos, redescobrimento dos fatores conflitivos, dos atos perturbadores e outros – ou dos traumas profundos que afetam o sistema emocional.

Podemos distinguir duas formas de inconsciente: psíquico ou cortical e orgânico ou subcortical.

(Vol. 6, cap. 4)

O eminente psicanalista Carl Gustav Jung estabeleceu que o inconsciente é um verdadeiro oceano, no qual se encontra a consciência mergulhada quase totalmente. É como um *iceberg*, cuja parte visível seria a área da consciência, portanto, apenas cinco por cento do volume daquela montanha de gelo ainda pouquíssimo conhecida. A consciência, ainda segundo o mesmo estudioso, pode ser comparada a uma *rolha flutuando* no enorme *oceano*. [...]

Indubitavelmente, nesse *oceano* encontram-se guardadas todas as experiências do ser, desde as suas primeiras expressões, atravessando os períodos de desenvolvimento e evolução, até o momento da lucidez do *pensamento lógico*, no qual hoje transita com vistas ao estágio mais elevado do *pensamento cósmico* para onde ruma.

É muito difícil dissociar-se o inconsciente das diferentes manifestações da vida humana, porquanto ele está a ditar, de forma poderosa, as realizações que constituem os impulsos e atavismos existenciais.

Indispensável, porém, ter-se em mente a presença do Espírito, que transcende aos efeitos e passa a exercer a sua função na condição de inconsciente, depósito real de todas as experiências do larguíssimo trajeto antropossociopsicológico, de que se faz herdeiro nos sucessivos empreendimentos das reencarnações.

(Vol. 8, cap. 7)

Para Sigmund Freud, tanto quanto para Gustav Jung, o inconsciente somente se expressa através de símbolos, e esses símbolos podem e devem ser buscados para conveniente interpretação através dos delicados mecanismos dos sonhos e da Imaginação Ativa, de modo a serem entendidas as suas mensagens.

As manifestações oníricas oferecem conteúdos que necessitam ser interpretados, a fim de facilitarem o desenvolvimento do indivíduo. Mediante a Imaginação Ativa – tenha-se em conta que não se trata de ficção no seu sentido convencional, mas de uma forma criativa do pensamento – é possível entrar-se no arcabouço dos registros e depósitos do inconsciente, abrindo-lhe as comportas para uma equilibrada liberação, que irá contribuir grandemente para a conduta salutar do indivíduo, proporcionando-lhe uma existência equilibrada.

Permitimo-nos, porém, acrescentar que também através da concentração, da oração, da meditação, e durante alguns transes nas tentativas das experiências mediúnicas, o inconsciente faculta a liberação de várias das impressões que nele jazem, dando origem aos fenômenos anímicos, estudados cuidadosamente pelo nobre codificador do Espiritismo, com muita justiça, um dos identificadores dos arquivos do inconsciente, embora sob outra designação.

Nesse extraordinário *oceano*, ainda segundo os nobres psicanalistas referidos [Freud e Jung], formidandas forças estão trabalhando, ora em favor, ora contra o ser, que necessita decifrar todos esses enigmas de modo a conseguir sua realização interior quanto exterior. Nele se encontram em depósito os mitos e as fantasias, as lendas e superstições de todos os povos do passado e do presente, e, no seu mais profundo âmago, nascem ou dormem as personalidades paralelas que se incorporam à existência individual gerando conflitos e transtornos neuróticos.

(Vol. 8, cap. 7)

[...] no inconsciente é que estariam a presença e o significado de Deus, do Espírito, das percepções em torno da Divindade... [...]

(Vol. 8, cap. 7)

Toda essa energia de que é portador o inconsciente pode ser canalizada para a edificação de si mesmo, superação dos medos e perturbações, dos fantasmas do cotidiano, que respondem pela insegurança e pelo desequilíbrio emocional do indivíduo.

(Vol. 8, cap. 7)

O inconsciente comanda o Eu consciente através de automatismos muito bem elaborados durante todo o percurso socioantropológico, permanecendo mais na área do *instinto primário* repetitivo do que no racional lúcido, bem delineado.

Os automatismos do inconsciente funcionam de tal forma que se faz necessário racionalizar os atos, a fim de adquirir consciência da própria realidade, em processo do pleno autodescobrimento.

(Vol. 10, cap. 6)

O inconsciente é uma floresta densa, *a parte submersa de um iceberg*, flutuando sobre as águas tumultuadas da existência física.

(Vol. 15, cap. 1)

INCONSCIENTE COLETIVO

[...] Jung concebeu o inconsciente coletivo, que seria uma presença no indivíduo com todas as experiências e elementos mitológicos do grupo social, *decorrentes da estrutura hereditária do cérebro humano.*

O subconsciente psicológico ou subcortical – fisiológico, instintivo – é automático, inicial, natural, corresponde ao *id* de Freud e aos arquétipos de Jung, enquanto o orgânico ou cortical responde pelos condicionamentos de Pavlov, pelo *polígono* de Grasset e os *traumas* e *recalques* estudados pela Psicanálise.

Acreditava-se, anteriormente, que o *ser subcortical* era um amontoado de automatismos sob o direcionamento dos instintos, das necessidades fisiológicas. A moderna visão da Psicologia Transpessoal, no entanto, demonstra que a consciência cortical não possui espontaneidade, manifestando-se sob as ocorrências do mundo onde se encontra localizada. Por isso mesmo, esse inconsciente é o Espírito, que se encarrega do controle da *inteligência fisiológica* e suas memórias – campo perispiritual –, as áreas dos instintos e das emoções, as faculdades e funções paranormais, abrangendo as mediúnicas.

Nesse subcórtex [subcortical], Jung situou o seu inconsciente coletivo, concedendo-lhe atributos quase divinos.

Modernamente, a Genética descartou a transmissão cromossômica, encarregada dos caracteres adquiridos. Esse inconsciente coletivo seria, então, o registro mnemônico das reencarnações anteriores de cada ser, que se perde na sua própria historiografia.

Felizmente o ser não tem consciência de todas as ocorrências do córtex, que as registra automaticamente – inconsciente cortical –, pois se o conhecera, tenderia sua vida psíquica a um total desequilíbrio.

(Vol. 6, cap. 4)

Prosseguindo nas pesquisas do mestre [Freud], Carl G. Jung concluiu pela realidade do inconsciente coletivo, que reúne todas as realizações e vivências das gerações passadas, inclusive as animais, por onde teria passado o ser humano, apresentando as suas consequências na expressão atual.

Aprofundando-se, porém, a sonda da investigação no abismo do inconsciente humano, as heranças coletivas constituem as experiências individuais das reencarnações anteriores, proporcionando o armazenar das conquistas e prejuízos que permanecem na memória extracerebral – no perispírito –, não poucas vezes ressumando em paz, quando saudáveis ou em conflitos, se procedentes de erros e defecções morais.

(Vol. 10, cap. 10)

[...] as *personificações dúplices (múltiplas)* ou *parasitárias* pertenceriam ao inconsciente coletivo, no qual estariam todas as informações ancestrais do conhecimento, mesmo que arquivadas de forma não consciente.

Esse inconsciente coletivo se encarregaria de guardar todos os dados que podem ser acessados a qualquer momento por todas e quaisquer pessoas, superando as dimensões de tempo e de espaço, acumulados desde os primórdios do conhecimento do ser no seu processo evolutivo, abrangendo a fase primária e prosseguindo até o momento cultural que se vive. Não apenas em relação a si mesmo, mas igualmente a respeito de tudo quanto haja ocorrido. Desse inconsciente coletivo surgiriam os arquétipos primordiais, responsáveis por todos os fenômenos psicológicos, conscientes ou não, identificáveis através dos sonhos, que responderiam aos estímulos que os podem desencadear, muitas vezes surgindo como *complexos*, que são os grupos de conceitos portadores de significativa carga emocional.

(Vol. 12, cap. 1)

[...] corresponde às experiências vivenciadas por cada indivíduo no processo da evolução, passando pelas etapas reencarnacionistas, nas quais transitou nas diversas fases do desenvolvimento antropossociopsicológico de si mesmo. Atravessando os diferentes períodos da Humanidade, nos quais esteve, arquivou, nos recessos do ser, todas as impressões que ora se encontram adormecidas e podem ser exteriorizadas pelo perispírito.

(Vol. 12, cap. 1)

As impressões que dizem respeito às memórias coletivas nesse grandioso inconsciente têm procedência, porque se referem às vivências individuais ou às informações transmitidas pelos contemporâneos ou ascendentes que as viveram.

(Vol. 15, cap. 1)

Esse inconsciente [coletivo] encontra-se nas camadas mais profundas da psique, constituindo-se os arquivos mais significativos e duradouros de que se têm notícias.

Elucidações psicológicas à luz do Espiritismo

Abarcando o conhecimento geral dos acontecimentos do passado, responde por inúmeros conflitos que assaltam a criatura humana, revelando-se, especialmente, nos sonhos repetitivos, simbólicos e representativos de figuras ou fatos mitológicos, cuja interpretação, além de complexa, constitui um grande desafio. [...]

A sua observação não pode ser realizada de forma objetiva, mas somente penetrada nas suas estruturas, psiquicamente, quando se lhe detecta o essencial. Não pode ser constatado, mas aceito por conclusão, o que também não tem como ser negado. [...]

É ele o responsável pelas imposições sobre a consciência, comandando-a quase, assim dando lugar à existência dos arquétipos, que são as suas seguras manifestações. Enquanto a consciência é apenas uma pequena parte da realidade, ele é a quase totalidade na orientação do ser humano.

Numa análise moderna, tendo por alicerce os conceitos reencarnacionistas, pode-se afirmar que essas fixações, que pertenceriam aos tempos passados, também resultam de experiências que foram vividas pelo *Self*, nas épocas e situações, nos povos e culturas que tem arquivados e periodicamente expressa.

(Vol. 15, cap. 9)

INCONSCIENTE COLETIVO / INCONSCIENTE INDIVIDUAL

No inconsciente coletivo, encontram-se arquivados toda a história da Humanidade, os diferentes períodos vivenciados, abrindo pequeno espaço ao inconsciente individual, encarregado dos registros atuais, desde a concepção até a atualidade.

(Vol. 15, cap. 1)

INCONSCIENTE INDIVIDUAL

As impressões armazenadas em camadas abaixo da consciência constituem a área que Freud denominou como inconsciente, enquanto que Jung passou a nomeá-la como inconsciente individual, com a finalidade de diferenciá-lo daquele que chamaria de *coletivo*. Esse inconsciente individual regista e armazena as informações que foram registradas ou não pela consciência, qual sucede quando alguém está realizando uma atividade e, simultaneamente, outros fenômenos ocorrem à sua volta sem que sejam percebidos pela consciência. [...]

(Vol. 12, cap. 1)

Nos refolhos do inconsciente individual do ser estão registrados todos os acontecimentos referentes às existências transatas do Espírito em processo de evolução. Suas lutas e glórias imprimem-se como conquistas inalienáveis de vitórias sobre as paixões e os limites que o tipificam, impulsionando-o a avanços mais significativos. Da mesma forma, suas quedas e fracassos, seus compromissos não atendidos e deveres transformados em desequilíbrios, que o levaram a comprometimentos infelizes, deixando marcas de desaires e perturbações na retaguarda, fixam-se-lhe nos painéis delicados, que ressumam nos novos mecanismos de crescimento como conflitos e complexos, ora de superioridade, quando foram positivos, ora de inferioridade, quando negativos, assinalando-o de forma grave, que o atormenta, no último caso, e, às vezes, o conduz ao desvario.

(Vol. 12, cap. 4)

INCONSCIENTE PROFUNDO

Esse inconsciente profundo, porém, que alguns psicólogos transpessoais e mentalistas denominam como *sagrado*, é *depósito* das experiências do Espírito eterno, do Eu superior, da realidade única da vida física, da causalidade existencial...

A identificação da consciência com esse *ser profundo* proporciona conquistar a lucidez sobre as realizações das reencarnações passadas, num painel de valiosa compreensão de *causas e efeitos* próximos como remotos.

(Vol. 6, cap. 4)

INDIFERENÇA

Vício mental profundamente alienador, arraigado nos derrotistas, a indiferença termina por *matar* os sentimentos, levando o paciente a patologias mais graves na sucessão do tempo.

Caracteriza também a personalidade esquizofrênica de muitos títeres e algozes da Humanidade, a insensibilidade que resulta da indiferença, quando praticam crimes, por mais hediondos sejam.

Inicia-se, às vezes, numa acomodação mental em relação aos acontecimentos, como mecanismo de defesa, para poupar-se a trabalho ou a preocupação, caracterizado num triste conceito: – *Deixa prá lá*.

(Vol. 6, cap. 9)

A indiferença, não poucas vezes, assume a postura falsa de humildade, permanecendo fria ante os acontecimentos e alienando a criatura dos jogos humanos. É uma forma patológica de comportamento, que perturba a clareza do discernimento.

(Vol. 6, cap. 11)

A indiferença, que muitas vezes aflige aqueles que lhe padecem a postura, é um recurso de fuga psicológica de quem se sente incapaz de competir ou de aceitar o insucesso da pretensão anelada. Não se considerando em condições de compensar a perda, diminui a intensidade do sentimento afetivo e revida ao que considera como ofensa, em forma de morte da emoção.

(Vol. 13, cap. 1)

INDIVIDUAÇÃO

Tornar-se um ser total, original, único, é a proposta da *individuação*, que liberta a consciência das constrições mais vigorosas do inconsciente dominador. [...]

Buscando a *individuação*, percebe-se que as contribuições do mundo exterior imprimem, no ser, valores que não são verdadeiros para o seu nível de maturidade e que somente possuem legitimidade aqueles que lhe procedem do âmago, do seu inconsciente, agora em sintonia com a consciência lúcida. [...]

(Vol. 8, cap. 7)

Aprofundar a busca no oceano do inconsciente para eliminar os conflitos decorrentes das várias ocorrências passadas – as atuais e as das reencarnações anteriores – e conseguir a *individuação*, eis a meta que aguarda aquele que deseja estar desperto, consciente da sua realidade e que luta em favor da sua iluminação interior e felicidade total.

(Vol. 8, cap. 7)

A *individuação* é um convite severo ao ser humano, que deve aprofundar reflexões em torno da sua existência como ser real e não imaginário ou fugaz, que é construtor das próprias realizações e que responde pelas consequências mórbidas da conduta irregular.

[...] Faz-se necessário, portanto, harmonizar o sentimento com o pensamento, a sensação com a intuição em um processo de identificação de valores de que cada qual se constitui, a fim de que se realize a *individuação*. [...]

A viagem na busca da identidade, da *individuação*, conscientiza o ser de que para alcançar a luz é necessário superar as trevas que frequentemente surgem pelo caminho, as heranças inevitáveis dos comportamentos pretéritos...

Desse modo, os indivíduos tornam-se mais seguros de si mesmos, portadores de melhores recursos na saúde, robustecidos de forças para enfrentar vicissitudes e ocorrências agressivas, não derrapando para o fosso da desistência da luta ou para o envolvimento nos tecidos fortes e sombrios da amargura.

(Vol. 12, cap. 4)

Genericamente, individuação é o processo que tem por objeto individuar, isto é, apresentar e definir qualquer expressão individual. [...]

Sob o ângulo psicológico, o princípio da individuação enseja o desenvolvimento de uma pessoa para conquistar a sua realidade própria com as suas características e autônoma sob os vários aspectos considerados.

O eminente Dr. Carl Gustav Jung considera, no entanto, a *individuação*, como sendo *todo um processo intrapsíquico duradouro e autônomo, através do qual a psique consciente assimila os conteúdos que permaneciam inconscientes na imensa área do inconsciente pessoal e coletivo*. É o momento da conquista da consciência, do discernimento claro, da conscientização do Si mesmo. Esse processo pode dar-se naturalmente ou através de cuidadosa psicoterapia.

Graças a essa conquista é possível separar a personalidade individual do coletivo, ao tempo em que se adquire consciência de responsabilidade social e humana pelo coletivo. [...]

A busca da *individuação* constitui o grande desafio existencial, especialmente para aqueles que conduzem as pesadas cargas procedentes das reencarnações passadas, que desencadeiam conflitos e tormentos que necessitam de conveniente psicoterapia, a fim de serem superados, já que esses fatores ultrapassam os conhecidos conteúdos responsáveis pelos transtornos neuróticos e psicóticos. No Espírito, portanto, jazem as causas profundas do desequilíbrio que deve ser revertido durante o processo libertador pela *individuação*.

(Vol. 12, cap. 11)

A individuação não é uma conquista fácil, tranquila, mas resultante de esforços contínuos, devendo passar, às vezes, por fases de sacrifícios e de renúncias. Ninguém consegue uma vida de bem-estar sem o imposto exigido em forma de contínuas doações de dor e de coragem, enfrentando todas as situações com estoicismo, sem queixas, porque, à semelhança de quem galga uma elevação, à medida que se esforça para consegui-lo, beneficia-se do ar puro, do melhor oxigênio.

A individuação é o *oxigênio puro* de manutenção do ser.

A conquista desse estado *numinoso* pode ser comparada a uma forma nova de religiosidade, na qual se consegue a harmonia entre a vida na Terra e no céu.

(Vol. 15, cap. 5)

A individuação apresenta-se, a partir desse momento, como todo esse esforço para a união das duas *pulsões* em uma única expressão de vida, que é aquela encarregada de propiciar harmonia, eliminando ou superando os desvios do passado que respondem pelos sofrimentos e conflitos tanto individuais como coletivos.

(Vol. 15, cap. 8)

A busca do significado na existência humana deve expressar-se no rumo da individuação, o que equivale a dizer, da própria identidade, que não se circunscreve ao conceito de individualismo, mas de individualidade, que induz ao conhecimento real do que se é, e não apenas do que parece ser no turbilhão das exterioridades do *ego*.

Para o eminente Jung, o criador do termo, o significado é que a *existência se realize* como individualidade do *Self*, como perfeita integração do Si mesmo, *da sua totalidade*, o que não significa *sua perfeição, que constitui um ideal...*

Trata-se do esforço que deve ser envidado para que se alcance a perfeita consciência da sua realidade, sem disfarces, como realmente cada um é, sem o conflito de somente apresentar-se com características que não são verdadeiras. [...]

Essa individuação pode apresentar-se num conteúdo espiritual, artístico, cultural, científico, de qualquer natureza, porquanto a sua meta é a ampliação da consciência além dos limites habituais em forma de compreensão da vida em todas as suas dimensões.

Isso se dá através das transformações dos conceitos existenciais, conduzindo o indivíduo à superação dos arquétipos perturbadores – *persona, sombra, anima-us* – em uma consciente integração. [...]

No conceito junguiano, a individuação plena e total não pode ser conseguida, por motivos óbvios, em face da sua transcendência à consciência, o que significa a momentânea impossibilidade de o Espírito alcançar os horizontes infinitos da perfeição, somente pertencente a Deus.

(Vol. 15, cap. 8)

O conceito, portanto, de individuação, de totalidade, abrange a conquista dos conteúdos possíveis de conscientização, que desaparecem nos significados psicológicos elevados que cada qual estabelece como sua meta existencial.

(Vol. 15, cap. 8)

[...] a busca da individuação é também a maneira psicológica de encontrar-se o melhor meio para o bom relacionamento com o *Si-mesmo*, com o outro, com a sociedade.

(Vol. 15, cap. 8)

A individuação é a conquista mais expressiva do processo evolutivo do ser humano. Aparentemente se resume na vitória do *Self* em relação à *sombra* e ao *ego*, assim como à superação dos arquétipos responsáveis pelos transtornos emocionais e enfermidades de outra natureza que facultam ao ser humano a perfeita compreensão da vida e das suas finalidades.

(Vol. 16, cap. 11)

INDIVIDUALIDADE

[...] é a soma de todas as realizações nas sucessivas reencarnações.

(Vol. 5, cap. 1)

Somatório de todas as experiências, a individualidade é o ser pleno e potente, que alcançou a autorrealização.

Imperecível, a individualidade é o Espírito em si mesmo, que reúne as demais dimensões e sabe conscientemente o que fazer, quando fazê-lo e como realizá-lo, para ser a pessoa integral, ideal.

(Vol. 5, cap. 2)

Etapa a etapa, passo a passo, são realizados progressos que se fixam mediante os hábitos que se incorporam à individualidade, que resulta do somatório das vivências das multifárias reencarnações.

(Vol. 8, cap. 2)

INDIVIDUALISMO

O individualismo é recurso de fuga das propostas da vida, desvio de rota psicológica, porque não avança holística e socialmente para o todo, para o conjunto que não se pode desagregar sob pena de não sobreviver.

(Vol. 9, cap. 6)

INDIVÍDUO

[...] *Chispa do Psiquismo Divino* [...].

(Vol. 10, cap. 1)

O indivíduo é a medida das suas realizações interiores e de toda a herança que carrega no seu inconsciente, o que equivale a dizer que é o resultado inevitável da sua longa jornada evolutiva, na qual, passo a passo, se liberta do instinto mediante o uso correto da razão, desta passando para a intuição.

(Vol. 10, cap. 3)

Cada indivíduo é portador da herança dos próprios atos, que passam a constituir-lhe o patrimônio da evolução permanente. Se erra, recomeça a experiência; quando acerta e se desincumbe a contento do compromisso, incorpora-o ao patrimônio já conquistado.

(Vol. 10, cap. 5)

INDIVÍDUO ver também HOMEM e SER HUMANO

INDIVÍDUO *PSI*

O ser *organicista,* em razão disso [da certeza de um agente racional e lúcido, o Espírito], cede lugar ao indivíduo *psi* ou espiritual, portador de percepções extrassensoriais e faculdades mediúnicas, que lhe constituem instrumentos de trabalho e progresso, mediante as experiências continuadas na esteira das reencarnações.

(Vol. 5, cap. 1)

INDIVÍDUO SAUDÁVEL

O indivíduo saudável é aquele que orienta as emoções organizadamente, lutando contra os obstáculos que se lhe apresentam, e que são parte do processo no qual se encontra mergulhado, o que mais lhe desenvolve a capacidade de crescimento e de armazenamento de conhecimentos.

(Vol. 9, cap. 8)

INDIVÍDUO TRANQUILO

O indivíduo tranquilo, porque portador de confiança em si mesmo, não se atormenta quando enfrenta situações novas e desafiadoras, agindo com serenidade, sem a preocupação exagerada de parecer bem, de fazer-se detestado, de eliminar o outro ou de sobrepor-se a ele... É natural e espontâneo, aberto aos relacionamentos interpessoais, respeitador das ideias e condutas do outro, embora não abdicando das suas próprias nem as mascarando para agradar, ou exibindo-as para impô-las...

Dialoga com suave emotividade, assinalando aquele que o ouve com algo agradável e duradouro que brinda no contato estabelecido. Por sua vez, recebe também alguma dádiva, que irá contribuir para o seu crescimento íntimo.

(Vol. 6, cap. 2)

INFÂNCIA

A infância é o exemplo natural da verdadeira alegria. Porque ainda não tem consciência de culpa, toda ela esplende num sorriso, entrega-se à espontaneidade, exulta no contato com as coisas simples, com os pequenos animais, com os brinquedos, e até mesmo com ocorrências perigosas. Dir-se-á que essa atitude é resultado da inocência. Sua nudez é natural, todas as suas expressões são destituídas de objetivo.

Pode-se compará-la ao estado de *pureza* das figuras mitológicas de Adão e Eva, no Paraíso, antes da sedução pela *serpente*, a fim de que provassem da árvore do *bem* e do *mal*, após o que se descobriram, e experimentando *consciência de culpa*, esconderam-se...

(Vol. 10, cap. 4)

A infância é caracterizada por duas qualidades especiais, que são a inocência e a liberdade.

Embora o Espírito, em si mesmo, tenha experienciado muitas existências corporais, o estado de infância é de aquisição de conhecimentos, de superação de conflitos antigos, de preparação para o esquecimento.

Nessa fase, em que o processo da reencarnação se faz em maior profundidade, muitas lembranças pairam nebulosas na área do inconsciente, que lentamente se vão apagando, a fim de facultar a aquisição de novos e valiosos recursos para o autocrescimento moral e intelectual.

No período infantil, por isso mesmo, instalam-se os pródromos dos futuros conflitos que aturdem a criatura humana nas diferentes etapas de desenvolvimento psicológico, se a verdadeira afetividade e respeito pelo ser em formação não se fizerem presentes.

(Vol. 10, cap. 6)

❖

A infância é, sem dúvida, o período experimental para a construção de um comportamento espontâneo, sinalizado pela alegria de viver e pela disposição para crescer, desenvolvendo todos os valores que dormem no âmago do ser.

(Vol. 10, cap. 6)

INFORTÚNIO

O infortúnio é resultado das ações negativas ou dos comportamentos enfermiços que predominam nos arquivos do subconsciente que, por sua vez, conspira com firmeza contra as aspirações novas, inabituais, vencendo-as.

(Vol. 6, cap. 7)

INGRATIDÃO

Ingratidão, que é desapreço, apresenta-se como grave imperfeição da alma, que deve ser corrigida. [...]

A ingratidão é chaga moral purulenta no indivíduo, que debilita o organismo social onde se encontra.

(Vol. 1, cap. 19)

A ingratidão é bafio pestilento que contamina os outros com os seus miasmas e pode torná-los semelhantes. [...]

A ingratidão é síndrome de atraso moral e de perturbação emocional que infelizmente sempre grassou na sociedade de todos os tempos. [...]

[...] A ingratidão é descendente da inveja mórbida que não consegue *perdoar* quem se lhe apresenta com recursos superiores aos que porta. É rude de propósito, porque não podendo igualar-se, gera perturbação e desconfiança, a fim de atrair para baixo quem se lhe encontra em situação melhor. [...]

Sob o ponto de vista psicológico, a ingratidão é síndrome de insegurança e de graves conflitos íntimos que aprisionam o ser atormentado.

(Vol. 16, cap. 9)

INGRATO

O ingrato é enfermo que se combure nas chamas do orgulho maldissimulado, da insatisfação perversa. A si todos os direitos e méritos se atribui, negando ao benfeitor a mínima consideração, nenhum reconhecimento.

(Vol. 1, cap. 19)

INIBIÇÃO

A inibição, essa resistência psicológica íntima, a pessoas, acontecimentos e condutas, é causa de muitos males na área da emoção. Empurra o paciente para reflexões pessimistas e autodestrutivas como forma de autorrealização doentia.

(Vol. 9, cap. 9)

A inibição é tóxico que asfixia, produzindo distúrbios emocionais e físicos, transtornando a sua vítima e empurrando-a para o poço venenoso da alienação. Ali, os tóxicos dos receios injustificados asfixiam-na, produzindo-lhe enfermidades físicas e psíquicas em cujas malhas estorcega em demorada agonia.

(Vol. 9, cap. 9)

INIMIGO

Os inimigos mais cruéis, todavia, permanecem no imo das próprias criaturas, que os vitalizam com o orgulho, o egoísmo e o disfarce da acomodação social aparente.

(Vol. 1, cap. 20)

INSATISFAÇÃO

A insatisfação decorre da ignorância, do desconhecimento do Eu profundo e das suas inesgotáveis possibilidades. Supondo-se, equivocadamente, que tudo está feito e terminado, a entrega a esse fatalismo gera saturação, desmotivando para novas conquistas.

(Vol. 6, cap. 9)

INSTINTO DE REPRODUÇÃO

Herança animal predominante em a natureza humana, o instinto de reprodução da espécie exerce um papel de fundamental importância no comportamento dos seres. Funcionando por impulsos orgânicos nos irracionais, expressa-se como manifestação propiciatória à fecundação nos ciclos orgânicos, periódicos, em ritmos equilibrados de vida.

No homem, em face do uso, que nem sempre obedece à finalidade precípua da perpetuação das formas, experimenta agressões e desvios que o desnaturam, tornando-se o sexo fator de desditas e problemas da mais variada expressão.

(Vol. 2, cap. 7)

INSTINTO GREGÁRIO

O instinto gregário, que predomina no animal e se expande ao ser pensante, estimula o *ego* ainda não doentio à preservação do clã, gerando apegos que constituem automático recurso de que se utiliza para a defesa dos *seus*... Os interesses gravitam em torno do grupo doméstico, desenvolvendo a capacidade interior de zelo e proteção, que será ampliada mais tarde para todo o grupo social onde se movimenta, e, naturalmente, para a Humanidade que lhe é a grande e legítima família.

(Vol. 10, cap. 7)

INSTINTOS PRIMÁRIOS

Enquanto haja predominância egoica no ser, as suas serão aspirações imediatistas, pertinentes aos *instintos primários* que mantêm o indivíduo na furna dos mecanismos conflitivos sem coragem de sair da sombra para vir fora da caverna onde se oculta e tem uma visão defeituosa da realidade, que se lhe apresenta como projeções escuras...

(Vol. 10, cap. 6)

INTEGRAR-SE

[...] Integrar-se não significa perder-se, tornar-se invisível na massa, mas identificar-se com as suas propostas, harmonizar-se com ela, sem deixar de ser a própria estrutura, seus ideais e ambições, seus esforços e anelos, porquanto a harmonia sempre depende do equilíbrio das diferentes partes que constituem o todo.

(Vol. 9, cap. 11)

INTEGRIDADE MORAL

A busca da integridade moral, porém, que resulta do amor, deve ser a meta a ser atingida por todos aqueles que se preparam para uma existência feliz.

(Vol. 10, cap. 8)

INTEIREZA MORAL

A inteireza moral orienta como se deve fazer o que lhe diz respeito, sem o concurso da dissimulação ou dos artifícios insensatos.

O conhecimento do dever estimula à sua desincumbência correta.

(Vol. 7, cap. 24)

INTELIGÊNCIA

A inteligência, que procede da Progenitura Espiritual, é semelhante ao sêmen que carrega todos os elementos orgânicos futuros que lhe cumpre desenvolver, desde que haja condições propiciatórias para a fecundação e manifestação das suas potencialidades, atendendo, dessa forma, a uma fatalidade pré-estabelecida, que pode ser considerada como a plenitude de todas as funções e faculdades.

(Vol. 10, cap. 6)

A inteligência pode ser definida como a faculdade de conhecer e que se expressa em formas e conteúdos variados. É o veículo portador do conhecimento e da compreensão das ocorrências, bem como dos instrumentos através dos quais sucedem, constituindo-se *uma substância de natureza espiritual.*

São muitas as definições de inteligência, e W. Stern elucida que é *capacidade de sintonizar o pensamento com novas exigências ou como a capacidade geral do Espírito de adaptar-se a novas tarefas e condições de vida.*

Para Claparède *a inteligência integral realiza uma atividade mental de pesquisa, que compreende diversas fases: questão, formulação de hipóteses e verificação,* sempre com o objetivo de proporcionar ao ser humano uma adaptação consciente aos desafios e *situações novas.*

Graças à inteligência é que os mais complexos mecanismos do Cosmo universal e do individual têm sido compreendidos. Observando a Natureza, a inteligência tem-na copiado, assim ensejando enriquecimento cultural e psicológico de alto significado. [...]

(Vol. 12, cap. 2)

INTELIGÊNCIA EMOCIONAL

[...] aquela que faculta a percepção e compreensão dos sentimentos próprios bem como das demais pessoas.

Graças a essa conquista e entendimento dos valores, o ser humano mais se enriqueceu, mediante o desenvolvimento do seu QE (Quociente Emocional), desenvolvendo recursos e aptidões adormecidos que lhe dão amplitude para o relacionamento humano e social, bem como para o equilíbrio das emoções e do êxito nos empreendimentos encetados.

(Vol. 12, cap. 2)

INTELIGÊNCIA ESPIRITUAL

[...] aquela que permite situar a vida e os sentimentos em um contexto mais extenso e significativo, propiciador de objetivos mais duradouros e profundos, que facilita o entendimento para a escolha de um em detrimento de outro caminho para a autorrealização. Essa Inteligência Espiritual (QS) pode ser considerada como base de sustentação para as duas outras, oferecendo-lhes meios para a realização plenificadora de cada pessoa. [...]

A descoberta e constatação da Inteligência Espiritual (QS), neste momento, faculta a compreensão da complexidade da alma humana, analisando os dados fornecidos pelo pensamento e elaborando os programas mais compatíveis com as suas necessidades e aspirações no complexo movimento da busca da plenitude. [...]

As pesquisas realizadas mediante a utilização de pósitons permitem constatar-se que, nas discussões de natureza religiosa ou espiritual, toda vez que o tema versa a respeito de Deus e do Espírito, da vida transcendental e dos valores da alma, de imediato se produz uma iluminação no campo referido, demonstrando ser aí que se sedia a Inteligência Espiritual.

É, portanto, essa Inteligência que conduz ao cerne das coisas e facilita a compreensão do abstrato, particularmente quando se refere aos valores da imortalidade da alma, da fé religiosa, da Causalidade universal, do bem, do amor...

(Vol. 12, cap. 2)

INTELIGÊNCIA ESPIRITUAL *ver também* PONTO DE LUZ

INTELIGÊNCIA INTERPESSOAL

[...] se responsabiliza pelo relacionamento social, pela observação e acompanhamento das ocorrências, pela capacidade de poder discernir, respondendo de forma consciente aos variados estados espirituais, aos diferentes temperamentos com os quais se deve lidar, aos cuidados que devem ser direcionados no trato com as demais pessoas, que extrapolam à robotização intelectual.

(Vol. 8, cap. 11)

INTROJEÇÃO

Outro mecanismo de disfarce do *ego* [além da compensação, deslocamento, projeção e racionalização] é a introjeção, que se caracteriza como a *conscientização* de que as qualidades das pessoas lhes pertencem. Os valores relevantes que são observados noutrem são traços do próprio caráter, constituindo uma armadilha – defesa do *ego*.

(Vol. 5, cap. 7)

INTROSPECÇÃO

A introspecção cria o clima de segurança emocional para a realização de cada ação de uma vez e a vivência de cada minuto no seu tempo próprio. Ajuda a manter a calma e a valorizar a sucessão das horas. [...] A introspecção torna-se um ato saudável, não um vício ou evasão da realidade.

(Vol. 2, cap. 3)

INTUIÇÃO

[...] comunicação direta com o Pensamento Universal [...].

(Vol. 11, cap. 1)

A função intuitiva, para Jung, é aquela que proporciona à pessoa a visão do futuro, a percepção de ocorrências que lhe podem ser úteis, não demonstrando maior interesse pelas coisas e acontecimentos atuais à sua volta, nem mesmo do passado, mas sim, pelos porvindouros. Se é extrovertido, sente-se realizado ao conceber e propor ocorrências que se deverão dar, tornando-se pioneiro, idealista, no entanto, sem demonstrar maior interesse por concretizá-las no mundo objetivo. Tratando-se de um intuitivo introvertido, parece-se com um profeta – nele se manifestam os *dons espirituais* – e se comporta de maneira especial. Em geral, os tipos introvertidos são desinteressados dos valores externos, das moedas, das relações que passam pela sua estrutura emocional, avançando no rumo das suas aspirações internas.

(Vol. 12, cap. 4)

Esse conceito sábio [conhecimento do uno] *conduz o pesquisador ao encontro da intuição, veículo sutil para fazê-lo compreender a verdade universal, a Causalidade de tudo e de todos [...].*

Essa intuição, no entanto, é resultado da conquista do superconsciente antenado com as Fontes geradoras da vida, após a superação da sombra e dos outros arquétipos que trabalham pela preservação dos conflitos, da lógica apenas advinda do intelecto, libertados do inconsciente coletivo e integrados no eixo ego–Self.

(Vol. 15, prefácio)

INTUIÇÃO/SENSAÇÃO *ver* SENSAÇÃO/INTUIÇÃO

INVEJA

Remanescente dos atavismos inferiores, a inveja é fraqueza moral a perturbar as possibilidades de luta do ser humano.

Em vez de empenhar-se na autovalorização, o paciente da inveja lamenta o triunfo alheio e não luta pelo seu; compete mediante a urdidura da intriga e da maledicência; aguarda o insucesso do *adversário,* no que se compraz; observa e persegue, acoimado por insidiosa desdita íntima. [...]

Insidiosa, a inveja é resultado da indisciplina mental e moral que não considera a vida como patrimônio divino para todos, senão, para si apenas. [...]

A inveja descarrega correntes mentais prejudiciais dirigidas às suas vítimas, que somente as alcançam se estiverem em sintonia, porém cujos danos ocorrem no fulcro gerador, perturbando-lhe a atividade, o comportamento.

(Vol. 5, cap. 5)

IOGA

A ioga faculta o equilíbrio psicofísico, transformando-se em terapia alternativa de grande valor.

(Vol. 3, cap. 11)

IRREAL

O irreal, que esconde o caráter legítimo e as lídimas aspirações do ser, conduz à psiconeurose de autodestruição.

(Vol. 2, cap. 1)

ISOLACIONISMO

O isolacionismo é sintoma de desajuste emocional, portanto de psicopatologia que necessita seja aplicada uma terapia competente.

(Vol. 8, cap. 9)

JESUS

Jesus é a personagem histórica mais identificada com o homem e com a Humanidade.

Todo o Seu Ministério é feito de humanização, erguendo o ser do instinto para a razão e daí para a angelitude.

Igualmente, é o Homem que mais se identifica com Deus.

Nunca se Lhe refere como se estivesse distante, ou fosse desconhecido, ou temível.

Apresenta-O em forma de Amor, amável e conhecido, próximo das necessidades humanas, compassivo e amigo.

(Vol. 1, cap. 3)

A figura humana de Jesus confirma a Sua Procedência e realização como o Ser mais perfeito e integral jamais encontrado na Terra.

Toda a Sua vida se desenvolveu num plano de integração profunda com a Consciência Divina, conservando a individualidade em um perfeito equilíbrio psicofísico.

Como consequência, transmitia confiança, porque possuía um caráter com transparência diamantina, que nunca se submetia às injunções vigentes, características de uma cultura primitiva, na qual predominavam o suborno das consciências, o conservadorismo hipócrita, uma legislação tão arbitrária quanto parcial e a preocupação formalística com a aparência em detrimento dos valores legítimos do indivíduo.

Portador de uma lídima coragem, insurgia-se contra a injustiça onde e contra quem se apresentasse, nunca se omitindo, mesmo quando o consenso geral atribuía legalidade ao crime.

Paciente e pacífico, mantinha-se em serenidade nas circunstâncias mais adversas; e jovial, nos momentos de alta emotividade, demonstrando a inteireza dos valores íntimos, em ritmo de harmonia constante. [...]

Tornou-se e prossegue como sendo o símbolo do amor integral em favor da Humanidade, à qual auspicia um sentimento humano profundo e libertador.

(Vol. 1, cap. 4)

Revolucionário por excelência, estabelecia a luta de dentro para fora: a morte do homem velho e o nascimento do homem novo.

(Vol. 1, cap. 13)

Jesus foi o protótipo da felicidade.

Amava a Natureza, os homens, os labores simples com os quais teceu as Suas maravilhosas parábolas.

Não condenava as condições terrenas, não as exaltava.

Na posição de Mestre ensinava como se devia utilizá-las, respeitando-as, com elas gerando alegria entre todos, abençoando-as.

Como Médico das almas propunha vivê-las sem pertencer-lhes, assinalando metas mais elevadas, que deveriam ser conquistadas com esforço pessoal.

(Vol. 1, cap. 15)

Psicoterapeuta superior, Jesus não foi apenas o Filósofo e o Psicólogo que compreendeu os problemas humanos e ensejou conteúdos libertadores, mas permanece como Terapeuta que rompeu as barreiras da personalidade dos pacientes e penetrou-lhes a consciência, de onde arrancou a culpa, a fim de proporcionar a catarse salvadora e a recomposição da individualidade aturdida, quando não em total infelicidade.

Possuidor de transcendente capacidade de penetração nos arquivos do inconsciente individual e coletivo, Ele tornou-se o marco mais importante da Psicologia Transpessoal, por adotar a postura mediante a qual considera o indivíduo um ser essencialmente espiritual, em transitória existência física, que faz parte do seu programa de autoburilamento.

Conscientizando as criaturas a respeito da sua responsabilidade pessoal diante da vida, estabeleceu terapias de invulgar atualidade, trabalhando a estruturação da personalidade, como passo de segurança para a aquisição da consciência.

(Vol. 5, cap. 1)

Toda a vida de Jesus é um processo que facilita o crescimento e a dignidade do ser humano.

Seus conceitos, refertos de atualidade, prosseguem sendo uma linguagem dinâmica, desobsessiva, sem compulsão, abrindo elencos de alegria e facultando o desenvolvimento daqueles que os recebem.

Cada passo da Sua vida leva-O a metas adredemente programadas. Sem rotina, mas, também, sem ansiedade, caracteriza-se pela vivência de cada momento, sem preocupação pelo *amanhã*, pois que, para Ele, a *cada dia bastam as suas próprias preocupações.*

A alegria é uma constante em Sua mensagem, apesar das advertências frequentes, das lutas abertas e de sempre *O verem chorar...*

A verdadeira alegria extrapola os sorrisos e se apresenta, não raro, como preocupação que não deprime nem fragiliza.

Torna-se uma constante busca de realizações contínuas, de vitória sobre as circunstâncias e os fenômenos que são naturais no processo da vida.

Sem paradigmas fixos, toda a Sua Doutrina se constitui de otimismo e plenitude.

Quando os Seus seguidores marchavam para o holocausto, o martírio, o testemunho, faziam-no motivados pelo amor, sem fugas psicológicas, sem transferências, em manifestações de fidelidade, joviais e exultantes, sem ressentimentos nem ódios pelos perseguidores, por ser uma opção livre de utilização da vida.

A dinâmica das palavras de Jesus logrou conduzir inumeráveis criaturas à realidade transcendente.

Libertador por excelência, a ninguém impôs fardo, asseverando que o Seu *é leve* e *suave* é a Sua forma de *julgar,* analisar e compreender.

(Vol. 5, cap. 6)

Jesus transcende, desse modo, os estágios do processo de evolução na Terra, porquanto Ele já era o Construtor do Planeta, quando sequer a vida nele se apresentara.

Limitá-lO nas estreitas linhas psicológicas do *anima* como do *animus,* ou simultaneamente, seria cingi-lO a limites do entendimento analítico em forma definitiva, aprisionadora.

Numa visão de psicanálise perfunctória, poder-se-ia situá-lO como sendo uma síntese de ambas as polaridades em harmonia emocional, resultando em equilíbrio fisiológico, retratado no homem que se superou, tornando-se *Modelo e Guia* para toda a Humanidade.

(Vol. 7, cap. 1)

Jesus é o exemplo máximo que deve servir de Modelo, porquanto, mesmo ultrajado, perseguido sistematicamente, perseverou até o fim.

(Vol. 7, cap. 13)

Jesus é o Filho bem-amado de Deus.

Na Sua vida se cumpriram todas as profecias antigas, abrindo campo de luz para as realizações futuras.

O Seu ministério de amor foi um traço de união permanente entre o ontem e o hoje na direção do amanhã eterno.

Ele é como o Sol que esbate as sombras e vivifica com luz e calor.

(Vol. 7, cap. 30)

Jesus é o mais notável Ser da História da Humanidade.

A Sua vida e a Sua Obra são as mais comentadas e discutidas entre todas as que já passaram pela cultura e pela civilização através dos tempos.

(Vol. 11, prefácio)

Exemplo da perfeita identificação da anima com o animus, Ele é todo harmonia que cativa e arrebata as multidões.

(Vol. 11, prefácio)

Jesus não foi o biótipo de legislador convencional. Ele não veio submeter a Humanidade nem submeter-se às leis vigentes. Era portador de uma revolução que tem por base o amor na sua essencialidade mais excelente e sutil, e que adotado transforma os alicerces morais do indivíduo e da sociedade.

(Vol. 11, cap. 1)

A Psicologia Profunda, metodológica e analítica, vê Jesus, o Homem, como triunfador, tirando d'Ele o que a ingenuidade cultural dos primeiros tempos havia-Lhe atribuído, como Deus, Seu filho Unigênito, para situá-lO no nobre lugar de Conquistador, que enfrentou todos os desafios e os venceu com afabilidade e energia, na Sua realeza moral, porque viera para lançar o hífen de luz entre as sombras do mundo e as Esferas de incomparável claridade.

(Vol. 11, cap. 2)

Jesus é o exemplo do ser integrado, perfeitamente destituído de um inconsciente perturbador. Todas as Suas matrizes arquetípicas vêm da herança divina n'Ele existente e predominante.

(Vol. 11, cap. 3)

Surge, então, com a Psicologia Profunda, uma nova *imagem de Jesus*, o Homem que ama, que serve, que espera, que ensina e, pacientemente, intercede junto ao Pai por todos aqueles que estão na retaguarda.

Ele deixa de ser uma lembrança da ortodoxia ou da teologia para tornar-se vivo e atuante, próximo sempre de quem O queira escutar e seguir os Seus ensinamentos atuais e palpitantes.

(Vol. 11, cap. 10)

JESUS-HOMEM

Jesus-Homem é a lição de vida que haurimos no Evangelho como convite ao homem, que se deve deificar.

(Vol. 1, cap. 3)

JÚBILO

O júbilo é defluente da conquista superior da saúde psicológica, por sua vez, da harmonia que deve viger entre o físico, o emocional e o psíquico. [...]

O júbilo deve permanecer no coração de todos os indivíduos, mesmo quando enfrentando situações embaraçosas ou difíceis, pois que proporciona claridade mental, enquanto a sisudez, a mágoa, o autodesprezo podem ser considerados como revides do Eu-infeliz punindo o malsucedido.

(Vol. 15, cap. 4)

JULGAMENTO

O julgamento pessoal, que ignora as causas geradoras dos problemas, demonstra o primitivismo moral do homem ainda "lobo" do seu irmão.

(Vol. 1, cap. 5)

O julgamento legal tem raízes nas conquistas da ética e do direito, do desenvolvimento cultural dos povos e dos homens, concedendo ao réu a oportunidade de defesa enquanto são tomadas providências hábeis para que sejam preservados os seus valores humanos, as suas conquistas de cidadão. [...]

O julgamento, porém, que, insensato, arbitrário e contumaz, decorre da inferioridade do opositor, que apenas vê a própria imagem projetada e odeia-a, sedento de destruição para libertar-se do pesado fardo, ferindo a outrem, é covarde e cruel.

(Vol. 11, cap. 12)

JUNG

Carl Gustav Jung foi possivelmente quem melhor penetrou a realidade do sofrimento, propondo a sua elucidação e cura. Enquanto a preocupação geral se baseava nos resultados físicos, no bem-estar emocional, sob a angulação médica, ele recorreu a dois métodos para encontrar-lhe a gênese e a solução: os sonhos e a imaginação.

Embora reconhecesse que toda generalidade peca por insuficiência de recursos para o atendimento, desde que cada caso é específico e exige uma linguagem terapêutica especial, adotava os dois comportamentos como método eficaz para os resultados saudáveis.

Ao mesmo tempo recomendava o apoio religioso, portador de excelentes contribuições para a *cura da alma*, na qual se sediam todas as causas dos sofrimentos.

A individuação e a marcha na direção do numinoso constituíram-lhe valiosos mecanismos terapêuticos para os problemas dos pacientes que o buscavam.

(Vol. 3, cap. 14)

JUSTIÇA

Tem por objetivo a Justiça reparar o dano causado e corrigir o infrator, tornando-o útil à sociedade na qual se encontra.

A Justiça trabalha em favor da educação, utilizando-se de métodos disciplinares, inclusive limitando a liberdade do delinquente, a fim de poupá-lo, bem como a comunidade, de males mais graves.

(Vol. 1, cap. 7)

JUVENTUDE

A juventude, diga-se com clareza, não é somente um estado biológico atinente a determinada faixa etária. Mas também todo o período em que se pode amar e sentir, esperar e viver, construir e experimentar necessidades novas e edificantes.

O período juvenil, limitado entre a infância e a idade da razão, é de muita significação para o desenvolvimento real do indivíduo, porque abre os espaços existenciais para a aprendizagem, fixação dos conhecimentos, ansiedades de conquistas e realizações, em um caleidoscópio fascinante. É também o período da imaturidade, do desperdício de oportunidades, porque tudo parece tão distante e farto, que os prejuízos de tempo e produção não têm significado profundo, dando nascimento a futuros conflitos que necessitam ser vencidos.

É jovem, porém, todo aquele que aspira aos ideais de enobrecimento humano, esteja transitando por qualquer período existencial, não importa. Mantendo a capacidade de realizar e realizar-se, de produzir e multiplicar, de renovar e renovar-se, desfruta do largo prazo da juventude real.

(Vol. 8, cap. 6)

KUNDALINI

[...] o mais importante a ser considerado nos *chakras* é a denominada energia *Kundalini*, também conhecida pelo nome de *serpente adormecida*, que se manifesta em ascendente pela espinha dorsal, nutrindo-os e sendo, ao mesmo tempo, por eles sustentada. É também responsável pela energização dos nervos.

Quando adormecida na base, atende por automatismo a organização dos *chakras*.

Através da meditação, de exercícios rítmicos, de várias outras técnicas, é despertada e sua energia pode ser canalizada convenientemente, atendendo os *chakras*, ampliando a área da consciência espiritual e facultando saúde física, vitalidade, harmonia nervosa.

Essa, também chamada *serpente de fogo*, permite a aplicação da sua energia no restabelecimento da saúde pessoal, como pode ser aplicada em benefício de outros indivíduos.

(Vol. 3, cap. 11)

LAMENTAÇÃO

Entre os hábitos negativos que se arraigam nas personalidades conflitáveis e inseguras, a lamentação ocupa um lugar de destaque. *Vício* perturbador, deve ser combatido com a lucidez da razão, em face da não justificativa dos argumentos em que se apoia. [...]

A lamentação como a queixa são morbo pestilento de fácil contágio, pelos vapores e vibrações tóxicas que esparzem. [...]

A lamentação é, portanto, obstáculo voluntário que o indivíduo coloca no seu processo de evolução, retardando a marcha do progresso e abrindo espaço para situações perturbadoras e penosas que virão arrancá-lo, mais tarde, da inércia e da autocomiseração, porquanto ninguém pode impedir o crescimento para Deus, que é a fatalidade da vida.

(Vol. 6, cap. 10)

LAR

[...] o lar é o santuário para a vida humana, e não um campo de disputas para a supremacia do *ego* [...].

(Vol. 8, cap. 1)

O lar é, ainda, o santuário do amor, no qual as criaturas se harmonizam e se completam, dinamizando os compromissos que se desdobram em realizações que dignificam a sociedade.

(Vol. 9, cap. 1)

Quando alguém experimenta conflito no lar e não consegue superá-lo, este o seguirá por onde for, porquanto, sendo de natureza interior, necessita ser diluído antes que superado.

A fornalha mais preciosa para o amoldamento do caráter e da personalidade é o lar. [...]

O lar, desse modo, é oficina de crescimento moral e intelectual, mas, sobretudo espiritual, que deve ser aprimorado sempre, abrindo espaço para tornar-se célula eficiente da sociedade.

(Vol. 10, cap. 7)

LEIBNITZ

A partir de Leibnitz, com a teoria das mônadas – cuja diferença entre si estava na forma lúcida como cada qual entendia o mundo, desde o estágio mais inconsciente da alma – que constituem a matéria, até a suprema mônada, que é a consciência superior e absoluta ou Deus, tem início uma nova formulação do ser.

(Vol. 10, cap. 10)

LEI DE CAUSA E EFEITO

A *Lei de Causa e Efeito,* que é Lei da Natureza, imprime os seus códigos em nome da Divina Justiça e a criatura sofre os efeitos malsãos dos seus impulsos não controlados, das suas ações infelizes, da sua persistente rebeldia em não aceitar os convites superiores da ordem e do dever.

Graças a essa Lei, cada qual faz de si o que lhe apraz, com direito a realizar o que lhe pareça próprio, espontaneamente, porém retornando pelo mesmo caminho para recolher a desditosa sementeira, quando forem maus os seus atos, ou coletar as flores e frutos de alegria, quando os produzirem mediante o adubo do amor.

Dessa maneira, os distúrbios de toda procedência – sejam orgânicos, emocionais, mentais – e as ocorrências se apresentem como felicidade ou desdita, alegria ou tristeza, famílias cruéis ou ditosas, afetividade compreendida ou rejeitada, infortúnios ou bênçãos resultam das próprias realizações do ser eterno que se é, não havendo lugar para as fugas espetaculares que se pretendam, escapando-se aos resultados das opções anteriores.

Mediante um contingente de provações ou novas experiências sob o talante dos sofrimentos, porém, com excelentes possibilidades de recuperação, ou através das expiações que encarceram os calcetas nos limites impostos ao corpo ferido pelos dardos perversos dos atos transatos, o Espírito cresce e desenvolve os seus potenciais, porque é irreversível a Lei de Evolução.

(Vol. 12, cap. 11)

LEI DE IGUALDADE

Em toda a Criação vige a *Lei de Igualdade,* graças à qual ninguém frui de felicidade em caráter de exceção. A luta é o clima por onde passam todos os seres na via de evolução.

(Vol. 3, cap. 9)

LIBERAÇÃO SEXUAL

A denominada liberação sexual, sem a correspondente maturidade emocional e dignidade espiritual, rebaixou as fontes genésicas a paul venenoso, no qual as expressões aberrantes assumem cidadania, inspirando os comportamentos alienados e favorecendo a contaminação das enfermidades degenerativas e destruidoras da existência corporal. Ao mesmo tempo, faculta o aborto delituoso, a promiscuidade moral, reconduzindo o homem a um estágio de primarismo dantes não vivenciado.

(Vol. 2, cap. 1)

A denominada *liberação sexual,* demasiadamente difundida, se por um lado fez um grande bem à sociedade, convidando-a à reflexão em torno da sua predominância em a Natureza, que não pode ser negada, por outra forma trouxe também tremendo desafio comportamental ainda não absorvido corretamente no relacionamento entre os indivíduos, gerando crises e perturbações igualmente graves, que têm infelicitado enormemente a maioria dos relacionamentos de toda natureza.

(Vol. 10, cap. 4)

LIBERDADE

A liberdade é um direito que se consolida, na razão direta em que o homem se autodescobre e se conscientiza, podendo identificar os próprios valores, que deve aplicar de forma edificante, respeitando a Natureza e tudo quanto nela existe. [...]

A liberdade começa no pensamento, como forma de aspiração do bom, do belo, do ideal que são tudo quanto fomenta a vida e a sustenta, dá vida e a mantém.

(Vol. 2, cap. 1)

Livre é o Espírito que se domina e se conquista, movimentando-se com sabedoria por toda parte, idealista e amoroso, superando as injunções pressionadoras e amesquinhantes.

(Vol. 2, cap. 1)

Não há liberdade quando se mente, engana, impõe e atraiçoa.
A liberdade é uma atitude perante a vida.
Assim, portanto, só há liberdade quando se ama conscientemente.

(Vol. 2, cap. 1)

A liberdade é Lei da Vida, que faz parte do concerto da harmonia universal.

(Vol. 4, cap. 2)

O destino da criatura é a liberdade, para onde segue com os olhos postos no futuro. Ser livre significa não depender, optando pelo que lhe constitui emulação para a vitória; não ter passado nem inquietar-se pelo futuro, vivendo amplamente o presente em transportes de paz e alegria.

(Vol. 8, cap. 6)

LIBERDADE DE EXPRESSÃO

A liberdade de expressão, aos emocionalmente desajustados, tem permitido que a morbidez e o choque se revelem com mais naturalidade do que a cultura e a educação, por enxamearem mais os aventureiros, com as exceções compreensíveis, do que os indivíduos conscientes e responsáveis.

(Vol. 2, cap. 1)

LIBERTAÇÃO PESSOAL

A libertação pessoal recupera a percepção profunda, por superação do *ego* e dilatação do *Self*, com o consequente triunfo do Espírito sobre a matéria [...].

(Vol. 6, cap. 12)

LITÍGIO

Os litígios são reminiscências do passado, sinais de identificação do atraso em que permanece grande número de membros da sociedade humana.

(Vol. 7, cap. 2)

LOGOTERAPIA

A logoterapia, proposta por Viktor Frankl, convoca o ser para projetar-se no futuro, nas possibilidades ainda não exploradas, que são um manancial inesgotável de recursos que aguardam oportunidade para manifestar-se.

(Vol. 9, cap. 2)

LUTA

A luta fortalece o caráter e capacita o ser para os contínuos desafios, que lhe facultam o crescimento interior. [...]

(Vol. 6, cap. 8)

A luta é um desafio abençoado que a *Lei do Progresso* impõe. Há, no entanto, muita *luta* que se estabelece na Terra.

Há luta pelos valores transitórios, que perdem o seu significado com a morte.

Há luta pela agressividade dos maus em predomínio momentâneo sobre os bons, até que a enfermidade e a velhice vençam os dominadores.

Há luta dos tiranos que esmagam nações e não logram fugir da consciência culpada.

Há luta pelos gozos efêmeros e frustrantes que se transformam em labaredas, assinalando o curso pelas cinzas do já fruído.

Também existe a luta pela renovação dos sentimentos voltados para o bem.

Há luta pela aquisição de valores imperecíveis, que dão sentido à existência física.

Há luta pela superação de paixões primitivas, que pertencem às experiências do passado.

Há luta pelo aformoseamento do caráter, pela iluminação da inteligência e glória das ações no processo da evolução.

Há luta pelo autodescobrimento. [...]

A luta, porém, também leva à desordem aquele que se lhe entrega entre tormentos não equacionados e conflitos não resolvidos. É imprescindível distinguir o tipo de luta a que se deve aplicar o indivíduo.

(Vol. 7, cap. 8)

A luta é o elemento indispensável para o crescimento interior do ser humano, o desenvolver-lhe das aptidões adormecidas, o recurso precioso para o seu engrandecimento. Através do empenho e dos desafios que proporciona, fende a concha do primarismo em que se encarceram os valores elevados e faculta-lhes o desabrochar e o atingir da plenitude. [...]

A luta que aguarda o ser humano é longa e sem quartel, facultando-lhe a realização dos objetivos existenciais, mas também daqueloutros de natureza espiritual, que são fundamentais para o encontro da saúde integral, da plenitude.

(Vol. 10, cap. 9)

MÃE

A *imagem da mãe,* de alguma forma respondendo por muitos conflitos, é também criadora de saudáveis estímulos. Seus sacrifícios e dedicação, as horas infindáveis de vigília e de renúncia de si mesma em favor da prole, as melodias que cantou nos ouvidos dos recém-nascidos e todas as promessas que se foram tornando realidade merecem ser levadas em conta, repensadas e transferidas para todo ser senciente.

(Vol. 3, cap. 5)

MÃE *ver também* MATERNIDADE

MÁGOA

A mágoa é consequência da imaturidade psicológica, e a atitude retraída, desconfiada, resulta de predominância da nossa *natureza animal sobre a natureza espiritual.*

(Vol. 5, cap. 7)

MAL

[...] o mal é a tentativa incorreta de agir na busca do melhor. Assim, cada instante merece o investimento da atenção, dos cuidados que se pretende direcionar para as ocorrências do futuro. [...]

(Vol. 6, cap. 8)

O mal é tudo aquilo que se apresenta negativo e de feição perniciosa, que deixa marcas perturbadoras e afligentes. [...]

O mal, remanescente dos *instintos agressivos*, predomina enquanto a razão deles não se liberta, sob a dominação arbitrária do *ego*, que elabora interesses hedonistas, pessoais, impondo-se em detrimento de todas as demais pessoas e circunstâncias.

(Vol. 9, cap. 3)

No sentido inverso [ao do bem], quando o mal, que corresponde às expressões de ira e revolta, de pessimismo e de mágoa, de violência e equivalentes, impõe-se, os choques emocionais produzem descargas de adrenalina e outras substâncias que alteram a circulação do sangue, sobrecarregam os *tecidos sutis do perispírito*, agredindo as matrizes responsáveis pela renovação celular, assim instalando enfermidades ou desenvolvendo as que já se encontram em embrião.

(Vol. 10, cap. 5)

O mal, por sua vez, é tudo quanto gera aflição, que se transforma em problema, que trabalha pelo prejuízo de outrem e do grupo social, levando ao desconforto moral, à destruição... Entretanto, do ponto de vista educacional, se for observada criteriosamente essa ocorrência, poder-se-á constatar que muito mal de determinado momento, administrado corretamente, pode transformar-se em grande bem. Por outro lado, o que pode parecer um mal para determinado indivíduo, proporciona-lhe o despertar da consciência, o caminho que o levará ao autodescobrimento.

(Vol. 15, cap. 8)

[...] O denominado mal é uma presença natural no psiquismo, como as experiências negativas do primarismo, que se inscreveram no cerne do ser, definindo os rumos que normalmente se alteram quando a dor se instala e a necessidade de ser feliz apresenta-se em caráter de urgência.

(Vol. 15, cap. 8)

MANIQUEÍSMO

O Maniqueísmo, por exemplo, criado por Manés, nascido na Pérsia, no século III d.C., depois do *aparecimento de um anjo, por duas vezes*, levou-o a selecionar os princípios de algumas doutrinas orientais existentes, do Zoroastrismo e do Cristianismo, estabelecendo que o bem e o mal estão presentes na vida de todos os indivíduos e que o mundo encontra-se dividido exclusivamente nessas duas constantes, sendo o objetivo da existência a vitória da luz contra a treva, da verdade contra a impostura...

O Maniqueísmo espalhou-se com muita facilidade pelo mundo de então, apresentando os dois lados do comportamento em forma de sombra e de claridade, no qual os justos, que a tudo renunciassem, lograriam a plenitude. [...]

Essas propostas, especialmente a maniqueísta, ainda em voga, são portadoras de comportamentos fanáticos, definitivos, gerando graves conflitos na cultura, na sociedade, porque, aquilo e aquele que são bons, que representam o bem para determinado segmento humano, são maus para outro...

Condutas consideradas socialmente aceitas e dignas em um povo, recebem reproche de outro, que as tem em condição de agressividade e de primitivismo.

Esses conceitos, portanto, não podem ser considerados de modo absoluto.

(Vol. 15, cap. 8)

MASSIFICAÇÃO

A massificação deságua na desumanização, reconduzindo o ser ao anterior estágio dos impulsos e *instintos básicos*, que eram próprios para a selva antiga, e agora se apresentam como necessários na moderna, que é construída de pedras, cimento e ferro. Nela, não há liberdade plena nem harmonia gratificante, porquanto é artificial, ruidosa, agressiva, propondo contínuo, exaustivo estado de alerta contra os seus métodos e membros igualmente violentos.

(Vol. 9, cap. 7)

❖

A massificação permite a liberação negativa e perturbadora dos conflitos do homem que, somados aos dos demais, torna-se um transtorno desenfreado, que mais inquieta, na razão direta em que se exterioriza. Tornando-se difícil a identificação da pessoa conflitiva, em razão do grupo que a absorve, o paciente sente-se à vontade para expandir a sua mazela, mascarando-se e parecendo estar em outra realidade. Ao escamoteá-lo, porém, mais lhe aprofunda as tenazes nos alicerces do inconsciente, aturdindo-se e infelicitando-se.

(Vol. 9, cap. 7)

MATERNIDADE

A maternidade humana é mais do que um fenômeno biológico, tratando-se de uma experiência iluminativa e libertadora para a consciência, que descobre a necessidade de superação do egoísmo, de desenvolvimento dos valores morais mais expressivos, para que o amor se encarregue de dirimir dificuldades e estabelecer parâmetros de comportamentos sadios, sem os exageros do apego, ou do ressentimento, ou da transferência de amarguras e frustrações para os filhos, que se lhe tornam vítimas sem defesa...

(Vol. 10, cap. 9)

MATERNIDADE *ver também* MÃE

MATRIMÔNIO

O matrimônio representa um estágio de alto desenvolvimento do *Self*, quando se reveste de respeito e consideração pelo cônjuge, firmando-se na fidelidade e nos compromissos da camaradagem em qualquer estágio da união que os vincula, reciprocamente, um ao outro ser. [...]

Mais do que um ato social ou religioso, conforme estabelecem algumas Doutrinas ancestrais, vinculadas a dogmas e a ortodoxias, o casamento consolida os vínculos do amor natural e responsável, que se volta para a construção da família, essa admirável célula básica da Humanidade.

(Vol. 9, cap. 1)

Em verdade, o que mantém o matrimônio não é o prazer sexual, sempre fugidio, mesmo quando inspirado pelo amor, mas a amizade, que responde pelo intercâmbio emocional através do diálogo, do interesse nas realizações do outro, na convivência compensadora, na alegria de sentir-se útil e estimado. [...]

O matrimônio, fomentando o companheirismo, permite a plenificação do par, que passa a compreender a grandeza das emoções profundas e realizadoras, administrando as dificuldades que surgem, prosseguindo com segurança e otimismo.

(Vol. 9, cap. 1)

O matrimônio, portanto, à luz da Psicologia Profunda, continua sendo um rumo de segurança para os indivíduos que, às vezes, imaturos, não se dão conta da gravidade do cometimento, mas que despertam sob os estímulos do amor construindo segurança e harmonia íntima.

Jesus muito bem percebeu a significação do matrimônio, respondendo que nesse ato são deixados outros vínculos, a fim de que aqueles que se amam unam-se e construam a família, assim contribuindo para uma ordem social mais consentânea com as necessidades da evolução e do desenvolvimento profundo de todos os seres.

Não se trata, portanto, de um compromisso formal, mas de uma união enraizada em sentimentos de alta potência emocional, da qual se derivam as necessidades de harmonia e de entendimento, que fundem os seres uns nos outros, sem lhes inibir a identidade nem as expressões individuais de vir a ser.

Quando Deus *junta* dois seres, isso ocorre em razão da *Lei de Causa e Efeito*, que já ensejou conhecimento das criaturas em existências passadas, nas quais surgiram as manifestações iniciais da afetividade, ou foram realizadas tentativas de união, que ora se apresenta mais forte e compensadora do que naquele ensejo. [...]

O matrimônio é um compromisso sério, que deverá sempre ser resultado de seguro amadurecimento, precedido de reflexão profunda e dever emocional para com o Si e para com o próximo, a fim de que sejam os *dois seres uma só carne*.

(Vol. 11, cap. 29)

MATURIDADE AFETIVA

A sua primeira fase [da maturidade psicológica] se expressa como maturidade afetiva, quando o ser deixa de ser *captativo* por fenômeno atávico, para tornar-se *ablativo*, que é a fatalidade do processo no qual se encontra.

Da posição receptiva egoísta, profundamente perturbadora, surge a necessidade de crescer e ampliar o círculo de amigos, na sua condição de animal gregário, surgindo as primeiras expressões do amor.

(Vol. 5, cap. 1)

MATURIDADE PSICOLÓGICA

A maturidade psicológica tem um curso acidentado, feito de sucessos e repetições, por formar um quadro muito complexo na individualidade humana.

(Vol. 5, cap. 1)

O homem maduro psicologicamente vive a amplidão infinita das aspirações do bom, do belo, do verdadeiro, e, esvaído do *ego*, atinge o *Self*, tornando-se homem integral, ideal, no rumo do infinito.

(Vol. 5, cap. 1)

O ser psicológico maduro enfrenta desafios e vence-os com naturalidade, sem pressa, confiando no próprio crescimento e nos recursos de que possa usufruir na convivência social. Quando se fragiliza, para, reflexiona e recomeça, procurando fortalecer-se na própria luta, evitando fugir, porquanto esse recurso não leva a nada.

(Vol. 8, cap. 3)

❖

[...] Quando se atinge o estágio de maturidade psicológica, o importante não é ter mais, porém ser mais, isto é, sempre melhor em valores internos, em conquistas morais e intelectuais, sem jactância, porém com a consciência da vitória sobre si mesmo e sobre os desafios da existência, aumentando a capacidade de resistência cada dia.

(Vol. 8, cap. 5)

❖

Quando se adquire maturidade psicológica, embora se preservem bens materiais, valorizam-se mais aqueles que são do Espírito, da realidade perene, expressões elevadas da vida.

(Vol. 8, cap. 5)

❖

A maturidade psicológica é um processo de experiências felizes e ingratas que estabelece quais aquelas que devem constituir o mapeamento de interesses reais para que o indivíduo se sinta pleno, mesmo quando as condições e circunstâncias não se lhe apresentam como ideais. O ser maduro confia e trabalha para alcançar as metas que estabelece como necessárias para o seu bem-estar. Investe num momento, confiando nos resultados posteriores. Sabe que todo empreendimento exige tempo e oportunidade. Emocionalmente estável, não se exalta ante o sucesso, nem se deprime diante do fracasso, que converte em lição de sabedoria para futuros cometimentos.

(Vol. 10, cap. 5)

Mede-se o desenvolvimento e a maturidade psicológica de uma pessoa, quando o seu relacionamento no lar é positivo, mesmo que enfrentando clima de hostilidade ou de indiferença, que o prepara emocionalmente para outros cometimentos na convivência social.

(Vol. 10, cap. 7)

Quando o indivíduo atinge a maturidade psicológica aceitando totalmente o *Self*, pode identificar os problemas relacionados ao medo, à insegurança, à culpa e à vergonha, como fenômenos normais do processo de crescimento emocional e moral.

(Vol. 10, cap. 8)

MATURIDADE SOCIAL

Vencida essa etapa [a do amadurecimento moral], a maturidade social surge naturalmente, porque, autoconhecendo-se e autotrabalhando-se, o homem psicológico torna-se harmônico no grupo, é aglutinador, compreensivo, líder natural, proporcionando bem-estar em sua volta e alegria de viver.

(Vol. 5, cap. 1)

MAU HUMOR

O mau humor, que resulta de distúrbios emocionais profundos ou superficiais, instala-se de forma sutil e passa a constituir uma expressão constante no comportamento do indivíduo. Pode apresentar-se com caráter transitório ou tornar-se crônico, convertendo-se em verdadeira doença, que exige tratamento continuado e de longo prazo.

Por trazer as matrizes inseridas nos tecidos sutis da realidade espiritual, transfere-se do campo psíquico para a organização somática através da hereditariedade, que responde pela sua fixação profunda, de caráter expiatório. [...]

Caracteriza-se o mau humor pela apatia que o indivíduo sente em relação às ocorrências do dia a dia, à dificuldade para divertir-se, aos impedimentos psicológicos de atingir metas superiores, de bem desempenhar a função sexual, negando-se a ela ou atirando-se desordenadamente na busca de satisfações além do limite, mediante mecanismo de fuga em torno da própria problemática. [...]

Tais características podem levar a um diagnóstico equivocado de depressão, que se caracteriza por alternâncias de conduta; enquanto que no estado de humor negativo a conduta é qual uma linha reta, desinteressante, sem emoção, permanecendo constante; na depressão essa conduta desce em fase profunda ou ascende, podendo libertar-se com relativa facilidade.

(Vol. 9, cap. 10)

MECANISMOS DE FUGA DO *EGO*

[...] podemos enumerar alguns desses instrumentos do *ego*, para ocultar-lhe a realidade, facultando-lhe a fuga do enfrentamento com o Eu profundo, tais como: *compensação, deslocamento, projeção, introjeção, racionalização.*

(Vol. 5, cap. 7)

MÉDICO

O médico é sacerdote do amor, que deve curar não apenas mediante os conhecimentos acadêmicos e as substâncias de laboratório, mas sobretudo através do sentimento de humanidade, de compaixão, de solidariedade, de convivência, de sorriso, de entendimento e fraternidade.

(Vol. 11, cap. 6)

MEDITAÇÃO

A meditação deve ser, inicialmente, breve e gratificante, da qual se retorne com a agradável sensação de que o tempo foi insuficiente, o que predispõe o candidato a dilatação deste. [...]

A meditação, portanto, não deve ser um dever imposto, porém, um prazer conquistado. [...]

A meditação, no caso em pauta, abre lugar à ação, sendo, ela mesma, uma ação da vontade, a caminho da movimentação de recursos úteis para quem a utiliza e, por extensão, para as demais pessoas. [...]

[...] Assim, o ato de meditar deve ser sucedido pela experiência do viver-agir, porquanto será inútil a mais excelente terapia teórica ao paciente que se recusa, ou não se resolve aplicá-la na sua enfermidade.

(Vol. 2, cap. 8)

Meditando-se, percebe-se a necessidade de maior contribuição altruística sacrificial, compreendendo-se que a imensa carência de amor responde pela dureza dos sentimentos, e a agressividade predominante atesta a gravidade das doenças morais em desenvolvimento nas criaturas.

A meditação amplia a visão a respeito do mal, ao tempo em que equipa o homem de lucidez, fornecendo-lhe os instrumentos próprios para cuidar desse adversário cruel.

(Vol. 3, cap. 6)

A meditação é a aplicação da concentração na busca de Deus, interiormente, com determinação e constância. Seu objetivo único é o de atingir o Fluxo Divino e conhecer Deus, senti-lO e alimentar-se da Sua energia. É o estado de quietação mental. [...]

A meditação reabastece de energias salutares, refazendo a harmonia do psiquismo; e este, a do organismo físico.

(Vol. 3, cap. 8)

❖

A meditação ajuda-o [o ser consciente] *a crescer de dentro para fora, realizando-se em amplitude e abrindo-lhe a percepção para os estados alterados de consciência.*

(Vol. 5, prefácio)

❖

[...] a meditação é uma terapia valiosa para superar os conteúdos negativos, com o objetivo de liberar o inconsciente, em vez de esmagá-lo ou asfixiá-lo, e longe, ainda, de conscientizá-lo, gerar novas formulações e identificações atuais que, no futuro, assomarão como recursos elevados.

Todos os formuladores da consciência superior são unânimes, seja no orientalismo ou na Psicologia Transpessoal, em recorrer à terapia da meditação, que faculta o autoconhecimento, preenche os vazios causados pela insatisfação, anula o Eu corporal – rico das necessidades dos sentidos – para despertar os ideais subjetivos, as transferências metafísicas.

No nível de consciência superior, o Eu deixa de ser *mais* Eu, para ser uma síntese e vibrar em harmonia com o Todo.

Desaparece a fragmentação da Unidade e o equilíbrio transpessoal sincroniza com a Consciência Universal.

(Vol. 5, cap. 8)

❖

Somente através da meditação diária dos atos praticados é que o indivíduo se pode precatar das ações infelizes e, quando alguma ocorrer, de imediato dando-se conta e arrependendo-se, logo se põe a repará-la, impedindo que as labaredas do ódio devorem as possibilidades de rearmonização interior.

(Vol. 7, cap. 9)

❖

[...] Em um nível mais profundo [ao da concentração], a meditação é-lhe [ao ser] o instrumento precioso para a autoidentificação, por facultar-lhe alcançar as estruturas mais estratificadas da personalidade, revolvendo os registros arcaicos que se lhe transformaram em alicerces geradores da conduta presente. [...]

(Vol. 8, cap. 7)

MÉDIUM

Médiuns são todas as criaturas, em diferentes graus, porque todas possuem recursos que facultam o registro do psiquismo daqueles com os quais convivem no corpo, como daqueloutros que já transpuseram a barreira carnal e se encontram despojados da matéria. Naturalmente, destacam-se as pessoas que a possuem mais ostensivamente, produzindo fenômenos vigorosos que não podem ser confundidos com manifestações do inconsciente, nos seus vários aspectos, nem tampouco com o acaso, em razão de repetirem-se amiúde.

(Vol. 11, cap. 34)

MEDIUNIDADE

A mediunidade, portanto, é de essência espiritual, exteriorizando-se sob a interferência e direcionamento dos Espíritos que, de acordo com a sua procedência, semeiam sombras e aturdimentos, enfermidades e desaires ou luz mirífica de esclarecimento, de caridade, de amor.

(Vol. 11, cap. 28)

A mediunidade é conquista moral e espiritual que jamais privilegia sem que haja uma retaguarda de esforço pessoal e de realização dignificadora. Os perigos a que se expõe aquele que a exerce, constituem-lhe o grande desafio, a fim de que possa ascender, superando-os a pouco e pouco, enquanto sublima os sentimentos e corrige as anfractuosidades morais, trabalhando as aspirações íntimas que se devem elevar, facultando-lhe real felicidade e alegria de servir.

(Vol. 11, cap. 34)

A mediunidade, inerente a todos os seres humanos em diferenciado grau de desenvolvimento, influi no comportamento do ser psicológico, dando lugar a conflitos parapsíquicos, muitas vezes interpretados como pertencentes à realidade objetiva.

(Vol. 15, cap. 9)

MEDO

O medo é inimigo atroz, que dizima vidas aos milhões.

(Vol. 1, cap. 10)

O medo é fator dissolvente da individualidade humana, responsável por graves desastres e crimes que poderiam ser evitados.

É força atuante que conduz à morte das realizações dignificantes e das próprias criaturas.

(Vol. 1, cap. 11)

❖

Todavia, é no cerne do ser – o Espírito – que se encontram as causas matrizes desse inimigo rude da vida, que é o medo. [...]

O medo é fator dissolvente na organização psíquica do homem, predispondo-o, por somatização, a enfermidades diversas que aguardam correta diagnose e específica terapêutica.

(Vol. 2, cap. 1)

❖

O medo é inimigo mórbido, que deve ser enfrentado com naturalidade através do exercício da razão e da lógica.

(Vol. 5, cap. 7)

❖

Bem canalizado, o *medo* se transforma em prudência, em equilíbrio, auxiliando a discernir qual o comportamento ético adequado, até o momento em que o amadurecimento emocional o substitui pela consciência responsável.

(Vol. 6, cap. 9)

❖

O sentimento de medo que alcança o ser humano é sempre descarregado através da fuga, evitando que aconteça o lance perturbador.

Expressa-se, esse medo, toda vez que se pressente a predominância de uma força superior, real ou não, que pode produzir sofrimento. Surge, então, o desafio entre fugir e enfrentar, dependendo da reação momentânea que se apossa do indivíduo.

Relativamente aos danos que o sofrimento pode causar, surgem as manifestações de medo físico, moral e psíquico, afetando o comportamento.

O de natureza física fere a organização somática, cujos efeitos poderão ser controlados pelas resistências emocionais. No entanto, o despreparo para a agressão corporal faculta que a dor se irradie pelo sistema nervoso central, tornando-se desagradável e desgastante.

O de natureza moral é mais profundo, porque desarticula a sensibilidade psicológica, apresentando a soma de prejuízos que causa no conceito em torno do ser, dos seus propósitos, da aura da sua dignidade, terminando por afetar-lhe o equilíbrio emocional.

(...) E quando as resistências morais são abaladas, facilmente surgem os sofrimentos psíquicos, as fixações que produzem danos nos painéis da mente, empurrando para transtornos graves.

Esse medo de acontecimentos de tal porte impulsiona à raiva, como recurso preventivo, que leva a agredir antes de ser vitimado, ou à reação que se transforma em quantidade de força que o ajuda a superar o receio que o acomete, seja em relação ao volume ou ao peso do opositor. [...]

Na sua psicogênese, estão presentes fatores que ficaram na infância ou na juventude, nos processos castradores da educação e da formação da personalidade, que levavam ao pranto ante a escuridão, às ameaças reais ou veladas, à presença da mãe castradora, do pai negligente ou violento, à insatisfação e à raiva...

(Vol. 9, cap. 2)

O medo pode resultar de causas reais ou imaginárias que o desencadeiam, produzindo os mesmos resultados emocionais. Não é exatamente o fato que se responsabiliza pelo acontecimento, mas conforme este é sentido ou compreendido pelo indivíduo, que se torna o fator desencadeador do medo.

Existe um temor interno, que procede de vários fatores psicológicos que induzem ao medo de amar, de entristecer-se, de ser infeliz, de ter raiva, de fracassar no relacionamento sexual, de adoecer, de morrer, de ser incapaz de enfrentar situações inadequadas ou inesperadas...

(Vol. 10, cap. 8)

O medo se manifesta no corpo através da tensão muscular, da rigidez de muitas partes do organismo, da contração do maxilar, que representam as reações fisiológicas produzidas por enzimas especiais que fomentam a ocorrência.

(Vol. 10, cap. 8)

MEDO DA MORTE

Neuroses e psicoses graves se estabelecem no indivíduo em razão do medo da morte, paradoxalmente, nas expressões maníaco-depressivas, levando o paciente a suicidar-se ante o temor de a aguardar.

Numa análise psicológica profunda, o homem teme a morte porque receia a vida. Transfere, inconscientemente, o pavor da existência física para o da destruição ou transformação dos implementos que a constituem. Acostumado a evadir-se das responsabilidades, mediante os mecanismos desculpistas, o inexorável acontecimento da morte se lhe torna um desafio que gostaria de não defrontar, por consciência, quiçá, de culpa, passando a detestar esse enfrentamento.

Para fugir, mergulha na embriaguez dos sentidos consumidores e das emoções perturbadoras, abreviando o tempo pelo desgaste das energias mantenedoras do corpo físico.

(Vol. 2, cap. 9)

Entre as várias expressões de medo, ressalta o da morte, herança atávica dos arquétipos ancestrais, das religiões castradoras e temerárias, dos cultos bárbaros, das conjunturas do desconhecido, das imagens mitológicas que desenharam no tecido social as impressões do temor, das punições eternas para as consciências culpadas, dos horrores inomináveis que o ser humano não tem condições de digerir...

O pavor da morte, às vezes patológico, afigura-se tão grave, que a criatura se mata a fim de não *aguardar* a morte...

Compreensivelmente, desde o momento da concepção manifesta-se o fenômeno da transformação celular ou morte biológica. Nesse processo de transformações incessantes, chega o momento da parada final dos equipamentos biológicos, e tal ocorrência é perfeitamente natural, não podendo responder pelos medos e pavores que têm sido cultivados.

Não é a primeira vez que ocorre a morte do corpo, na vilegiatura da evolução dos seres. O esquecimento do fenômeno, de maneira alguma pode ser considerado como desconhecido pelo Espírito, que já o vivenciou antes.

Um aprofundamento mental demonstra que a morte não dói, não apavora, mas o estado psicológico de cada um, em relação a ela, transfere as impressões íntimas para o exterior, dando curso às manifestações aparvalhantes. [...]

O simples hábito de dormir, quando se mergulha na inconsciência relativa, é uma experiência de morte que deve servir de padrão comparativo para o fim do processo biológico.

Conforme o Eu profundo considere a morte, povoando-a de incertezas, gênios do mal, regiões punitivas ou aniquilamento, dessa forma a enfrentará. O oposto igualmente se dá. Vestindo a morte de esperança de reencontros felizes, de aspirações enobrecidas, de agradável despertar, ocorrerá o *milagre* da vida.

O medo da morte decorre da ignorância da realidade espiritual e do apego ao transitório físico.

(Vol. 5, cap. 7)

❖

O medo da morte resulta do *instinto de conservação*, que trabalha em favor da manutenção da vida.

(Vol. 6, cap. 9)

❖

Considerando a energia psíquica valiosa e atuante, a mente, desatrelada do cérebro, prossegue independente dele, e a vida estua.

Desse modo, enfrentando-se com equilíbrio o conceito da sobrevivência, a morte desaparece e o medo que possa inspirar transforma-se em emulação para enfrentá-la com uma atitude psicológica saudável e rica de motivações, quando ocorrer naturalmente.

Vício mental arraigado, o *medo do fim* converte-se em esperança de um novo princípio.

(Vol. 6, cap. 9)

Elucidações psicológicas à luz do Espiritismo

Deve recear a morte quem se encarcera nas paixões inferiores, aquele que se escraviza nos apetites insaciáveis, o ser que se agarra às manifestações do corpo transitório.

(Vol. 7, cap. 29)

[...] o medo da morte, que é herança ancestral, assim como resultado das crenças religiosas e superstições que elaboraram um Deus vingador e punitivo, ou do materialismo, que reduz a vida após a disjunção celular ao nada, o fenômeno natural da desencarnação se apresenta como tragédia, ou constitui um término infeliz para a existência humana, que sofre a dolorosa punição de ser extinta.

(Vol. 10, cap. 8)

O medo da morte, que se encontra ínsito no ser, consciente ou inconscientemente, como mecanismo de preservação da existência física, à medida que lhe ocorre o amadurecimento psicológico, cede lugar à confiança na vida. [...]

O medo da morte pode ter origem na infância. Quando mal informada, a criança experimenta pavor ante o desaparecimento dos seres queridos e, por consequência, da sua própria desintegração. Não absorvido esse temor, mais tarde se transforma em desequilíbrio que gera perturbação e transtorna o comportamento do indivíduo. [...]

A compreensão dos valores existenciais e as possibilidades de utilizá-los a benefício próprio ou de outrem, diminui o medo da morte, porque o tempo desaparece na sua convenção para significar alegria e luta, trabalho e compensação afetiva.

O importante não é viver muito, mas viver significativamente cada momento e a todos os instantes.

(Vol. 10, cap. 10)

O temor da morte, por um lado, é resultado de atavismos arcaicos, dos pavores das forças ignotas da Natureza, quando o homem primitivo lhes sofria o terrível guante, dos medos das eternas punições, sem misericórdia nem compaixão, das fantasias perversas que foram inculcadas através dos milênios na mente humana. Por outro, é também o receio do enfrentamento da consciência que se desvela, por ocasião do renascimento espiritual além das cinzas e do pó orgânicos, desnudando o ser. Ainda pode resultar da cultura materialista, que a considera como o apagar da memória, da inteligência, o destruir da razão, dessa maneira, o retorno ao nada...

(Vol. 13, cap. 20)

MEDO DAS CRÍTICAS

Um conflito preponderante no comportamento das pessoas imaturas psicologicamente é o medo das críticas. Filho excedente da insegurança, esse fator negativo na conduta humana é responsável por vários dissabores, entre os quais o insucesso nos empreendimentos, ou mesmo a falta de estímulos para tentá-los.

(Vol. 6, cap. 11)

MEDO DE AMAR

A insegurança emocional responde pelo medo de amar.

Como o amor constitui um grande desafio para o *Self*, o indivíduo enfermiço, de conduta transtornada, inquieto, ambicioso, vítima do egotismo, evita amar, a fim de não se desequipar dos instrumentos nos quais oculta a debilidade afetiva, agredindo ou escamoteando-se em disfarces variados.

(Vol. 9, cap. 1)

O medo de amar também tem origem no receio de não merecer ser amado, o que constitui um complexo de inferioridade. [...]

O medo, pois, de amar, pelo receio de manter um compromisso sério, deve ser substituído pela busca da afetividade, que se inicia na amizade e termina no amor pleno. [...]

(Vol. 9, cap. 1)

MENTE

A mente, exteriorizando os níveis psicológicos, é responsável pelas atitudes, por expressar a realidade espiritual de cada um.

(Vol. 4, cap. 3)

A mente, no seu contexto e complexidade, resulta de duas expressões da sua natureza: o intelecto e a razão, sendo o primeiro de formação discursiva e a segunda de caráter intuitivo.

(Vol. 5, p. 26)

A mente, conforme seja acionada pela vontade, torna-se cárcere sombrio, ou asas de libertação, e ninguém se lhe exime à influência.

(Vol. 5, cap. 4)

A mente é a grande mantenedora das forças existenciais.
Sob a ação de estímulos – otimistas ou tóxicos –, passa a exteriorizar os conteúdos equivalentes no comportamento emocional e físico.

(Vol. 6, cap. 10)

A mente que capta o Psiquismo Superior e canaliza-o através do cérebro, vitalizando o organismo, facilmente experimenta bem-estar, desfrutando de saúde plena.

(Vol. 7, cap. 14)

A mente é um *corcel rebelde*, que necessita ser domada pelo exercício de direcionamento a valores que elevem e dignifiquem o ser. [...]

(Vol. 8, cap. 11)

❖

A mente é geradora de energias compatíveis com o tipo de aspiração que acalenta, movimentando-as através da corrente sanguínea que vitaliza e mantém o corpo físico. Nesse mesmo conduto as *micropartículas* constitutivas do *perispírito* conduzem as vibrações que irão produzir nas células reações correspondentes ao tipo de onda mental que seja distribuída pelo organismo e procedente do Espírito.

O fluxo constante, portanto, de pensamentos e aspirações, carregado de energia saudável ou enfermiça, irá contribuir poderosamente para a estabilidade ou desajuste das estruturas celulares, abrindo espaço para a instalação e conservação da saúde ou para o surgimento e proliferação de infecções, de disfunções variadas, de alterações do metabolismo, de mal ou bem-estar.

(Vol. 10, cap. 5)

A mente é, portanto, muito susceptível de estabelecer as diretrizes de segurança para o melhor comportamento do indivíduo. Exteriorizando-se em campos vibratórios muito especiais, é permanente gerador de energias que têm por finalidade preservar o Eu integral e conduzi-lo através de todas as etapas do processo de agigantamento próprio.

(Vol. 10, cap. 5)

MENTIRA

A mentira deve ser rechaçada sob qualquer forma em que se apresente, em face dos prejuízos morais que provoca, levando à maledicência, à calúnia e a todo um séquito de terríveis distonias psicológicas e éticas no comportamento social. O mentiroso é alguém enfermo, sem dúvida, no entanto provoca desprezo, em razão da forma de proceder, tornando sua palavra desacreditada mesmo quando se expressa corretamente, o que nem sempre acontece. De tal forma se lhe faz natural alterar o conteúdo ou a apresentação dos fatos, que os revela de forma irreal, esperando manipular pessoas através desse ignóbil ardil.

As raízes da mentira estão no lar malformado, instável, onde a insegurança era substituída pela *compra* dos valores que a fantasia disfarça. Além desse fator, os conflitos da personalidade induzem ao comportamento da fantasia, em fuga neurótica da realidade, que constitui ao paciente um verdadeiro fardo, que não gosta de enfrentar. As coisas e os acontecimentos para ele devem ser coloridos e sempre bons. Assim, quando não ocorre, o que é normal, apresenta-se-lhe assustador, parecendo ameaçar-lhe a paz e levando-o ao mecanismo da falsificação do acontecimento.

Tornou-se tão habitual o fenômeno da distorção dos fatos, que se criou a imagem da chamada *mentira branca*, isto é, aquela de caráter suave, que não prejudica, pelo menos intencionalmente, e evita situações que se poderiam tornar desagradáveis, caso fosse dita a verdade.

(Vol. 8, cap. 3)

MERGULHO INTERIOR

O mergulho interior, desmistificando essa miscelânea de condicionamentos e de atavismos de natureza mágica, irá contribuir para o encontro com a religiosidade real, esse sentimento engrandecido que é a identificação com a *imago Dei*, com a manifestação de Deus. Certamente, não será o deus antropomórfico – arquetípico, não real – portanto, humanoide, caprichoso, mítico, mas aquele que *é a inteligência suprema, causa primária de todas as coisas.* [...]

Em vez de significar uma fuga, uma transferência da imagem do pai para a Divindade, representa o encontro com a Consciência universal, com ela identificando-se e tentando plenificação.

(Vol. 15, cap. 8)

MERIDIANOS

[...] são correntes de energia que se estendem por todo o corpo, nos seus mais variados departamentos. [...]

Considera-se que existem quatorze *meridianos* principais e cinquenta e sete secundários, constituindo o sistema energético.

(Vol. 3, cap. 11)

METANECESSIDADE

Transposta esta fase [das necessidades imediatas e as de natureza estética], detectam as *metanecessidades*, que se apresentam como fortes apelos para o autodescobrimento, para a interiorização, por cujos meios poderão conseguir a autorrealização.

[...] As *metanecessidades* se fazem imperiosas, desdobrando painéis mais amplos quão atraentes, que, penetrados, mais favorecem com júbilo. [...]

Assim, a metanecessidade conclama à mudança de comportamento, transformando amargura em sorriso, revolta em abnegação, mágoa em perdão, desencanto em esperança, com que são superados os fatores de perturbação e conquistados os tesouros iluminativos.

(Vol. 8, cap. 10)

MISERICÓRDIA

A Misericórdia de Deus sempre atua de forma que o mal-aparente resulte em bênçãos reais, promovendo o ser, quando ele aprende a retirar lições edificantes das ocorrências que lhe sucedem.

(Vol. 7, cap. 19)

MITO

Os mitos, que remanescem do período infantil ou da falta de maturidade do adulto sob a ação de arquétipos específicos, trazem de volta à consideração os velhos conceitos em torno de *deuses, semideuses, magos, fadas, fantasmas, crendices,* como formas de aguardar proteção em deidades superiores, que chegarão magicamente para o salvar da *maldade humana, da sociedade injusta, dos amigos infiéis...* [...]

Soterrados, mas não mortos, os mitos estão nos alicerces do inconsciente, sempre prontos a tomarem de assalto a casa mental e o campo psicológico, levando o indivíduo a fugas ocasionais por intermédio dos sonhos acordados, da fertilidade imaginativa.

(Vol. 8, cap. 2)

MITO DE SÍSIFO

É bem o testemunho de advertência àqueles que estão sempre transferindo deveres e realidades, acreditando na própria astúcia. Supõem-se, todos quantos assim agem, que são muito espertos, enquanto os demais são estúpidos ou ingênuos.

(Vol. 8, cap. 3)

MODISMO

Os modismos assolam, gerando um comportamento *mesmista*, em que os indivíduos se imitam, assumindo posturas idênticas, com enfraquecimento dos ideais, da ética, da família, da criatura em si mesma.

(Vol. 1, cap. 20)

MONOGAMIA

A vida é feita de conquistas, e a monogamia representa um momento culminante da evolução sociomoral, quando os homens e mulheres compreenderam a necessidade do respeito mútuo, sem privilégios para um ou para outro sexo em predomínio aviltante sobre o parceiro.

(Vol. 10, cap. 7)

MORADAS

Referiu-se [Jesus], indubitavelmente, aos *mundos habitados* que povoam o Universo, graças aos milhões de galáxias que surgem umas e se consomem outras absorvidas pelos *buracos negros*, exaltando a incomparável e insuperável glória da Criação.

(Vol. 11, cap. 4)

MORTE

Fatalidade biológica, a morte é fenômeno habitual da vida. Na engrenagem molecular, associam-se e desagregam-se partículas, transformando-se através do impositivo que as constitui, em face da finalidade específica de cada uma. Por efeito, o mesmo ocorre com o corpo, no que resulta o fenômeno conhecido como morte.

[...] A morte é um fenômeno ínsito da vida, que não pode ser desconsiderado.

(Vol. 2, cap. 9)

❖

A intuição da vida, o instinto de preservação da existência, as experiências psíquicas do passado e parapsicológicas do presente atestam que a morte é um *veículo* de transferência do ser energético pensante, de uma fase ou estágio vibratório para outro, sem expressiva alteração estrutural da sua psicologia. Assim, morre-se como se vive, com os mesmos conteúdos psicológicos que são os alicerces (inconsciência) do Eu racional (consciência.)

(Vol. 2, cap. 9)

❖

Nesta conceituação [da Psicologia Transpessoal], a morte é fenômeno biológico a transferir o ser de uma para outra realidade, sem consumpção da vida.

(Vol. 2, cap. 9)

❖

A morte, por ignorância da vida, tem sido através dos milênios a causa de sofrimentos inimagináveis, desencadeadora de tragédias e de desconforto sem-fim.

Todo fenômeno biológico que se inicia, naturalmente cessa. Tudo que nasce, no plano físico, interrompe-se, transforma-se, portanto, morre.

Não há prazo nem determinismo absoluto de tempo, dependendo de inumeráveis razões para que o ciclo que começou se encerre... Assim, a morte é inevitável e o sofrimento que ela gera resulta somente de má interpretação dos objetivos da vida.

(Vol. 3, cap. 12)

❖

[...] A morte é mensagem da vida, contribuindo para a valorização da oportunidade existencial.

(Vol. 7, cap. 17)

❖

A *morte* é inevitável e constitui bênção em relação à experiência física; no entanto, a forma como cada qual se comporta no corpo é que se torna essencial.

(Vol. 7, cap. 20)

A morte, desse modo, não se afigura destruidora, mas uma interrupção momentânea no processo vital que decorre do organismo. [...]

A morte, assim considerada, conduz o viajante da hospedaria terrestre para o seu lar verdadeiro.

(Vol. 10, cap. 10)

A morte é um suave meio para se adormecer e logo se despertar, cada qual conforme as condições adquiridas na experiência fisiológica precedente a esse momento. [...]

[...] é a grande libertadora que propõe o descortinar de horizontes felizes ao viajor que, recuperado dos débitos antes contraídos, prepara-se para receber aqueles afetos que virão mais tarde.

(Vol. 10, cap. 10)

O silêncio, portanto, aparentemente tétrico, da sepultura, constitui ausência de percepção para captar as vibrações da fonte causal de onde todos os seres procedem.

(Vol. 10, cap. 10)

[...] A morte real ocorre quando o tronco encefálico deixa de funcionar, dando início à desencarnação, cujo processo pode prolongar-se por tempo que corresponda ao estado evolutivo e de apego ou não do Espírito ao corpo.

(Vol. 11, cap. 34)

Por mais envolta em mitos e tradições, mascarando-se e confundindo o pensamento humano, a morte consiste na interrupção dos procedimentos vitais que mantêm o organismo em atividade, determinando-lhe a cessação.

(Vol. 13, cap. 20)

A morte, no ser humano, por sua vez, é a cessação dos fenômenos orgânicos, a degeneração do tronco encefálico, abrindo espaço à desencarnação, que constitui a liberação total do Espírito em relação à estrutura material. [...]

(Vol. 15, cap. 10)

A morte é, portanto, o término do fenômeno biológico, encerramento de uma etapa orgânica, na qual todos os elementos constitutivos do corpo físico se diluem e se transformam sob a ação poderosa da *química* presente em a Natureza...

(Vol. 15, cap. 10)

A morte, portanto, em vez de temerária, é o veículo que conduz o ser imortal ao seu destino, proporcionando-lhe, quando terminados os renascimentos carnais, a total conquista do *Self*, do *numinoso*, da *individuação*, da felicidade plena e sem jaça.

(Vol. 15, cap. 10)

MOTIVAÇÃO

[...] surge o quesito da motivação, determinando o comportamento. Seja a libido – motivação freudiana, o anseio de superioridade, como superação dos instintos agressivos – motivação adleriana, ou o imperativo ambiental – motivação comportamentalista, o ser é levado ao êxito nas suas buscas, não podendo fugir a uma ou outra dessas condições.

(Vol. 5, cap. 1)

MUNDO

[...] é a abençoada escola das almas.

(Vol. 10, cap. 7)

O mundo, examinado sob a óptica teológica à luz da Psicologia Profunda, é um educandário de desenvolvimento dos recursos espirituais do ser em trânsito para o *Reino dos Céus*.

(Vol. 11, cap. 2)

NECESSIDADE

O ser humano estabeleceu como necessidades próprias da sua vida aquelas que dizem respeito aos fenômenos fisiológicos, com toda a sua gama de imposições: alimentação, habitação, agasalho, segurança, reprodução, bem-estar, posição social. Poderemos denominar essas necessidades como imediatas ou inferiores, sob os pontos de vista psicológico e ético-estético. Inevitavelmente, a conquista dessas necessidades não plenifica integralmente o ser e surgem aqueloutras de caráter superior, que independem dos conteúdos palpáveis imediatos: a beleza, a harmonia, a cultura, a arte, a religião, a entrega espiritual.

(Vol. 8, cap. 10)

NEGAR

Negar [fugindo do mundo] corresponde a dificultar o entendimento, o perdão às agressões, aos conflitos.

(Vol. 7, cap. 18)

NEURASTENIA

Acredita-se, dessa forma, que a neurastenia resulte de uma espécie de fuga da realidade, como escusa inconsciente do paciente em relação aos fracassos pessoais, às realidades de natureza perturbadora. Ocorre, então, uma perda de interesse pelos acontecimentos e desmotivação para realizações enobrecedoras, por ausência de autoestima e de coragem para ultrapassar os limites exigíveis. [...]

Sem dúvida, o cansaço demasiado desempenha um papel fundamental na eclosão do processo neurastênico, por produzir a fatigabilidade, que poderia ser transitória, não fossem a sua continuidade e permanência, tornando-se patológico esse esgotamento nervoso, decorrente da estafa, desde que o repouso não logra restabelecer o equilíbrio somático.

É nesse estágio que se apresentam a irritabilidade, o mau humor, o pessimismo, caracterizando a presença da neurastenia. [...]

Na nosologia da neurastenia, a ansiedade é responsável pela incompletude do paciente que trabalha com afã e, mesmo quando em repouso permanece em agitação, acreditando-se defraudador do tempo e de conduta irresponsável. [...]

A neurastenia é síndrome grave que se avoluma no organismo social, devorando belas florações da esperança humana.

(Vol. 13, cap. 11)

NEUROLINGUÍSTICA/NEUROCIÊNCIA

A Neurolinguística demonstra que as fixações mentais contribuem para as realizações humanas, e a Neurociência confirma o poder da força mental na atividade humana.

(Vol. 8, cap. 11)

NEUROSE

Enfermidade apirética, decorrente de perturbações do sistema nervoso, sem qualquer lesão anatômica de vulto, a neurose é mal que perturba expressivo número de criaturas da mole humana.

Com características próprias e sem causalidade cerebral, desequilibra a emoção e gera desajustes fisiológicos sem patogênese profunda. [...]

O célebre médico vienense [Freud], que muito se interessou pelas neuroses, estabeleceu que as há *verdadeiras* e *psiconeuroses.* As primeiras decorrem de fixações e pressões de vária ordem, desajustando o sistema nervoso, sem que necessariamente o lesionam. Ao lado do mecanismo psicológico causal, apresentam uma temporária perturbação orgânica. São elas: a neurastenia, a hipocondria, as de ansiedade, as de origem traumática... Ao se instalarem, apresentam estados de angústia, de ansiedade, de insegurança, de medos... As segundas, porque de origem psicogênica, conduzem a uma regressão de fixações da infância, expressando-se como manifestações de histeria conversiva, ansiosa, incluindo os estados obsessivo e compulsivo.

As neuroses, porque de apresentação sutil no seu começo – tiques nervosos, repetições de palavras ou de gestos, dependências de *bengalas* psicológicas, fixações psíquicas que se agravam –, grassam na sociedade, especialmente em decorrência de exigências do grupo social e da coletividade, em formas de pressões reais ou aparentes, que, nos temperamentos frágeis, produzem desarmonia, dando curso a inquietações, às vezes, alarmantes. [...]

Generalizando a sua etiopatogenia, também podem manifestar-se em caráter misto, isto é, *verdadeiro* e *psicogênico,* simultaneamente, assumindo proporções mais sérias, a um passo dos estados psicóticos, às vezes, irreversíveis.

Não raro, as neuroses apresentam-se com caráter de *culpa,* atormentando o paciente com a inquietante ideia de que, sobre todo mal e insucesso que lhe acontece, a responsabilidade pertence-lhe. A manifestação do pensamento de culpa tem um significado autopunitivo, perturbador, que dissocia a personalidade, fragmentando-a.

Outras vezes, expressam-se como forma *de transferência,* e a necessidade de culpar outrem aturde o paciente, que se apresenta sempre na condição de vítima, buscando, fora de si, as razões que lhe justifiquem as ocorrências mínimas ou máximas que o desagradem. Quando ele não encontra um responsável próximo e direto, apela para a figura do abstrato coletivo: a sociedade, o governo, Deus...

(Vol. 5, cap. 3)

❖

Na raiz, portanto, de qualquer transtorno neurótico jaz um conflito moral.

(Vol. 6, cap. 5)

NEUROSE DA SOLIDÃO

A *neurose da solidão* é doença contemporânea, que ameaça o homem distraído pela conquista dos valores de pequena monta, porque transitórios.

(Vol. 2, cap. 1)

NEUROSE DA SOLIDÃO *ver também* SOLIDÃO

NEUROSE HISTÉRICA *ver* PERTURBAÇÃO DE CONVERSÃO

❖

NIRVANA

No esforço empreendido, vão-se dando as transformações emocionais e os aspectos da saúde sob os vários ângulos considerada, constituindo grande motivo de prazer e de alegria ante a perspectiva do encontro com o repouso, a paz, o *Nirvana*...

Após as primeiras experiências nirvânicas, a sede de progresso, de imortalidade, de sublimação retorna, e o trabalho interior prossegue, porque o repouso absoluto seria a negação da própria vida, a perda de sentido psicológico da evolução.

(Vol. 15, cap. 8)

NÍVEIS DE CONSCIÊNCIA

Buscando interpretar o mestre russo [Gurdjieff], [Robert] De Ropp classificou os níveis de consciência em cinco estágios: consciência de *sono sem sonhos*; de *sono com sonho*; de *sono acordado*; de *transcendência do Eu*; e de *consciência cósmica*. [...]

No primeiro nível – quando se transita no *sono sem sonhos* –, apenas os fenômenos orgânicos automáticos se exteriorizam, assim mesmo sem o conhecimento da consciência, tais: respiração, digestão, reprodução, circulação sanguínea...

Como se estivesse anestesiada, ela não tem ação lúcida sobre os acontecimentos em torno da própria existência, e a ausência de vontade do indivíduo contribui para o seu trânsito lento do instinto aos pródromos da razão.

No segundo nível, o *sono com sonhos,* ele libera clichês e lentamente incorpora-os à realidade, passando pelas fases *dramáticas* – os pesadelos, os pavores, para os da *libido –,* ação dos estímulos sexuais, e os *reveladores* – que dizem respeito à parcial libertação do Espírito quando o corpo está em repouso.

O desenvolvimento da consciência atinge o terceiro nível, o de *sono acordado,* no qual a determinação pessoal, aliada à vontade, conduz o ser aos ideais de enobrecimento, à descoberta da finalidade da sua existência, às aspirações do que lhe é essencial, ao autoencontro, à realização total.

Naturalmente, a partir daí, ascende ao quarto estado, que é a descoberta da *transcendência do* Eu, a identificação consigo mesmo, com a consequente liberação do Eu profundo, realizando a harmonia íntima com os ideais superiores, seu real objetivo psicológico existencial.

A superação dos conflitos, das angústias, a desidentificação dos conteúdos psicológicos afligentes, permitem a iluminação, e a próxima é a meta da vinculação com a *Consciência Cósmica.*

Nem sempre, porém, o homem e a mulher conseguem alcançar esse nível ideal, fenômeno que, não obstante, será realizado através das reencarnações que lhes facultarão a vitória sobre os carmas negativos e, mediante a *Leis de Causa e Efeito,* passo a passo, em esforço contínuo poderão fazê-lo.

(Vol. 5, cap. 8)

NÍVEIS DE CONSCIÊNCIA *ver também* CONSCIÊNCIA

NOSTALGIA

A nostalgia reflete evocações inconscientes, que parecem haver sido ricas de momentos felizes que não mais se experimentam. Pode proceder de existências transatas do Espírito, que ora as recapitula nos recônditos profundos do ser, lamentando, sem dar-se conta, não mais as fruir; ou de ocorrências da atual.

(Vol. 9, cap. 4)

NUMINOSO

A experiência do numinoso estimula ao avanço do ser e à superação dos limites do *ego*, auxiliando a criatura ao triunfo pessoal sobre si mesma, sobre suas deficiências e dificuldades, desfrutando de felicidade.
(Vol. 12, cap. 11)

O nobre Jung encontrou no livro *A ideia do Sagrado*, do emérito teólogo alemão Rudolf Otto, a palavra numinoso, que lhe pareceu muito apropriada para traduzir a força *espiritual*, misteriosa, profética, que enseja qualquer experiência transpessoal ou imediata com a transcendência.

Originada do latim *numen*, significa gênio criativo ou energia, o numinoso se expressa em manifestação do inconsciente coletivo, que pode ser aterrador, provedor, abstrato, estimulante, que se caracteriza como uma realidade que é mais do que humana.

Ao ser encontrado o *Self* em plenitude, a pessoa experimenta a qualidade numinosa que está associada indelevelmente ao sagrado, à Divindade. Essa experiência de caráter *numinoso* não pode ser transferida nem explicada a outrem que não a tenha vivido, porque faltam meios para expô-la e demonstrá-la, da mesma forma como se alguém desejasse expressar determinados sentimentos a outrem que jamais os haja experimentado. É individual, intransferível e enriquecedora.

O *Self* não vive encarcerado nos limites da moralidade, sendo diferentes os seus atributos em relação aos daqueles que as pessoas vivenciam. Essa característica aparentemente amoral do *Self* nem sempre é percebida ou compreendida por diversos indivíduos que pretendem um encontro com o *Self Superior*, com o Espírito Guia, não sendo tão fácil o cometimento como a ignorância pressupõe. Encontros de tal natureza se revestem de grande choque emocional, momentaneamente indescritíveis, inesperados, incompreensíveis. Somente quando são superadas as muitas barreiras colocadas pelo *ego* e trabalhados os conflitos é que o *Self* adquire o seu conteúdo numinoso, que se exterioriza do *Deus Interno* que se encontra em todos os seres humanos.

(Vol. 12, cap. 11)

O estado numinoso, desse modo, resulta da vivência do bem, portanto, simbolicamente da luz, do entendimento, da consciência de si.

(Vol. 15, cap. 8)

OBSESSÃO

Chaga moral do Espírito, a obsessão tem uma generalização muito mais ampla do que se pode imaginar, tornando-se, periodicamente, uma *virose* de contágio célere, em face das circunstâncias que exige como decorrência do processo evolutivo das criaturas e do planeta, que a impõem como necessidade saneadora dos volumosos compromissos negativos que permanecem na economia da sociedade. [...]

A obsessão tem as suas raízes fixadas nos antecedentes morais de ambos os litigantes, que se deixaram vencer pela inferioridade que os dominava à época da pugna.

Egoístas e irrefletidos, não mediram as consequências dos seus atos venais, passando a vincular-se um ao outro através das algemas do ódio, do desforço, que os tornam cada vez mais infelizes.

Arrastam-se, desse modo, por séculos de sofrimentos excruciantes, passando de vítimas a algozes, e reciprocamente, até que o amor lhes acenda a luz da esperança nas sombras onde se detêm e o perdão os torne verdadeiros irmãos na senda evolutiva. [...]

A obsessão é *doença* grave, mesmo quando se apresenta em quadro *simples*, em forma de inspiração depressiva ou de *morbo* que afeta a saúde física. Isso porque impõe a transformação moral do paciente e a mudança emocional do agente que a desencadeia, consciente ou não.

Só há obsessão porque há débito de quem a sofre.

(Vol. 3, cap. 10)

Toda forma de obsessão resulta de um inter-relacionamento pessoal interrompido pelas forças negativas da agressividade, do ódio, da traição, do crime ou das expressões do amor em desalinho, que destrambelham os sentimentos.

(Vol. 3, cap. 10)

Toda fixação indevida nos processos mentais e emocionais em torno de pessoas, fatos e coisas converte-se em estado perturbador do comportamento, empurrando o indivíduo para os transtornos de ordem neurótica assim como psicótica.

(Vol. 8, cap. 1)

As obsessões, que resultam de traumas psicológicos, de conflitos de profundidade, de insuficiência de enzimas neuronais específicas, surgem também da interferência das mentes dos seres desencarnados, interagindo sobre aqueles aos quais são direcionadas, em processos perversos de vingança.

(Vol. 8, cap. 1)

❖

[...] é fruto de reencarnações compulsórias, as quais os infelicitadores se recusaram a aceitar como recurso de recuperação moral; produziram-lhes no íntimo revolta contra as Leis de Deus, que não puderam ludibriar ou infringir impunemente.

(Vol. 10, cap. 3)

OBSESSÕES COMPULSIVAS

[...] as dolorosas *obsessões compulsivas* têm suas raízes patogênicas em graves condutas do Espírito nas existências pretéritas, assinaladas pelo descaso à dignidade humana, por desrespeito às leis constituídas...

(Vol. 8, cap. 2)

ÓCIO

O ócio, que trabalha em favor do amolecimento do caráter, é também morbo que enferma o *constructo* do ser psicológico, danificando-o mortalmente.

(Vol. 10, cap. 3)

OCIOSIDADE

Ociosidade é ferrugem nas engrenagens da vida.

(Vol. 7, cap. 18)

ÓDIO

O ódio é o filho predileto da selvageria que permanece em a natureza humana. Irracional, ele trabalha pela destruição de seu oponente, real ou imaginário, não cessando, mesmo após a derrota daquele.

Quando não pode descarregar as energias em descontrole contra o opositor, volta-se contra si mesmo, articulando mecanismos de autodestruição, graças aos quais se vinga da sociedade que nele vige.

Os danos que o ódio proporciona ao psiquismo, por destrambelhar a delicada maquinaria que exterioriza o pensamento e mantém a harmonia do ser, tornam-se de difícil catalogação. Simultaneamente, advêm reações orgânicas que se refletem nas funções hepática, digestiva, circulatória, dando origem a futuros processos cancerígenos, cardíacos, cerebrais...

A irradiação do ódio é portadora de carga destrutiva que, não raro, corrói as engrenagens do emissor como alcança aquele contra quem vai direcionada, caso este sintonize em faixa de equivalência vibratória.

Lixo do inconsciente, o ódio extravasa todo o conteúdo de paixões mesquinhas, representativas do primarismo evolutivo e cultural.

(Vol. 2, cap. 2)

[...] As suas irradiações destrutivas comburem as energias de quem o sustenta, enquanto, muitas vezes, atingem aqueles contra quem se dirigem, caso permaneçam distraídos dos deveres relevantes ou em faixas mentais equivalentes.

Loucura do amor não atendido, o ódio revela a presença predominante dos *instintos agressivos* vigentes, suplantando os sentimentos que devem governar a vida.

Jamais havendo motivo que lhe justifique a existência, o ódio é responsável pelas mais torpes calamidades sociais e humanas de que se tem conhecimento.

Quando se instala com facilidade, expande as suas raízes como tenazes vigorosas, que estrangulam a razão, transformando-se em agressividade e violência, em constante manifestação.

Em determinados temperamentos, é qual uma chispa insignificante em um monte de feno, produzindo um incêndio devorador. Por motivo de somenos importância, explode e danifica em derredor.

O ódio é causador de muitos sofrimentos. [...]

Pestilencial, ele contamina com facilidade, travestindo-se de irritação, ansiedade, revolta e outros danosos mecanismos psicológicos reagentes.

(Vol. 3, cap. 3)

Etapa terminal do desarranjo comportamental, o ódio é tóxico fulminante no oxigênio da saúde mental e física. [...]

O ódio é estágio primevo da evolução, atavicamente mantido no psiquismo emocional da criatura, que necessita ser transformado em amor, mediante terapias saudáveis de bondade, de exercícios fraternais, de disciplinas da vontade.

(Vol. 5, cap. 2)

O ódio é uma forma de amor que enlouqueceu, sendo que a morte do sentimento de amor, muito pior do que o ódio, é a referida indiferença.

(Vol. 10, cap. 6)

O ódio envenena os sentimentos e entorpece a razão. Dando vitalidade à vingança, conduz a transtornos comportamentais mórbidos de recuperação difícil.

(Vol. 11, cap. 15)

O ódio é remanescente vigoroso das mais sórdidas paixões do primarismo asselvajado, que permanece em luta titânica com a razão e o sentimento de amor inato em todos os seres. [...]

O ódio funciona como automatismo violento, labareda voraz que deixa destruição, para que as *mãos do amor* trabalhem na reconstrução que ressurgirá dos escombros.

(Vol. 11, cap. 16)

O ódio permanece no mundo na condição de loucura que o tempo amorosamente irá desfazendo, fertilizando as plântulas da misericórdia, que é o germinar desse amor no solo dos sentimentos.

(Vol. 11, cap. 16)

OFUSCAMENTO

As ilusões da prosperidade econômica e social, cultural e política induzem o insensato ao ofuscamento, por permitirem-lhe acreditar-se superior aos demais, inacessível ao próximo, colocando barreiras no relacionamento com as outras pessoas que lhe pareçam de menor *status*, qual se estas lhe ameaçassem a situação de destaque. Ignoram os fenômenos biológicos inevitáveis da enfermidade, velhice e morte, ou anestesiam a consciência para não pensarem nas ocorrências do insucesso, da mudança de situação, das surpresas do cotidiano. [...]

O ofuscamento desgoverna inumeráveis existências que se permitem as fantasias do trânsito orgânico, sem a claridade que discerne entre as reais e as falaciosas metas da vida.

(Vol. 3, cap. 3)

ORAÇÃO

A oração é outro veículo por meio do qual se produz a sintonia mental com Deus. Ela faculta uma análise das necessidades humanas em relação às finalidades essenciais da existência, ao tempo em que propicia o relaxar das tensões, estimulando as forças enfraquecidas e renovando-as, graças ao que se abrem as possibilidades de recuperação da saúde.

(Vol. 3, cap. 9)

A oração é o recurso mirífico mais acessível para permitir à criatura a comunicação com o Criador.

Ponte invisível de energias sutis, faculta a união da alma com o Genitor Divino, por cujo meio ela haure as forças e a inspiração para os cometimentos difíceis da existência. [...]

A oração cria as condições e as circunstâncias para a meditação, que projeta o psiquismo nas esferas elevadas, assim equilibrando a saúde e as aspirações, por melhor orientar o sentido da existência e a programática da reencarnação.

(Vol. 4, cap. 13)

A oração amplia-lhe [ao ser consciente] *a faculdade de entendimento da existência e da Vida real.*

(Vol. 5, prefácio)

A oração dulcifica o ser, ilumina-o, acalma-o, renova-o, dá-lhe vida.
(Vol. 7, cap. 27)

Quando a dor se apresenta sob qualquer forma, a oração é o veículo mais eficaz para suportá-la e superá-la. Ademais, ela cria um campo de paz, no qual a alma se fortalece e se inspira, melhor identificando os recursos próprios para fomentar a alegria e o bem-estar.

(Vol. 7, cap. 27)

[...] a oração, além de lenir-lhe os sentimentos [do ser], suavizando as aflições, contribui para a elaboração dos fenômenos da Imaginação Ativa, liberando impressões que, por associação, ampliar-lhe-ão o campo do entendimento da realidade, exumando fantasmas e diluindo-os, ressuscitando traumas que podem ser sanados e ficando com um campo mais livre de imagens perturbadoras, para os mecanismos automatistas dos sonhos.

(Vol. 8, cap. 7)

A oração é emanação do pensamento bem-direcionado e rico de conteúdos vibratórios que se expande até sincronizar com as ondas equivalentes, assim estabelecendo o intercâmbio entre a criatura e o Criador.

(Vol. 11, cap. 35)

A prece faculta uma imediata mudança de comportamento, em razão das energias que a constituem, acalmando interiormente e predispondo à luta de autocrescimento. Quando alguém resolve pedir, liberta-se dos grilhões do orgulho e abre-se, receptivo ao auxílio, tornando-se maleável à renovação, à conquista de outros valores de que necessita.

(Vol. 11, cap. 35)

Orando, o ser desperta e reflexiona, assiste-se emocionalmente e compreende a necessidade de ajudar ao seu próximo, aquele que está mais perto, todo e qualquer indivíduo que se lhe acerque, particularmente quantos lhe constituem a consanguinidade. Jesus, em razão da complexidade da Sua natureza emocional, facilmente encontrava o *Pai* através da oração e n'Ele hauria forças para os enfrentamentos com a *sombra coletiva* que pairava soberana entre os seus contemporâneos.

(Vol. 11, cap. 35)

A oração, desse modo, constitui um revigorante mecanismo de equilíbrio psicológico e moral, facultando visão correta dos significados existenciais e das oportunidades que a reencarnação faculta a quem anela pela felicidade despida de atavios enganosos e embriagadores.

Por seu intermédio, a inspiração abre as comportas do superconsciente e enseja entendimento de tudo quanto estava mergulhado em trevas, tornando-se instrumento de dor e de desequilíbrio. Torna-se necessário por esse intermédio encontrar o *numinoso* que se exteriorizava de Jesus e que mimetizava todos quantos se Lhe acercassem com sinceridade e anseio de paz.

(Vol. 11, cap. 35)

ORAÇÕES ENCOMENDADAS

A transferência das orações por encomenda, para outros as realizarem, conspira em detrimento da responsabilidade e dos deveres que cumpre a todos realizar, a benefício próprio. [...]

Jesus recomendou que orássemos uns pelos outros, num convite à solidariedade fraternal, a fim de que nos ajudemos através das ondas mentais da comunhão com Deus. Isso, porém, não cria a classe dos intercessores que induzem os necessitados à desistência do esforço pessoal.

(Vol. 7, cap. 27)

ORAR

Orar é como arar; é produzir valiosos recursos de sustentação do equilíbrio. [...]

Assim, quem ora eleva-se a Deus e penetra-se de bênçãos, qual ocorre àquela que colhe flores perfumadas...

(Vol. 7, cap. 27)

Orar é banhar-se de claridade, colocando-se em sintonia com as chuvas de energias restauradoras.

Quem ora enternece-se e vitaliza.

(Vol. 7, cap. 27)

Quando orares por alguém, envolve-o em ternura e envia-lhe pensamentos de bem-estar, participando emocionalmente da vibração que lhe destines. Evita a repetição de palavras sem participação pessoal, a expressão maquinal, sem a onda do amor que ajuda.

Ao orares, abre-te a Deus e doa-te de coração e de alma. Sentirás as dúlcidas respostas impregnando-te de forças-luz que vitalizarão por largo período.

(Vol. 7, cap. 27)

Todo e qualquer pedido feito através da prece é conseguido, porque o ato de orar já constitui uma expressão de humildade perante a Vida e um despertar da consciência para a compreensão dos objetivos a que se deve entregar. [...]

(Vol. 11, cap. 35)

ORGULHO

O orgulho, filho dileto do egoísmo, é síndrome de fraqueza moral, que necessita ser combatido com a renovação emocional e o autodescobrimento, mediante os quais o enriquecimento de valores se dá naturalmente e se consegue a força para vencer o patamar inferior em que se estagia.

(Vol. 11, cap. 35)

PACIÊNCIA

A paciência [...] é relevante pelo significado de criar condições no tempo próprio para cada realização. Nem a postergação do labor, tampouco pressa, irreflexão, que não conduzem aos resultados que se esperam.

Ela harmoniza as aspirações humanas, elucidando sobre o valor da ação contínua, bem-elaborada, que atende a cada tarefa no momento oportuno.

Faculta repetir qualquer labor malogrado com o mesmo entusiasmo, ensinando como realizá-lo da maneira mais eficiente, sem o cansaço que induz ao pessimismo, ao abandono da realização. Sabe que tudo quanto hoje não pode ser feito sê-lo-á depois, desde que se persevere no tentame.

A vida se agiganta, molécula a molécula, em clima de harmonia, em paciente e incessante movimentação.

A paciência estimula a coragem, que se esforça para colimar os resultados. Essa coragem é fruto do conhecimento das leis que propiciam a insistência no programa do altruísmo.

(Vol. 3, cap. 6)

A paciência ensina que todo trabalho começa, mas não se pode aguardar imediato término, porque conquistada uma etapa, outra surge desafiadora, já que o ser não cessa de crescer. Somente através de um programa cuidadoso e continuado logra-se alcançar o objetivo que se busca.

Tranquilamente se processa o trabalho de cada momento, abrindo-se novos horizontes que serão desbravados posteriormente, abandonando-se a pressa e não se permitindo afligir porque não se haja conseguido concluí-lo.

A paciência é recurso que se treina com a insistência para dar continuidade a qualquer empreendimento, esperando-se que outros fatores, que independem da pessoa, contribuam para os resultados que se espera alcançar.

Esse mecanismo é todo um resultado de esforço bem direcionado, consistindo no ritmo do trabalho que não deve ser interrompido.

(Vol. 8, cap. 8)

A paciência, conquista individual através do esforço pela autoiluminação, pelo autoconhecimento e descoberta dos objetivos da existência, transforma-se em caridade de essencial significado quando direcionada aos que sofrem, ajudando-os com benignidade, trabalhando a resignação que dela também se deriva.

(Vol. 11, cap. 10)

A paciência encoraja o ser, porque o ajuda a enfrentar quaisquer situações, tomado pela ciência da paz.

(Vol. 11, cap. 10)

PACIÊNCIA/PAZ

A paciência, também pode ser considerada como a ciência da paz, e por isso são *bem-aventurados os pacíficos*, aqueles que trabalham com método e confiança tranquila em favor da renovação do mundo e das suas criaturas, conseguindo ser *chamados filhos de Deus* que representam toda a paz.

A paz deve constituir a meta do ser pensante que luta em contínuas tentativas de adquirir a plenitude.

A paz é tesouro que não pode ser afetado em circunstância alguma, que a leve a desaparecer. E a paciência é sua exteriorização, porque é o mecanismo não violento de que se utiliza, a fim de alcançar os objetivos a que se propõe.

(Vol. 11, cap. 10)

PAIXÃO DE CRISTO

A *paixão de Cristo* por todas as criaturas é um estímulo constante a que se compadeçam os indivíduos uns pelos outros, sustentando-se nas dores e dificuldades, jamais piorando as suas necessidades ou afligindo-se mais através dos *instintos agressivos*, por acaso prevalecentes em sua *natureza animal*.

(Vol. 3, cap. 5)

PALAVRA

A palavra é valioso instrumento de comunicação, que tem entorpecido grandes ideais da Humanidade, por não ser fiel aos sentimentos que deveria expressar. [...]

A palavra que liberta igualmente se faz meio de escravidão.

Por isso, a arte de falar impõe requisitos que são essenciais para expressar-se retamente.

Deve-se pôr na palavra a discrição que sabe como e quando falar, evitando gerar constrangimento e amargura.

(Vol. 3, cap. 8)

PÂNICO *ver também* SÍNDROME DO PÂNICO

PAZ

A paz resulta do equilíbrio entre a razão e o sentimento, o que se faz e como se faz, sempre edificando.

(Vol. 7, cap. 23)

Nunca se deve pensar que a paz é ausência de atividade ou de desafios. Trata-se de uma atitude interior ante os acontecimentos, uma forma de ver como transcorrem e nunca uma situação parasitária ou inútil.

[...] É um processo pessoal de autodeterminação, de autoesforço, de autoabnegação, possível de ser conseguido desde que hajam sido investidos empenho, decisão e perseverança.

(Vol. 10, cap. 2)

A paz resulta da consciência sem choque com o inconsciente, que a irriga de ideais superiores e a estimula às realizações enobrecidas. Não impede que surjam novas refregas, consistindo em equilíbrio perante os desafios e confiança no desempenho das tarefas.

(Vol. 10, cap. 10)

A verdadeira paz é adquirida mediante o logro da autorrealização, coroamento do processo de autoconhecimento e de conduta dentro dos padrões do dever, que resulta em verdadeiro prazer.

(Vol. 16, cap. 6)

PENSAMENTO

O que se cultiva no pensamento transborda para a esfera objetiva, constituindo-se elemento existencial no comportamento humano.

O pensamento é fonte geradora e dínamo condutor da Vida para a vida.

(Vol. 3, cap. 8)

❖

O pensamento salutar e edificante flui pela corrente sanguínea como tônus revigorante das células, passando por todas elas e mantendo-as em harmonia no ritmo das finalidades que lhes dizem respeito. O oposto também ocorre, realizando o mesmo percurso, perturbando o equilíbrio e a sua destinação.

(Vol. 6, cap. 1)

Desse modo, o pensamento não procede do cérebro. Este tem a função orgânica de registrá-lo e, vestindo-o de palavras, externá-lo, como por intermédio da Arte nas suas incontáveis apresentações.

O pensamento é exteriorização da mente, que independe da matéria e, por sua vez, é originada no Espírito.

(Vol. 6, cap. 2)

Em uma visão espírita do *pensamento*, a mente plasma no cérebro a ideia, através das multifárias reencarnações, evoluindo o ser espiritual, desde *simples* e *ignorante*, quando se manifesta por meio do pensamento primitivo até o momento em que, desenvolvendo todas as potencialidades que nele jazem, estas se desvelam e se fixam nos sutis painéis da sua constituição energética. [...]

Assim, o pensamento, que procede da *máquina* mental, recorre ao cérebro a fim de fazer-se entendido no atual estágio de evolução da Humanidade.

(Vol. 6, cap. 2)

O pensamento, portanto, bem-construído, age no mecanismo do sistema nervoso, no cérebro, e estes, conjugados, produzem enzimas protetoras que tornam imune o organismo a muitas invasões de agentes destrutivos, propiciando saúde.

(Vol. 8, cap. 6)

O pensamento é força viva e atuante, porque procede da mente que tem a sua sede no ser espiritual, sendo, portanto, a exteriorização da Entidade eterna.

(Vol. 8, cap. 11)

O atributo, por excelência, que diferencia o ser humano do animal em escala zoológica inferior, é o pensamento.

Do ponto de vista filosófico, o pensamento é a faculdade psíquica que abarca os fenômenos cognitivos, diferindo do sentimento e da vontade.

Mediante o pensamento é possível a apreensão lógica das coisas, do ambiente, do raciocínio, do conhecimento. Responsável pela capacidade de perceber a beleza, identificar os sentimentos e elaborar programas de direcionamento, constitui um dos mais admiráveis tesouros com que a Vida honra o ser antropológico no seu infindável processo de evolução. [...]

O pensamento é um *arquipélago* de recursos inexauríveis que o Espírito possui e que os complexos mecanismos neurais transformam em ideias através das sinapses defluentes dos impulsos que lhes permitem a intercomunicação. [...]

O pensamento é delicado instrumento do *Self* para exteriorizar as ocorrências internas da sua existência, facultando a comunicação racional e inteligente com o mundo, as pessoas e as coisas.

Possuidor de inimagináveis procedimentos, é condutor das ideias que dão sentido à vida; no entanto, quando mal direcionado derrapa em viciações mentais perturbadoras que levam o indivíduo a conflitos e desordens emocionais de gravidade.

Disciplinado pela vontade, conduz os sentimentos aos níveis mais formosos da inteligência, que se enriquece de requisitos capazes de felicitar e tornar harmônicas as criaturas.

O pensamento é energia que pode conduzir à sublimação ou ao desespero conforme os conteúdos psíquicos de que se revista.

(Vol. 12, cap. 2)

Examinado sob o ponto de vista filosófico, *o pensamento é uma atividade psíquica* que responde pela ocorrência dos *fenômenos cognitivos*, independendo da *vontade e dos sentimentos*. [...]

Emanação do Espírito, é o instrumento hábil para o estabelecimento da razão, do discernimento, da consciência que se desenvolve através de níveis específicos até fundir-se na identificação cósmica, conforme sucede com o próprio pensamento. [...]

É nessa estrutura que o *Self* adquire resistência para compreender e aceitar a *sombra*, conviver com o *ego* sem luta nem conflito.

(Vol. 15, cap. 9)

PENSAMENTO COMPULSIVO

Quando se é portador de *pensamento compulsivo*, a consciência torna-se invadida por representações mentais involuntárias, repetitivas e incontroláveis, variando de paciente para paciente. Trata-se de ideias desagradáveis umas, repugnantes outras, que infelicitam, e o enfermo não dispõe de meios lúcidos para as enfrentar, superando-as. Trata-se de um objetivo defensivo do inconsciente pessoal, impedindo que o doente tome conhecimento da sua realidade interior, dos seus legítimos impulsos e emoções.

Fixam-se-lhe pensamentos repetitivos, alguns ridículos, mas dos quais o enfermo não se consegue libertar. Outras vezes, manifestam-se em forma de dúvidas inquietantes, que desequilibram o comportamento.

(Vol. 12, cap. 6)

PENSAMENTO COMPULSIVO *ver também* ATIVIDADE COMPULSIVA

PENSAMENTO CÓSMICO

O pensamento cósmico é, sem dúvida, o mais alto nível a ser conquistado pelo ser humano enquanto na roupagem física, no entanto, outros mais significativos existem fora dos limites do corpo, aguardando o infinito.

(Vol. 14, cap. 1)

PENSAMENTO INTUITIVO

Na última fase [posterior ao pensamento lógico], o pensamento se torna intuitivo, não necessitando de parâmetros racionais, extrapolando o limite dos dados da razão, por expressar-se de forma inusitada no campo atemporal, viajando, concluímos nós, para a área da paranormalidade, das percepções extrafísicas.

(Vol. 6, cap. 2)

PENSAMENTO LÓGICO

É inevitável o processo de crescimento mental e o pensamento faz-se lógico [na fase de natureza egocêntrica], entendendo a realidade concreta da vida, os fenômenos e suas leis, interpretando o abstrato de maneira fecunda e raciocinando dentro de diretrizes equilibradas, fundamentadas na razão. A linha de raciocínio lógico exige a formulação de dados que facultam o estabelecimento de fatores para que a harmonia dos conteúdos seja aceita.

(Vol. 6, cap. 2)

PENSAMENTO MÁGICO

Naturalmente, mais tarde [após o período pré-mágico], vem o período mágico, que se instalou na era agrária, dando origem às grandes civilizações do passado com toda a concepção politeísta, inspirada nos fenômenos que se enriqueciam de ideias mitológicas, muitas das quais, na tragédia grega, oferecem campo para as admiráveis interpretações psicanalíticas.

(Vol. 6, cap. 2)

PENSAMENTO PRÉ-MÁGICO

Graças às heranças genéticas, ao processo de crescimento (filogenético) e aos fatores mesológico-sociais, o ser passa [do pensamento primário] para o pré-mágico, no qual a fantasia se apresenta em forma de imaginação rica de mitos que se originam no medo, nas aspirações de equilíbrio, de prazer – períodos da caverna, da palafita – para dar início aos cultos através dos sacrifícios humanos, como forma de aplacar a ira, a fúria dos elementos cruéis, os deuses da vingança, da inveja, do ódio, que lhe pareciam governar a vida, a natureza, o destino.

(Vol. 6, cap. 2)

PENSAMENTO PRIMÁRIO

Segundo o emérito mestre [Mira y Lopes], a primeira expressão do pensamento – fase inicial do processo da evolução orgânica e mental – é o primário, no qual a linguagem se apresenta de forma instintiva, sensorial, sem comunicação intelectiva, de natureza verbal e clara. São impulsos que decorrem das necessidades imediatas, buscando exteriorizá-las e tê-las atendidas.

(Vol. 6, cap. 2)

No período do *pensamento primário* tudo é feito mediante automatismos dos instintos, preservando os fenômenos inevitáveis da vida biológica, de modo a poder desenvolver as faculdades do discernimento sob a força do trabalho brutal, suavizando a própria faina com o esforço das conquistas operadas. Nesse ser primitivo as esperanças cantam as expectativas das glórias futuras. [...]

(Vol. 8, cap. 2)

PERDA DE IDENTIDADE

A perda de identidade decorre da fragmentação da personalidade, causando danos profundos à conduta que se extravia dos padrões sociais aceitos, adotando atitudes grotescas, alienando-se, buscando, nas suas fugas, aceitações exóticas em clãs *hippies*, *punks*, *skinheads* ou equivalentes...

(Vol. 9, cap. 12)

PERDA DO SENSO DE HUMOR

A perda do senso de humor, entre outras causas, resulta do estresse e da amargura, do desgaste das emoções e do vazio existencial, colimando em condutas pessimistas, caracterizadas pela revolta sistemática, a agressividade diante de quaisquer incidentes, ou pelo desânimo, pelo desinteresse em torno das ocorrências. Descaracterizam-se, então, os valores perante si mesmo, e as aspirações cedem lugar à acomodação rebelde, conspirando contra as estruturas íntimas.

(Vol. 9, cap. 7)

PERDA DO SI

Na perda do Si – efeito da vida moderna –, o indivíduo frustra-se, ficando atrás daqueles que brilham, consumindo-lhes o sucesso, ao tempo em que os ajuda a vender mais, a desfrutar de mais êxito.

A sua *invisibilidade* nem sequer é percebida, mas constitui apoio e segurança para aqueles que se destacam.

De outra forma, a ocorrência também contribui para o aumento da criminalidade, para as condutas aberrantes.

A agressividade surge, então, quando o espaço diminui, seja entre os animais ou entre os homens. Comprimidos, tornam-se violentos.

Impossibilitados de alcançar ou de serem alcançados pelas luzes do sucesso, explodem em perversidades, em condutas criminosas, que os retiram do anonimato e os transformam em ídolos para os outros psicopatas que os seguirão, neles tendo os seus mitos.

Por sua vez, os seus líderes são indivíduos reais ou conceptuais que a mídia celebriza pela hediondez disfarçada de coragem, porque são defensores da Lei e da sociedade, embora os métodos truanescos de que se utilizam ou pela habilidade de burlarem o sistema, de se tornarem justiceiros a seu modo, ou de se imporem pelo suborno, pelo medo, pelo poder que aos outros reduz ao nada.

Uma vida saudável não naufraga na perda do Si, por estabelecer os seus próprios ideais, expressos em uma conduta harmônica dentro das diretrizes do socialmente aceito e caracterizada pela autoconsciência. [...]

A perda do Si, sem dúvida, é uma das muitas enfermidades dos tormentos modernos.

(Vol. 9, cap. 12)

PERDÃO

O perdão para as faltas alheias luariza a paisagem íntima, clareando as sombras da angústia insistente que bloqueia a alegria de viver, produzindo sofrimentos injustificáveis.

(Vol. 3, cap. 4)

Assim, o verdadeiro perdão somente é possível quando ocorre o olvido pleno ao mal de que se foi objeto.

(Vol. 7, cap. 19)

O ato de perdoar não leva, necessariamente, à ideia de anuência com aquilo que fere o estatuto legal e o código moral da vida, mas proporciona a compreensão exata da dimensão do gravame e dos comportamentos a serem adotados para que ele desapareça, devolvendo à vida a harmonia que foi perturbada com aquela atitude.

(Vol. 10, cap. 2)

À luz da Psicologia Profunda, o perdão é superação do sentimento perturbador do desforço, das figuras de vingança e de ódio através da perfeita integração do ser em si mesmo, sem deixar-se ferir pelas ocorrências afligentes dos relacionamentos interpessoais.

Tem um significado mais que periférico ou de aparência social, representando a permanência da tranquilidade interna ante os impactos desgastantes externos, que sempre aturdem quando o indivíduo não está forrado de segurança nas próprias realizações, nem confiante na correta execução de programas que exigem desafios através de provas compreensíveis diante dos obstáculos que se encontram pela frente.

(Vol. 11, cap. 11)

PERDÃO DA CONSCIÊNCIA

A consciência *não perdoa*, no que concerne a deixar no olvido o crime perpetrado. O seu perdão se expressa mediante a reabilitação do infrator.

(Vol. 3, cap. 3)

PERFECCIONISMO

O perfeccionismo aflige o ser, que perde o parâmetro dos limites e, inquieto, complexado, tenta, por esse meio, demonstrar aos outros e a si mesmo o de quanto é capaz, embora nunca se satisfaça com o adquirido, o já realizado.

Normalmente resulta do medo de ser superado, de ser colocado à margem, de não merecer elogio ou destaque, tornando-se essa incerteza um flagelo interior que nunca se sente compensado com a alegria do dever cumprido, nem dos objetivos alcançados.

(Vol. 10, cap. 8)

PERISPÍRITO

O perispírito, também denominado *corpo astral*, é constituído de vários tipos de fluidos (energia) ou de matéria hiperfísica, sendo o *laço* que une o Espírito ao corpo somático.

Multimilenarmente conhecido, atravessou a História sob denominações variadas. Hipócrates, por exemplo, chamava-o *Enormon*, enquanto Plotino o identificava como *Corpo Aéreo* ou *Ígneo*. Tertuliano o indicava como *Corpo Vital da Alma*, Orígenes como *Aura*, quiçá inspirados no apóstolo Paulo que o referia como *Corpo Espiritual e Corpo Incorruptível*. No Vedanta ele aparece como *Mano-maya-Kosha* e no Budismo Esotérico é designado por *Kamarupa*. Os egípcios diziam-no *Ka* e o Zend Avesta aponta-o por *Baodhas*, a Cabala hebraica por *Rouach*. É o *Eidôlon* do Tradicionalismo grego, o *Imago* dos latinos, o *Khi* dos chineses, o *Corpo sutil e etéreo* de Aristóteles... Confúcio igualmente o identificou, chamando-o *Corpo Aeriforme* e Leibnitz qualificou-o de *Corpo fluídico*... As variadas épocas da Humanidade defrontaram-no e por outras denominações ele passou a ser aceito.

De importância máxima no complexo humano, é o moderno *Modelo organizador biológico*, que se encarrega de plasmar no corpo físico as necessidades morais-evolutivas, através dos genes e cromossomos, pois que, indestrutível, eteriza-se e se purifica durante os processos reencarnatórios elevados.

Pode-se dizer que ele é o esboço, o modelo, a forma em que se desenvolve o corpo físico. É na sua intimidade energética que se agregam as células, que se modelam os órgãos, proporcionando-lhes o funcionamento. Nele se expressam as manifestações da vida, durante o corpo físico e depois, por facultar o intercâmbio de natureza espiritual. É o condutor da energia que estabelece a duração da vida física, bem como é responsável pela memória das existências passadas que arquiva nas telas sutis do inconsciente atual, facultando lampejos ou recordações esporádicas das existências já vividas.

O filósofo escocês Woodsworth estudando-o, disse que é o *Mediador plástico* "através do qual passa a torrente de matéria fluente que destrói e reconstrói incessantemente o organismo vivo."

Na sua estrutura de energia se localizam os distúrbios nervosos que se transferem para o campo biológico e que procedem dos compromissos negativos das reencarnações passadas. Igualmente ele responde pelas doenças congênitas, em razão das distonias morais que conduz de uma para outra vida. Por isto mesmo, trata-se de um *organismo vivo* e pulsante, sendo constituído por trilhões de corpos unicelulares rarefeitos, muito sensíveis, que imprimem nas suas intrincadas peças as atividades morais do Espírito, assinalando-as nos órgãos correspondentes quando das futuras reencarnações.

Veículo sutil e organizador, é o encarregado de fixar no organismo os traumas emocionais como as aspirações da beleza, da arte, da cultura, plasmando nos sentimentos as tendências e as possibilidades de realizá-las.

(Vol. 2, cap. 9)

O perispírito modela o organismo de que o Espírito tem necessidade, equipando-o com os neurotransmissores cerebrais capazes de refletir os fenômenos-resgate indispensáveis para o equilíbrio.

(Vol. 6, cap. 6)

[...] perispírito ou corpo semimaterial, que sedia as experiências e as registra, transferindo-as de uma para outra existência, veículo *modelador da forma*, que imprime no futuro instrumento material as necessidades que se lhe fazem imperiosas para a superação das tendências primitivas, das paixões dissolventes, dos vícios adquiridos durante o percurso da jornada evolutiva [...].

(Vol. 12, cap. 7)

O perispírito que o reveste [o ser humano] é o órgão no qual se insculpem as realizações que lhe procedem da essência, encarregando-se de modelar as futuras formas orgânicas e emocionais de acordo com os atos praticados no transcurso das existências da evolução.

(Vol. 12, cap. 11)

PERSEVERANÇA

A perseverança se apresenta como pertinácia, insistência no labor que se está ou se pretende executar, de forma que não se interrompa o curso programado. Mesmo quando os desafios se manifestam, a firmeza da decisão pela consciência do que se vai efetuar, faculta maior interesse no processo desenvolvido, propondo levar o projeto até o fim, sem que o desânimo encontre guarida ou trabalhe desfavoravelmente.

Somente através da perseverança é que se consegue amoldar as ambições aos atos, tornando-os realizáveis, materializando-os, particularmente no que diz respeito àqueles de elevada qualidade moral, que resultam em bênçãos de qualquer natureza em favor do Espírito.

(Vol. 8, cap. 8)

Como qualquer outro condicionamento, a perseverança decorre da insistência que se impõe o indivíduo, para alcançar os objetivos que o promovem e o dignificam. Ninguém existe sem ela ou incapaz de consegui-la, porque resulta apenas do desejo que se transforma em tentativa e que se realiza em atitude contínua de ação.

(Vol. 8, cap. 8)

PERSONA

A *persona* está sempre mudando no processo existencial porque resulta das aquisições psicológicas e morais, embora o *ego* se demore na sua dominação, adquirindo recursos para interagir com as novas conquistas. Durante os períodos de mudanças biológicas, conforme referido anteriormente, essas mudanças sucedem-se com naturalidade, atingindo o clímax na fase adulta – velhice –, quando o período é saudável.

(Vol. 15, cap. 4)

PERSONALIDADE

Em permanente representação dos conteúdos mentais, e dominada pela imposição das leis e costumes de cada época e cultura, a personalidade representa a aparência para ser conhecida, não raro, em distonia com o Eu profundo e real, gerador de conflitos.

A personalidade é transitória e assinala etapas reencarnatórias, definidoras de experiências nos sexos, na cultura, na inteligência, na arte e no relacionamento interpessoal.

(Vol. 5, cap. 2)

Podemos considerar a personalidade humana constituída de essência e substância. A primeira são as energias que procedem do Eu profundo, as vibrações que dimanam da sua causalidade, e a segunda é a reunião dos conteúdos psíquicos, transformados em atos, experiências, realizações, decorrentes do ambiente, das circunstâncias, e reminiscências das existências passadas.

(Vol. 5, cap. 8)

PERSONALIDADE INFANTIL

O homem ou a mulher de personalidade infantil deseja o espaço do outro, sem querer ceder aquele que acredita seu. Quando consegue, limita a movimentação do afeto, a quem deseja subjugar por hábeis maneiras diversas, escondendo a insegurança que é responsável pela ambição atormentada. Se não logra, parte para o jogo dos caprichos, que termina em *incompatibilidade de temperamentos*, disfarçando as suas reações neuróticas.

(Vol. 2, cap. 6)

PERSONALIDADE OBSESSIVA *ver* CARÁTER OBSESSIVO

PERTURBAÇÃO

São muitos os fatores de perturbação que agridem o indivíduo, tais como as constrições emocionais resultantes das aspirações, dos receios e da insegurança, da timidez e outros tantos de natureza psicogênica, que se desenvolvem sorrateiramente nas paisagens da personalidade.

(Vol. 10, cap. 2)

PERTURBAÇÃO DE CONVERSÃO

[...] tradicionalmente conhecida como *neurose histérica* e estudada por Freud, que elucidava estar na raiz dessa perturbação o conflito do indivíduo que *resolve* os seus mais terríveis conflitos mediante a sua transformação e desenvolvimento em perturbações físicas histéricas. Muitos desses enfermos, quando em crise de conversão, apresentam-se incapazes de ver, de ouvir, de movimentar-se; não obstante a ausência de fatores orgânicos que justifiquem o problema.

Invariavelmente as causas psicogênicas encontram-se, segundo alguns estudiosos, na educação permissiva que tiveram durante a infância, especialmente no que diz respeito às questões sexuais, dando lugar *à diminuição dos sintomas provocados por pensamentos e memórias sexuais agressivos*.

Numerosa no século XIX, hoje a sofisticação de *diagnóstico* pode elucidar com rapidez a procedência dessas paralisias, das cegueiras e surdezes, facilmente constatando-se a *conversão*. Dessa forma, a sua ocorrência atual tem mais probabilidade de apresentar-se em regiões geográficas onde a cultura é menos divulgada e a vivência familiar menos permissiva, qual ocorre ainda, embora com menor incidência, nas regiões rurais.

(Vol. 12, cap. 8)

PERTURBAÇÕES SOMATOFORMES DA DOR

[...] o enfermo experimenta dores generalizadas que realmente fazem sofrer e que se cronificam, sem possuírem qualquer embasamento de natureza orgânica.

(Vol. 12, cap. 8)

PESSOA

Do ponto de vista psicológico, a pessoa é um ser que se expressa em múltiplas dimensões, desde os seus conteúdos humanistas, comportamentalista e existencial, a novos potenciais que estruturam o ser pleno.

A Psicologia Ocidental, diferindo da oriental, manteve o conceito de pessoa nos limites berço-túmulo com uma estruturação transitória, enquanto a outra sustenta a ideia de uma realidade transcendente, embora a sua imanência na expressão da forma e relatividade corporal.

Os estudos transpessoais, incorporando as teses orientais, consideram a pessoa um ser integral, cujas dimensões podem expressar-se em várias manifestações, quais a consciência, o comportamento, a personalidade, a identificação, a individualidade, num ser complexo de expressão trinitária.

Não apenas o corpo, o ser psicofísico, porém, a matéria – efeito, o perispírito –, modelo organizador biológico, e o Espírito – a individualidade eterna.

(Vol. 5, cap. 2)

A pessoa, observada do ponto de vista imortal, é preexistente ao corpo, e sua origem perde-se nos milênios passados do processo evolutivo, desenvolvendo-se fiel a uma fatalidade que se manifesta em cada experiência corporal – reencarnação – como aquisição de novos implementos, faculdades e funções que tangenciam ao crescimento e à felicidade.

A pessoa sintetiza, quando corporificada, as dimensões várias que lhe cumpre preservar e aprimorar, facultando o desabrochar de recursos que lhe fazem embrionários e são essenciais ao seu existir.

(Vol. 5, cap. 2)

A pessoa é, acima de tudo, a sua mente. O que elabora, torna-se; quanto cultiva, experimenta.

(Vol. 5, cap. 2)

PIEDADE

A piedade é sentimento excelso, porque parte da emoção que comparte a dor do seu próximo e busca diminuí-la. Possuidor de potencial dinâmico, não fica somente na expressão exterior, transformando-se em ação de beneficência, sem a qual esta última seria apenas uma forma de filantropia.

A piedade é a dileta filha do amor, que surge no homem quando este se eleva, alcançando níveis de consciência mais condizentes com o seu estado de conquistador do Infinito, que não cessa de servir.

Expressa-se de mil maneiras, desde a dor que punge aquele que a experimenta até as lágrimas que são vertidas sobre as feridas morais, balsamizando-as, ou o medicamento que se coloca nas pústulas expostas da degenerescência orgânica.

(Vol. 11, cap. 19)

É antídoto eficaz contra o orgulho e o egoísmo, porque nivela todos aqueles que sempre podem ser colhidos por dissabores e insucessos, enfermidades e desencarnação...

(Vol. 11, cap. 19)

A piedade expressa as duas naturezas do ser [masculina e feminina], unindo-as, identificando-as, harmonizando-as em perfeita sincronia vibratória.

(Vol. 11, cap. 19)

PINEAL *ver* EPÍFISE

PIRÂMIDE DE MASLOW

A criatura humana possui motivação para uma existência saudável, a depender da aspiração que mantenha no seu sacrário íntimo, conforme propõe Abraham Maslow (1908-1970).

Na pirâmide proposta pela eminente terapeuta humanista, as necessidades fisiológicas dos primeiros períodos vão lentamente sendo direcionadas para outras, como as de segurança, conforto, ausência de medos, busca do amor, competência, aprovação e reconhecimento; logo ascendendo para as necessidades cognitivas, ordem, beleza, realização pessoal para atingir as experiências-limite.

Nessa ascensão, o conceito de si próprio exerce um papel preponderante, por estimular o ser à conquista de valores internos e pessoais, que o erguem ao pleno desenvolvimento dos seus recursos morais e espirituais.

(Vol. 13, cap. 7)

PLENITUDE

A plenitude, por isso mesmo, é patamar superior, que para ser conquistada depende das realizações felizes nas faixas precedentes.

(Vol. 7, cap. 1)

Dentro desses limites que lhe dizem respeito, a plenitude significa um estado de iluminação e de paz, não de conquista absoluta, na relatividade do seu processo evolutivo.

(Vol. 15, cap. 8)

A plenitude é a glória de ser-se o a que se está predestinado pela injunção da força criativa, independendo das coisas, e sim resultante da essência de que cada qual é único e deverá unir-se à inteligência cósmica, tornando-se realmente consciente da unidade universal.

A plenitude dilui e absorve a *sombra*, fazendo desaparecer todas as suas marcas ancestrais que dificultavam o processo de autoiluminação.

(Vol. 16, cap. 3)

A plenitude é o estado de harmonia entre as manifestações psíquicas, emocionais e orgânicas resultantes do perfeito entrosamento da mente, do *Self* que também possui alguma forma de *sombra*, com o *ego*, integrando-se sem luta, a fim de ser readquirida a unidade.

(Vol. 16, cap. 5)

PODER

O poder, quando em pessoas imaturas, corrompe-as, assim como se torna instrumento de perversão de outros indivíduos que se lhe entregam inermes e ansiosos. [...]

O poder, por mais recursos disponha, é antagônico ao prazer. Isso porque o prazer resulta do inter-relacionamento das energias que são liberadas no fluxo das sensações que o ser corporal experimenta em si mesmo ou no meio em que se movimenta. O poder, no entanto, é forte enquanto produz o represamento e o controle da energia. Ademais, o poder é fonte de conflito, o que impede o prazer real, exceto em condições patológicas do seu possuidor.

Por intermédio do poder surgem o abuso, a ausência de senso das proporções, a dominação ameaçadora e desagregadora do relacionamento humano. A vida familiar perde a sua estrutura quando um dos cônjuges assume o poder e o expande, submetendo o outro e os demais membros do clã. No grupo social, o mais fraco se sente sempre intimidado sob a espada de Dâmocles, que parece prestes a cair-lhe sobre a cabeça.

Há uma tendência natural no poder, que o leva a submeter os demais seres ao seu talante, tornando-se repressório e cruel. Toda repressão e crueldade castram o prazer, mesmo quando este se pode apresentar, porque se vê rechaçado ou rebaixado à condição de satisfação individual, angustiada.

Quando o poder, no entanto, supera as barreiras dos interesses mesquinhos do *ego*, passa a trabalhar para a comunidade igualitária, na qual surgirão os prazeres compensadores. Para que tal se realize, torna-se inevitável a necessidade, o cultivo da criatividade, permitindo que o ser humano cresça e expanda a sua capacidade realizadora, fomentando o bem-estar geral e a harmonia entre os indivíduos, jamais se direcionando para fins que não sejam o crescimento e a valorização da sociedade.

Seja qual for a forma de poder, torna-se imprescindível a liberação da sua carga egoísta para preencher a superior finalidade do prazer.

(Vol. 9, cap. 2)

POLÊMICA

A polêmica, nascida no despeito, na mágoa, na paixão, somente produz desarmonia, trevas, nunca esclarecendo.

(Vol. 7, cap. 3)

PONTO DE LUZ

Perfeitamente identificadas as áreas nas quais se exteriorizam as diferentes inteligências, há, no entanto, em destaque um *ponto-luz* que expressa no cérebro a existência daquela de natureza espiritual, impulsionando o ser à compreensão da sua transcendência e da sua destinação no rumo do Infinito. Esse *ponto-luz* ou *divino* está situado entre as conexões dos neurônios nos lobos temporais do cérebro.

(Vol. 12, cap. 2)

PONTO DE LUZ *ver também* INTELIGÊNCIA ESPIRITUAL

POSSE

A posse é uma necessidade para atender objetivos próprios, que não são únicos nem exclusivos. Os recursos amoedados, o poder político ou social são mecanismos de progresso, de satisfação, enquanto conduzidos pelo homem, qual locomotiva a movimentar os carros que se lhe submetem. Quando se inverte a situação, o iminente desastre está à vista.

(Vol. 2, cap. 6)

Na contabilidade da vida, a verdadeira posse apresenta-se como o bem que se esparze e proporciona alegria, em vez de significar o recurso que se armazena, permanecendo inútil.

(Vol. 4, cap. 7)

PRAZER

O prazer se apresenta sob vários aspectos: orgânico, emocional, intelectual, espiritual, sendo, ora físico, material, e noutros momentos de natureza abstrata, estético, efêmero ou duradouro, mas que deve ser registrado fortemente no psiquismo, para que a existência humana expresse o seu significado.

O prazer depende, não raro, de como seja considerado. Aquilo que é bom genericamente dá prazer, abrindo espaço para o medo da perda, das faltas, ou para as situações em que pode gerar danos, auxiliando na queda do indivíduo em calabouços de aflição.

Muitas pessoas consideram o prazer apenas como expressão da lascívia, e se olvidam daquele que decorre dos ideais conquistados, da beleza que se expande em toda parte e pode ser contemplada, das inefáveis alegrias do sentimento afetuoso, sem posse, sem exigência, sem o condicionamento carnal. [...]

Acentuamos, porém, que o prazer é uma força criadora, predominante em tudo e em todos, responsável pela personalidade, mesmo pela esperança. Muitas vezes, é confundido com o desejo de tudo possuir, a fim de desfrutar, mais tarde, da cornucópia carregada de todos os gozos, preferentemente o de natureza sexual.

(Vol. 9, cap. 1)

O prazer não significa somente aquilo que agrada em determinado período da existência física, mas tudo quanto proporciona alegria, bem-estar, felicidade, emulação para o crescimento interior, conforto, paz... Por isso mesmo, a escala de valores a respeito do prazer varia de acordo com a idade que cada qual desfruta. Quanto significa de volúpia em um momento, noutro desaparece completamente, perdendo-lhe o atrativo.

Há prazeres que despertam os sentidos e os excitam, com imediatas compensações desgastantes, como os há que estimulam os sentimentos e proporcionam demorado bem-estar. O prazer que consome por um momento não pode ser comparado com aquele que permanece agradável, mesmo após haver passado o seu clímax.

(Vol. 10, cap. 9)

O prazer induz à posse, ao acúmulo, à obstinação pela conquista de coisas, enquanto que a felicidade deflui da superação dos tormentos de possuir, de preservar, de multiplicar.

(Vol. 14, cap. 7)

PRECE *ver* ORAÇÃO

PRECONCEITO

Os preconceitos são frutos espúrios da crise moral que atormenta o indivíduo insatisfeito com a própria conduta, exigindo privilégios para si, em face da insegurança psicológica no trato relacional com o seu próximo.

(Vol. 14, cap. 2)

PREGUIÇA

A preguiça, ou propensão para a inatividade, para não trabalhar, também conhecida como lentidão para executar qualquer tarefa, ou caracterizada como negligência, moleza, tardança, é desvio de conduta, que merece maior consideração do que aquela que lhe tem sido oferecida.

Surge naturalmente, expressando-se como efeito de algum tipo de cansaço ou mesmo necessidade de repouso, de recomposição das forças e do entusiasmo para a luta existencial.

Todavia, quando se torna prolongado o período reservado para o refazimento das energias, optando-se pela comodidade que se nega às atitudes indispensáveis ao progresso, apresenta-se como fenômeno anômalo de conduta. [...]

Esse tormento, que se avoluma, transforma-se em pessimismo que propele, cada vez mais, a situações de negatividade e de ressentimento.

Pode também transformar-se em mecanismo de autodestruição, em face da crescente ausência de aceitação de si mesmo, perdendo o necessário contributo da autoestima para uma existência saudável.

A pessoa assume posição retraída e silenciosa, evitando qualquer tipo de estímulo que a possa arrancar da constrição a que se submete espontaneamente.

Danosa, torna os membros lassos, a mente lenta no raciocínio, apresentando, após algum tempo, distúrbios de linguagem e de locomoção.

Sob outro aspecto, pode apresentar-se como perda do entusiasmo pela vida, ausência de motivação para realizar qualquer esforço dignificante ou algum tipo de ação estimuladora.

O seu centro de atividade é o *ego*, que somente se considera a si mesmo, evitando espraiar-se em direção das demais pessoas, em cuja convivência poderia haurir entusiasmo e alegria, retomando o arado que sulcaria o solo dos sentimentos para a plantação da boa vontade e do bem-estar. [...]

A preguiça prolongada pode expressar também uma síndrome de depressão, mediante a qual se instalam os distúrbios de comportamento afetivo e social, gerando profundos desconfortos e ansiedade.

A entrega à ociosidade torna débil o caráter do paciente, impedindo-o de realizar qualquer esforço em favor da recuperação.

(Vol. 13, cap. 2)

A preguiça mina a autoconfiança e destrói as possibilidades de pronta recuperação.

(Vol. 13, cap. 2)

PRINCÍPIOS MORAIS

Os princípios morais – alguns inatos ao ser humano – são indispensáveis. Não, porém, as imposições morais e sociais, geográficas, estabelecidas legalmente e logo desacreditadas. Mas aqueles que são inerentes, derivados do mais profundo e básico, que é o amor. Respeitar a Vida, amando-a; fomentar o progresso, trabalhando; construir a felicidade, perseverando; não fazer a outrem o que não deseja que este lhe faça, elimina

Elucidações psicológicas à luz do Espiritismo

a possibilidade de *consciência de culpa*, de conflito, e dão-lhe um padrão para o comportamento equilibrado, uma diretriz para a conduta sadia.

(Vol. 9, cap. 5)

PROBLEMA SOLUCIONADO

Problema solucionado significa patamar vencido e novo desafio de crescimento adiante, porque é assim a constante da vida humana em seu sentido de evolução.

(Vol. 8, cap. 3)

PROGRESSO

O progresso é resultado de contínuas tentativas de realizações em crescendo sob a inspiração da cultura e do conhecimento. Dilata-se na razão direta em que são alcançados alguns níveis e se desenham outros ainda não atingidos, desafiadores e ricos de possibilidades para o ser que anela crescer e plenificar-se.

(Vol. 11, cap. 33)

PROJEÇÃO

A repressão inconsciente dos conflitos da personalidade leva o *ego* a projetá-los nos outros indivíduos, nas circunstâncias e lugares, evadindo-se à aceitação dos erros e da responsabilidade por eles. [...]

Toda vez que alguém combate com exagerada veemência determinados traços do caráter de alguém, projeta-se nele, transferindo do Eu, que o *ego* não deseja reconhecer como deficiente, a qualidade negativa que lhe é peculiar. Torna a sua *vítima* o espelho no qual se reflete inconscientemente.

Há uma necessidade de combater nos outros o que é desagradável em si.

(Vol. 5, cap. 7)

PROMISCUIDADE

A promiscuidade de qualquer natureza é sempre síndrome de desequilíbrio emocional e de primarismo moral.

(Vol. 10, cap. 7)

PROPRIEDADE

A propriedade é conquista antropossocioeconômica que resulta de longas buscas nos relacionamentos humanos, objetivando harmonia e respeito pelos valores indispensáveis às trocas que fomentam o comércio, que nobilitam a existência e que promovem o progresso.

Em grande parte, é resultado da avareza, da ilicitude, da ambição desmedida, de atos ignóbeis, como heranças do primarismo de que ainda não se libertou imenso contingente de seres humanos.

Normalmente, porém, é aquisição digna de cada qual, que envida sacrifício e habilidade, conhecimento e labor a fim de adquiri-la, pensando de forma previdente nos dias difíceis da velhice, da enfermidade, da morte... [...]

Constitui um laço que retém o indivíduo à vida física, estimulando-o ao crescimento intelectual e cultural, para mais facilmente aumentar os haveres. [...]

Se é um meio para alcançar-se equilíbrio e bem-estar, torna-se instrumento dignificante; todavia, se se converte em único objetivo existencial, transforma-se em gigante cruel da realidade do ser, que se lhe escraviza e atormenta as demais pessoas que lhe padecem a insegurança e ambição.

(Vol. 11, cap. 22)

A propriedade pode tornar-se, em razão do *ego*, motivo de males incontáveis, como sob a inspiração do *Self* transformar-se em fonte de inexauríveis bênçãos para aquele que é o seu momentâneo detentor e os outros que se lhe acercam em carência.

(Vol. 11, cap. 22)

PROVAÇÃO

A provação é a experiência requerida ou proposta pelos guias espirituais antes do renascimento corporal do candidato, examinadas as suas fichas de evolução, avaliadas as suas probabilidades de vitória e os recursos ao seu alcance para o cometimento. Apresenta-se como tendências, aptidões, limites e possibilidades sob controle, dores suportáveis e alegrias sem exagero, que facultem a mais ampla colheita de resultados educativos. Nada é imposto, podendo ser alterado o calendário das ocorrências, sem qualquer prejuízo para a programação iluminativa do aprendiz. [...]

As provações se manifestam, dessa forma, de maneira suave, lenificadora no seu conteúdo e abençoada nas suas finalidades. Sem o caráter punitivo, educam de forma consciente, incitando ao aproveitamento da ocasião em forma eficiente e mais lucrativa, com o que equipam aqueles que as experimentam, para que se convertam em exemplos, apóstolos do amor, do sofrimento, missionários do bem, mártires dos ideais que esposam, mesmo que no anonimato dos testemunhos, sempre se tornando modelos dignos de ser imitados por outras pessoas.

As provações mudam de curso, suavizando-se ou agravando-se conforme o desempenho do Espírito. [...]

Os compromissos negativos, pois, ressurgem no esquema da reencarnação como provações lenificadoras, que o amor suaviza e o trabalho edificante consola.

(Vol. 3, cap. 3)

As provações [...] são corretivos temporários que servem de advertência à insânia ou à comodidade, ao erro ou ao vício, facultando a reconquista da harmonia mediante esforço justo de recomposição interior, reintegrando o ser na ordem vigente do Universo.

(Vol. 5, cap. 6)

PROVOCAÇÃO

A provocação de qualquer natureza é morbo que gera contágio e, quando aceita, transforma-se em desequilíbrio.

(Vol. 7, cap. 3)

PRÓXIMO

Ninguém se deve afastar do convívio com o seu próximo. Ele é a oportunidade para se testar a tolerância e o amor, a gentileza e a fraternidade.

(Vol. 7, cap. 11)

PSICANÁLISE

A Psicanálise, por exemplo, tem concepção específica em torno da determinação da conduta, conflitando com a natureza da modificação do comportamento. O *psicanalista* enfatiza as *forças intrapsíquicas,* como fundamentais, predominantes, responsáveis pelo comportamento. [...]

(Vol. 5, cap. 1)

Observando os diversos fenômenos de conduta e as terríveis angústias, como exacerbações da emotividade das criaturas, o mestre de Viena [Freud] organizou todo o edifício da Psicanálise na manifestação sexual castradora ou liberada, bem como na complexa influência materno-paternal, que desde a infância conduziu o ser sob os tabus perniciosos e as constrições dos desejos irrealizados, das consciências de culpa, dos implementos perturbadores da personalidade patológica.

(Vol. 5, cap. 2)

PSICOLOGIA ANALÍTICA

A função da Psicologia Analítica é atender as necessidades profundas do ser humano, procurando despertá-lo para a sua realidade transcendental, trabalhando-lhe os valores nobres adormecidos, mediante os quais consegue identificar-se realmente com a vida, libertando-se de todas e quaisquer manifestações do sofrimento sob qual disfarce se apresente.

(Vol. 15, prefácio)

Aprofundando a sonda na complexidade do ser humano, a Psicologia Analítica oferece valiosos recursos para a autoidentificação, para a descoberta dos limites e das possibilidades inimaginadas, para a construção da plenitude, libertando o paciente de todo grilhão retentivo na ignorância, na enfermidade, nos transtornos de comportamento...

(Vol. 15, cap. 10)

PSICOLOGIA DA GRATIDÃO

A psicologia da gratidão torna-se um instrumento hábil no eixo ego– Self, devendo ser vivenciada em todos os momentos da existência corporal como roteiro de segurança para a conquista da sua realidade.

Filha do amadurecimento psicológico, enriquece de paz e de alegria todo aquele que a cultiva.

(Vol. 16, prefácio)

PSICOLOGIA DA RELIGIÃO

A psicologia da religião começa na análise dos recursos de cada um: sua fé, sua dedicação, seus interesses espirituais, suas buscas e fugas, seus medos e conflitos...

(Vol. 6, cap. 9)

PSICOLOGIA DO AMOR

A psicologia do amor, inaugurada por Jesus Cristo, é a pioneira no processo autotransformador, por ser possuidora dos imprescindíveis tesouros de sublimação dos impulsos primitivos, deixando os *grilhões férreos* das experiências ancestrais, necessárias para o crescimento interior, mas perturbadoras se ainda permanecem passado o período da sua vigência.

(Vol. 10, cap. 6)

PSICOLOGIA ESPÍRITA

A Psicologia Espírita [...], cuidando do homem integral, distingue também nos conteúdos psíquicos negativos a ingerência de mentes desencarnadas obsessoras, que se comprazem no intercâmbio perturbador, propiciando desconforto e aflição em desforços cruéis, mediante alienações de variados cursos.

Ao mesmo tempo, seres outros desencarnados, invejosos quão infelizes, vinculados às criaturas humanas por afetividade mórbida ou despeito cruento, estabelecem fenômenos de hipnose que retardam o desenvolvimento da consciência daqueles que lhes experimentam o cerco.

(Vol. 5, cap. 8)

A tarefa da Psicologia Espírita é tornar-se ponte entre os notáveis contributos dos estudos ancestrais dos eminentes psicólogos, oferecendo-lhes uma ponte com o Pensamento espiritista, que ilumina os desvãos e os abismos do inconsciente individual *e* coletivo, *os arquétipos, os impulsos e tendências, os conflitos e tormentos, as aspirações da beleza, do ideal, da busca da plenitude, como decorrência dos logros íntimos de cada ser, na sua larga escalada reencarnacionista.*

(Vol. 10, prefácio)

A Psicologia Espírita, utilizando-se do paradigma da imortalidade para explicar o ser real e todas as suas mazelas e grandezas, propõe o esforço bem-direcionado pelo benfazer, pelo fazer-se bem, na utilização do amor, da compaixão, da benevolência em relação a todos e a si mesmo, que são recursos valiosos para a integração do eixo *ego–Self*, a conquista de *sukha*.

(Vol. 15, cap. 9)

PSICOLOGIA ESPÍRITA *ver também* PSICOTERAPIA ESPÍRITA

PSICOLOGIA PROFUNDA

A Psicologia Profunda, assim como a humanista e a transpessoal, facultando percepções para a visão espiritual inerente à criatura terrestre, propiciam-lhe o autoexame, o *conhece-te a ti mesmo*, de modo que sejam desmascarados os artifícios do instinto e estabelecidos os princípios ético-morais da razão, auxiliando a conquista de todos os tesouros que lhe jazem adormecidos.

(Vol. 12, cap. 11)

PSICOLOGIA TRANSACIONAL

A Psicologia Transacional procura desvelar os enigmas do comportamento, utilizando-se da comunicação interpessoal para libertar o indivíduo de conflitos e pressões.

(Vol. 5, cap. 5)

PSICOLOGIA TRANSPESSOAL

[...] considerando-se os fenômenos místicos, as ocorrências paranormais, os êxtases naturais e os provocados, aos quais a Psicologia Organicista dava gêneses patológicas, nasceu, mais ou menos recentemente, a denominada *quarta força* em Psicologia – sucedendo (ou completando) o Behaviorismo, a Psicanálise e a Psicologia Humanista – que é a Escola Transpessoal. Entretanto, já no começo do século, Bucke, desejando enquadrar em uma só denominação estes e outros eventos psicológicos, cunhou o conceito de *consciência cósmica*, a fim de os situar em um só capítulo, tornando-se, de alguma forma, pioneiro na área da Psicologia Transpessoal, que abrange, entre outras, as percepções extrassensoriais, além da área da consciência.

(Vol. 2, cap. 9)

[...] a *Quarta Força* – além do Comportamentalismo (Behaviorismo), da Psicanálise e da Psicologia Humanista –, que é a Psicologia Transpessoal ou Profunda.

(Vol. 5, cap. 1)

Somente quando estudado na sua plenitude – Espírito, perispírito e matéria –, podem-se resolver todos os questionamentos e desafios que o compõem, alargando-lhe as possibilidades de desenvolvimento do

Deus interno, facultando completude, realização plenificadora, estado de *nirvana,* de *samadhi,* ou de Reino dos Céus que lhe cumpre alcançar.

Essa gigantesca tarefa cabe à moderna Psicologia Transpessoal ou Quarta Força, que inicia um período de real compreensão da criatura como ser indestrutível que é, fadado à felicidade.

(Vol. 5, cap. 1)

A *Quarta Força,* alargando as imensas possibilidades da Psicologia, faz que sejam descortinadas as possibilidades ímpares para a perfeita integração da criatura com o seu Criador, e da sua com a Consciência Cósmica, pulsante e universal.

(Vol. 5, cap. 1)

O advento da Psicologia Transpessoal ocorreu no momento grave do desalinho comportamental das gerações novas, dos anos sessenta do século passado, e por se tornar evidente a necessidade do desenvolvimento da Psicologia Humanista, surgida na ocasião, mediante a ampliação dos seus conceitos e a aceitação de novos paradigmas, qual sucedeu, na década imediata, consoante previra Maslow...

Assim, a Psicologia Transpessoal tem como meta ampliar a sua área de pesquisa, levando em conta as experiências do ser, em laboratório e no comportamento humano, vinculadas às necessidades do equilíbrio da saúde fisiopsíquica e da satisfação plenificadora. Como resultado, estrutura-se nas conquistas da Ciência contemporânea, unidas às contribuições vivenciais da experiência oriental, desenvolvendo as possibilidades adormecidas da criatura – o seu incessante *vir a ser.*

A sua proposta objetiva é tornar-se parte das multidisciplinas do comportamento, que contribuem para o logro da saúde mental.

(Vol. 5, cap. 1)

O novo modelo e paradigma transpessoal, portanto, estrutura-se na sabedoria do Oriente e nas modernas experiências do Ocidente, compondo o *homem, o ser interior:* Espírito, periespírito e matéria, conforme a proposta kardequiana, embora a nomenclatura diferenciada que vem sendo adotada pelos psicólogos e terapeutas transpessoais.

(Vol. 5, cap. 1)

❖

A Psicologia Transpessoal, diante de tal estado, propõe uma revisão dos conteúdos da personalidade, do *ego*, estabelecendo, como fator essencial no processo da busca da saúde, a conquista do ser pleno, realizador, identificando-se preexistente ao corpo e a ele sobrevivente, sem o que a vida se lhe torna, realmente, um *sofrimento inevitável.*

(Vol. 5, cap. 3)

❖

A Psicologia Transpessoal, estudando os estados alterados de consciência, indo além da consciência em si mesma, facultou a união das técnicas místicas do Oriente com a razão do Ocidente, favorecendo o entrosamento de Eros e Logos a benefício da individuação plena do ser.

(Vol. 5, cap. 8)

❖

Felizmente, já brilha uma luz meridiana nas sombras antigas das propostas psicológicas graças ao advento da Quarta Força, que alerta para a compreensão do ser integral.

(Vol. 10, prefácio)

PSICONEUROENDOCRINOIMUNOLOGIA

A Psiconeuroimunologia demonstra que cada um é, na área da saúde, aquilo que pensa e quanto se faz a si mesmo.

(Vol. 7, cap. 23)

❖

[...] a Psiconeuroimunologia vem demonstrar que o estado de saúde pode ser conseguido pelo próprio indivíduo que se resolve renovar e crer em si mesmo, nas suas imensas reservas de energias, no valor das suas conquistas. [...]

(Vol. 8, cap. 6)

Tenha-se em mente a valiosíssima contribuição da hodierna proposta sintetizada em favor da saúde, no conceito da *psiconeuroendocrinoimunologia*, que sugere a sintetização dos três sistemas – nervoso central, endócrino e imunológico – em apenas um, que é básico e indivisível.

Trata-se, sem dúvida, de um retorno sábio à realidade do ser espiritual de onde procedem todos os conteúdos que lhe constituem o corpo e suas delicadas engrenagens.

(Vol. 10, cap. 5)

PSICOSES DEPRESSIVAS

Nas *psicoses depressivas* de vária manifestação, convém lembrar a presença da *consciência de culpa*, que preexiste ao corpo, portanto, à formação psicológica atual, produzindo mecanismos de fuga à ação dinâmica, sob o império, não poucas vezes, de enzimas neuroniais responsáveis pelo desajuste, como de fatores causais próximos e mesmo de obsessões espirituais, que se fazem atuantes no *comércio mental* com as criaturas humanas.

(Vol. 8, cap. 2)

PSICOSSÍNTESE

[...] doutrina psicológica portadora de valiosa contribuição para a paz, para a autorrealização da criatura humana.

(Vol. 10, cap. 1)

A busca da harmonia, a integração dos comportamentos díspares em uma unidade bem delineada são o ideal da psicossíntese.

(Vol. 10, cap. 2)

A psicossíntese refere-se à existência de um Eu pessoal e de um Eu superior, em constante luta pelo domínio da personalidade.

(Vol. 10, cap. 2)

O objetivo da psicossíntese é trabalhar pela unificação desses dois Eus [Eu pessoal e Eu superior], produzindo a real identificação do ser nos objetivos da existência que vivencia.

(Vol. 10, cap. 2)

A técnica apresentada pela psicossíntese é de perfeita consonância com a realidade do Espírito, quando o indivíduo pode afirmar que *tem um corpo, mas não é o corpo*, que está no corpo, no entanto, a realidade paira acima dele. Conseguir-se essa distinção entre o que se é e o que se tem, exige correção de linguagem, como por exemplo, quando se diz costumeiramente: – *Meu corpo, minha casa, meus bens, meu Espírito...*

Não é o Espírito uma posse do corpo, mas este que àquele pertence. O correto será afirmar-se: – *Eu, Espírito, tenho um corpo, uma casa, bens*, que afinal são transitórios e mudam de mãos, menos o ser essencial, que permanece após todas as conjunturas e ocorrências. [...]

Em terapia pela psicossíntese é muito importante a desidentificação, a fim de que o ser realize a sua higiene psicológica, evite impregnações externas e internas, contribuindo para que os indivíduos supercivilizados ou superintelectualizados se encontrem com a realidade do que são, superando a contingência daquilo em que estão.

(Vol. 10, cap. 4)

Quando o indivíduo pode enfrentar-se com tranquilidade, administrar os valores negativos, estimulando os recursos positivos, sem ressentimentos das ocorrências infelizes nem os júbilos exacerbados, realiza um expressivo labor de psicossíntese, dispondo-se à radical mudança de conceitos perturbadores, para renovar-se com acendrado interesse na eliminação dos conflitos que remanescem teimosos.

(Vol. 10, cap. 6)

PSICOTERAPIA

Ressumando através de *imagens arquetípicas* e *complexos* tormentosos, a psicoterapia constitui instrumento seguro para a recuperação de valores no paciente e a libertação dos traumas profundos que remanescem do pretérito, assim como das injunções penosas da hereditariedade, da vida perinatal, do convívio familial, que se encontram incursos nesses impositivos estabelecidos pela evolução.

(Vol. 12, cap. 5)

A legítima psicoterapia objetiva conduzir o indivíduo ao redescobrimento da sua realidade, da sua origem espiritual, da finalidade existencial, do seu futuro imortal, que se lhe transformam em alicerces de segurança para as lutas contínuas, evitando a projeção dos seus conflitos nos outros, assumindo a culpa e liberando-a do inconsciente em que jaz produzindo *sombra* e desar.

(Vol. 15, cap. 6)

PSICOTERAPIA ESPÍRITA

Na psicoterapia espírita, o conhecimento da sobrevivência e do inter-relacionamento entre os seres das duas esferas – física e espiritual – oferece processos liberativos centrados sempre na transformação moral do paciente, sua renovação interior e suas ações edificantes, que facultam o discernimento entre o bem e o mal, propiciando a transferência para o nível superior, no qual se torna inacessível à indução perversa.

A meditação, a busca interna, nessa fase, são relevantes e cientificamente basilares para o processo de crescimento, de discernimento, de lucidez.

(Vol. 5, cap. 8)

PSICOTERAPIA ESPÍRITA *ver também* PSICOLOGIA ESPÍRITA

PSIQUE

Os sentimentos, as emoções e os pensamentos constituem a psique do ser, onde o Espírito encontra o seu centro de manifestação até o momento da sua conscientização plena.

Desse modo, a organização molecular do corpo somático é maleável à psique, que a aciona e conduz.

(Vol. 6, cap. 3)

PSIQUISMO

Da insensibilidade inicial à percepção primária, dessa à sensibilidade, ao instinto, à razão, em escala ascendente, o psiquismo evolve, passando à intuição e atingindo níveis elevados de interação com a Mente Cósmica.

(Vol. 6, cap. 1)

PSIQUISMO DIVINO

O Psiquismo Divino, nele latente [no Espírito], responde ao apelo das forças superiores e desatrela-se do cárcere celular, qual antena que capta a emissão de mensagens alcançadas somente nas ondas em que sintoniza.

(Vol. 1, cap. 1)

QUARTA FORÇA *ver* PSICOLOGIA TRANSPESSOAL

QUEIXA

Permanecendo na infância psicológica, aquele que de tudo se queixa tem a personalidade desestruturada, permanecendo sob constantes bombardeios do pessimismo, do azedume e dos raios destruidores da mente rebelde.

A queixa de que se faz portador é reação mental e emocional patológica, refletindo-lhe a insegurança e a perturbação, responsáveis pelas ocorrências negativas que procura ignorar ou escamotear.

Ocultando os conflitos perturbadores, transfere para as demais pessoas as *causas* dos seus insucessos, sem conseguir enunciá-las, porque destituídas de lógica, passando as acusações para os tempos nos quais vive, às autoridades governamentais, à má sorte, aos fados perversos, assim acalmando-se e tornando-se vítima, no que se compraz.

(Vol. 5, cap. 4)

A queixa, como ferrugem na engrenagem do psiquismo, é cruel verdugo de quem a cultiva.

(Vol. 5, cap. 4)

QUERER

O querer em profundidade, sem reservas, altera completamente o quadro psicofísico do indivíduo, que se transfere do estado inarmônico em que se encontra para o de equilíbrio, auxiliando o organismo na restauração dos seus equipamentos danificados. [...]

O ato de querer libera-o [o Espírito] dos elementos perniciosos, geradores dos distúrbios que se apresentam na emoção, na mente e no corpo.

Querer é decidir-se, abandonando a acomodação parasitária ou o medo de assumir responsabilidades novas perante a vida, desse modo arrebentando as cadeias da revolta persistente, da autocompaixão, das sombras nas quais o indivíduo se oculta.

Quem quer, investe; e ao fazê-lo, age de forma a colher os resultados almejados.

(Vol. 1, cap. 18)

O *querer* é de alta importância, porquanto representa não apenas a vontade interesseira, imediatista, porém, todo o empenho, todo o investimento de recursos para adquirir-se o pleno comando dessa força e a sua hábil canalização com objetivos elevados.

(Vol. 3, cap. 9)

QUERER RETAMENTE

Querer retamente propõe métodos compatíveis com os objetivos da crença anelada. Os meios incorretos não são justificáveis quando usados para fins nobres, porquanto degeneram os ideais que devem permanecer pulcros. Sem o uso dos meios correspondentes, as realizações perdem a qualidade de que se devem revestir.

(Vol. 3, cap. 8)

RACIONALIZAÇÃO

A racionalização é o mecanismo de fuga de maior gravidade do *ego*, por buscar justificar o erro mediante aparentes motivos justos, que degeneram o senso crítico, de integridade moral, assumindo posturas equivocadas e perniciosas. Sempre há uma razão para creditarem-se favoravelmente os atos, mesmo os mais irrefletidos e graves, através das razões apresentadas, que não são legítimas. Essa dicotomia – o que se justifica e o que se é – torna-se um mecanismo perturbador, por negar-se o real a favor do que se imagina.

As razões legítimas dos hábitos e condutas são mascaradas por alegações falsas. Por não admitir o que se prefere fazer ou ser, e se tem em conta de que é errado, assume-se a máscara *egoica* da racionalização.

(Vol. 5, cap. 7)

RAIVA

A raiva é um fator de frequentes conflitos, que aparece repentinamente, provocando altas descargas de adrenalina na corrente sanguínea, alterando o equilíbrio orgânico e, sobretudo, o emocional.

Ninguém deve envergonhar-se ou conflitar-se por ser vítima da raiva, fenômeno perfeitamente normal no trânsito humano. O que se deve evitar são: o escamoteamento dela, pela dissimulação, mantendo-a intacta; o desdobramento dos seus prejuízos, pelo remoer do fator que a gerou; a autocompaixão, por sentir-se injustiçado; o desejo de revide, mediante a agressividade ou acompanhando o deperecer, o sofrimento do antagonista. [...]

A sensação da raiva atual tem as suas raízes em conflitos não *digeridos*, que foram soterrados no subconsciente desde a infância e ressurgem sempre que alguma vibração equivalente atinge o fulcro das lembranças arquivadas. Quando tal ocorre, ressumam, inconscientemente, todos os incidentes desagradáveis que estavam cobertos com a leve camada de cinza do esquecimento, no entanto, vivos.

A raiva instala-se com facilidade nas pessoas que perderam a autoestima e se comprazem no cuidado pela imagem que projetam e não pelo valor de si mesmas. Nesses casos, a insegurança interior faculta a irascibilidade e vitaliza a dependência do apoio alheio. Instável, porque em conflito, não racionaliza as ocorrências desagradáveis, preferindo reagir – lançamento de uma cortina de fumaça para ocultar a sua deficiência – a agir, afirmando a sua autenticidade.

Toda vez que a raiva é submetida à pressão e não *digerida*, produz danos no organismo físico e no emocional. No físico, mediante distúrbios do sistema vago-simpático, tais como indigestão, diarreia, acidez, disritmia, inapetência ou glutoneria – como autopunição, etc. No emocional, nervosismo, amargura, ansiedade, depressão...

Muitas raivas que são *ingeridas* a contragosto e não eliminadas desde a infância, em razão de métodos castradores da educação, ou agressividade do grupo social, ou necessidades socioeconômicas, podem desencadear tumores malignos e outros de graves efeitos no organismo, alterando a conduta por completo.

(Vol. 6, cap. 10)

As ondas mentais perturbadoras da raiva sobre as células afeta-as e a inconsciente necessidade de autopunição pelo acontecimento facilita-lhes a degenerescência. Assim, ter raiva é sintoma de ser sensível, e bem canalizá-la, até a sua diluição, é característica de ser humano lúcido e saudável.

A raiva obnubila a razão e precipita o ser em profundos fossos da alucinação.

(Vol. 6, cap. 10)

A raiva é um sentimento que se exterioriza toda vez que o *ego* sente-se ferido, liberando esse abominável adversário que destrói a paz no indivíduo.

Instala-se inesperadamente, em face de qualquer conflito expresso ou oculto, desferindo golpes violentos de injúria e de agressividade.

Inerente a todos os animais, no ser humano, porque portador de vontade e discernimento, é responsável por transtornos que conseguem obscurecer-lhe a razão e perturbar-lhe o equilíbrio, produzindo danos emocionais de pequeno ou grande alcance, a depender da extensão e da profundidade de que se reveste. [...]

A raiva produz uma elevada descarga de adrenalina e cortisol no sistema circulatório, alcançando o sistema nervoso central, que se agita, produzindo ansiedade e mantendo o sangue na parte superior do corpo, no que resultam diversos prejuízos para as organizações física, emocional e psíquica.

Repetindo-se com frequência, produz o endurecimento das artérias e predispõe a vários distúrbios orgânicos...

De alguma forma, a raiva é um mecanismo de defesa do instinto de conservação da vida, que se opõe a qualquer ocorrência que interpreta como agressão, reagindo, de imediato, quando deveria agir de maneira racional. Porque tolda a faculdade de discernir, irrompe, desastrosa, assinalando a sua passagem por desconforto, cansaço e amolentamento das forças, logo cessa o seu furor... [...]

Essa raiva inditosa é resultado de pequenas frustrações e contínuas castrações psicológicas, muitas vezes iniciada na constelação familiar, quando pais rigorosos e imprudentes, violentos e injustos, assumem postura coercitiva em relação aos filhos, impondo-se-lhes, sem a possibilidade de diálogos esclarecedores.

(Vol. 13, cap. 3)

A raiva é choque violento que abala profundamente o ser humano, deixando rastros de desalento e de infelicidade. [...]

A raiva tem duas vertentes de procedência: a primeira, mais remota, que é de natureza espiritual, originária em existência pregressa do Espírito, quando, mais soberbo e primário, impôs-se onde se encontrava, desenvolvendo sentimentos de opressão e de desrespeito aos direitos alheios, sempre desconsiderados; a segunda, de procedência atual, isto é, da existência presente, quando fatores temperamentais, educacionais, socioeconômicos empurraram-no à situação penosa geradora de conflitos.

(Vol. 13, cap. 3)

❖

A raiva tem o condão infeliz de envilecer o sentimento da criatura humana.

A sua constância responde por destrambelhos do sistema nervoso central, por disfunções de algumas das glândulas de secreção endócrina, por diversos problemas do aparelho digestivo e pelo irregular comportamento psicológico.

(Vol. 13, cap. 3)

❖

A raiva é um sentimento de desajuste da emotividade, que merece contínua vigilância, a fim de que não se transforme em uma segunda natureza na conduta do indivíduo.

Na raiz psicológica do sentimento de raiva existe um tipo qualquer de medo inconsciente que a desencadeia, levando o indivíduo a atacar antes de ser agredido, o que o torna, invariavelmente, violento e descompensado na emoção.

(Vol. 13, cap. 3)

RANCOR

Fenômeno natural decorrente da insegurança emocional, o rancor produz ácidos destruidores de alta potencialidade, que consomem a energia vital e abrem espaços intercelulares para a distonia e a instalação das doenças.

Entulho psíquico, o rancor acarreta danos emocionais variados, que levam a psicoses profundas e a episódios esquizofrênicos de difícil reparação.

(Vol. 5, cap. 2)

RAZÃO

A conquista da razão é relevante, por ser o *princípio ordenador*, responsável pela formação do discernimento, que reúne em um só conjunto as diferentes conquistas intelectuais, a fim de que possa utilizar o pensamento de maneira justa, real e compatível com a consciência.

A razão proporciona a superação do fenômeno infantil da ilusão, da fantasia, responsável pelo sofrimento, em se considerando a impermanência e todos os acontecimentos e aspirações físicas.

(Vol. 5, cap. 1)

REALIDADE

À luz da Psicologia Profunda, a única realidade é aquela que transcende os limites do objetivo, do imediato, das necessidades do prazer sensualista e da exaltação do *ego*. As metas reais da existência são aquelas que facultam a harmonia que nunca se apresenta como consequência do cansaço, em uma arquitetura de paz equívoca, mas de perfeita identificação entre os diversos conteúdos do ser real e o seu equilíbrio com o *ego*, retirando-lhe a dominação perturbadora e destituída de sentido elevado.

(Vol. 11, cap. 33)

RECLAMAÇÃO

Reclamação é perda de tempo.

(Vol. 7, cap. 6)

REENCARNAÇÃO

Chegando ao patamar humano, esse psiquismo, de início rudimentarmente pensante, atravessa inúmeras experiências pessoais, que o tornam herdeiro de si mesmo, em um encadeamento de aprendizagens pelo mergulho no corpo e abandono dele, toda vez que se rompam os liames que retêm a individualidade.

Este processo de renascimentos, que os gregos denominavam de palingenésico, constitui um avançado sistema de crescimento intelecto-moral, fomentador da felicidade.

Graças a ele, a existência humana se reveste de dignidade e de relevantes objetivos que não podem ser interrompidos. Toda vez que surge um impedimento, que se opera um transtorno ou sucede uma aparente cessação, a oportunidade ressurge, e o recomeço se estabelece, facultando ao aprendiz o crescimento que parecia terminado.

Em face deste mecanismo, os fenômenos psicológicos apresentam-se em encadeamentos naturais, e elucidam-se inumeráveis patologias psíquicas e físicas, distúrbios de comportamento, diferenças emocionais, intelectuais e variados acontecimentos, nas áreas sociológica, econômica, antropológica, ética, etc.

(Vol. 2, cap. 9)

A introdução do conceito reencarnacionista na Psicologia dá-lhe dimensão invulgar, esclarecimento das dificuldades na argumentação em torno do inconsciente, individual e coletivo, e dos arquétipos, estudando o homem em toda a sua complexidade profunda e, mediante a identificação do seu passado, facultando-lhe o descobrimento e utilização das suas possibilidades, do seu vir a ser.

(Vol. 2, cap. 9)

A reencarnação [...] faculta a compreensão dos fenômenos evolutivos, favorecendo todos os seres com as mesmas possibilidades de crescimento, desde a monera ao arcanjo, vivenciando as mesmas oportunidades e adquirindo sabedoria – conquista do conhecimento e do amor, que culmina em sua plenitude.

(Vol. 5, cap. 1)

A reencarnação tem como objetivo a autoconquista, que propicia a realização *intelecto-moral* recomendada por Allan Kardec como indispensável à sabedoria, que sintetiza a aquisição do conhecimento com o amor.

(Vol. 5, cap. 7)

A reencarnação é método para o Espírito aprender, agir, educar-se, recuperando-se quando erra, reparando quando se compromete negativamente.

Inevitável a sua ocorrência, ela funciona por automatismo da Vida, impondo as cargas de uma experiência na seguinte, em mecanismo natural de evolução.

Inscritos os códigos de Justiça na consciência individual, representando a Consciência Cósmica, ninguém se lhe exime aos imperativos, por ser fenômeno automático e imediato.

(Vol. 5, cap. 7)

Graças, porém, à reencarnação, o progresso do ser é imperioso, inevitável, e os mecanismos da evolução se expressam, trabalhando-o e promovendo-o a níveis e patamares cada vez mais elevados, até quando o ser, liberto dos conflitos, conquista os sentimentos que canalizará na direção de novas metas, que alcança realizando-se, plenificando-se.

(Vol. 5, cap. 10)

❖

Disciplinar e edificar o pensamento através da fixação da mente em ideias superiores da vida, do amor, da arte elevada, do bem, da imortalidade, constitui o objetivo moral da reencarnação, de modo que a plenitude, a felicidade seja a conquista a ser lograda.

(Vol. 6, cap. 2)

❖

Uma das finalidades primaciais da reencarnação é a aquisição do amor (afetividade plena), para o crescimento espiritual e o autoaprimoramento (encontro com o Deus interno).

(Vol. 6, cap. 2)

A reencarnação é Lei da Vida, impositiva, inevitável, recurso de superior qualidade para o desenvolvimento do Espírito, esse arquiteto de si mesmo e do seu destino.

(Vol. 6, cap. 3)

A reencarnação é dádiva de Deus para o processo de evolução espiritual do ser.

(Vol. 7, cap. 6)

A reencarnação é processo de evolução trabalhado pela Misericórdia de Deus, que estabeleceu, no esquecimento, o valioso recurso para mais ampla aprendizagem e treinamento para o perdão real.

(Vol. 7, cap. 19)

Herdeiro das próprias realizações, o Eu superior renasce em conjunturas sociais, econômicas, orgânicas e psíquicas a que faz jus ante os Soberanos Códigos da Divina Justiça, em face do comportamento vivenciado nas reencarnações anteriores.

Desde o momento em que mergulha nos fluidos mais densos do corpo físico, imprimem-se-lhe os impositivos do processo da evolução, dando curso ao restabelecimento do equilíbrio que se descompensou anteriormente. A pouco e pouco, o encontro ou reencontro com o grupo familiar, no qual deverá construir a harmonia pessoal e a do clã, produz injunções predisponentes ao êxito ou ao fracasso, conforme lhe pesem na consciência os débitos morais pelos quais se sente responsável.

(Vol. 10, cap. 6)

A reencarnação, desse modo, é também processo psicoterapêutico de amor divino, de justiça magnânima, que a todos faculta os meios de evoluir a esforço pessoal, dignificando e identificando cada criatura com as suas conquistas pessoais intransferíveis, que se desenvolvem mediante a liberação da retaguarda das trevas de ignorância e de perversidade no rumo de um permanente presente de realizações e de paz.

(Vol. 11, cap. 5)

REINO DE DEUS

Esse *Reino de Deus* encontra-se na consciência tranquila, que resulta do dever retamente cumprido, dos compromissos bem-conduzidos, dos objetivos delineados com acerto. Graças a essa diretriz, a aquisição dos recursos faz-se com naturalidade, como um acréscimo, que é a consequência básica.

(Vol. 9, cap. 5)

Na visão da Psicologia Profunda, embora Ele [Jesus] se referisse às Esferas de onde procedia, o *Seu Reino* também eram as paisagens e regiões do sentimento, onde se pudessem estabelecer as bases da fraternidade, e o amor unisse todos os indivíduos como irmãos, conquista primordial para a travessia, pela ponte metafísica, do mundo terrestre para aquele que é de Deus e nos aguarda a todos.

(Vol. 11, cap. 2)

RELACIONAMENTO

Em tudo há uma resposta unitária de identificação, trabalhando em forma de relacionamentos energéticos, vibratórios.

Sem tal ocorrência, o sentido da vida humana desapareceria e a sobrevivência dos animais, plantas, assim como a permanência dos minerais resultaria na forma do denominado *caos do princípio*.

Esse relacionamento pode ser identificado também nas faixas dos instintos e emoções mais nobres, como o *élan* vital para o processo de crescimento intelecto-moral a que tudo está destinado pela *Causalidade Única*.

Os relacionamentos de qualquer natureza oferecem campo para reflexão, quando na área da consciência, por propiciar parâmetros que facultam os comportamentos ideais, mediante análise de cada experiência e dos resultados que ensejam. [...]

O fluxo da vida humana se manifesta através dos relacionamentos das criaturas umas com as outras, contribuindo para uma melhor e mais eficiente convivência social. Nas expressões mais primárias do comportamento, o instinto gregário aproxima os seres, a fim de os preservar mediante a união de energia que permutam, mesmo que sem se darem conta.

O desafio do relacionamento é um gigantesco convite ao amor, a fim de alcançar a plenitude existencial.

É impostergável proposta de desenvolvimento do Eu superior, no qual está a divina semente da Vida, aguardando os fatores propiciatórios para o seu desenvolvimento, atendendo à fatalidade a que está destinado.

(Vol. 10, cap. 7)

Somente há legítimo relacionamento, que poderá ser considerado saudável, quando as pessoas ou os seres que intercambiam as expressões de afetividade ou de interesse comum, mesmo que discordando de ideias e posturas tomadas, agem em clima de agradável compreensão, ensejando o crescimento interior.

(Vol. 10, cap. 7)

Os relacionamentos de qualquer natureza dependem sempre do nível de consciência daqueles que estão envolvidos. Havendo maturidade psicológica e compreensão de respeito pelo outro, facilmente se aprofundam os sentimentos, mantendo-se admirável comunhão de interesses e afinidades, que mais se intensificam, à medida que as circunstâncias permitem o entrosamento da convivência. [...]

Qualquer tipo de relacionamento deve ter como estimuladores a amizade, o desejo honesto de satisfações recíprocas, sem que haja predominância de uma vontade sobre a individualidade de outrem.

(Vol. 10, cap. 7)

❖

[...] Todo relacionamento deve enriquecer aqueles que se encontram envolvidos, porquanto produzem identificação de metas e meios para serem conseguidos. [...]

A fidelidade no relacionamento com parceiro conjugal ou não, quando há compromisso sexual, é preponderante, porque demonstra a autenticidade do sentimento que a ambos envolve. Quando se apresentam falsas necessidades de novas experiências, defrontam-se transtornos emocionais, insegurança psicológica, debilidade de caráter ou futilidade ante a vida... [...]

(Vol. 10, cap. 7)

O bom relacionamento é aquele que resulta do contato que inspira, que emula e que proporciona bem-estar, sem conteúdos temerosos ou repulsivos, geradores de ansiedade e de mal-estar.

(Vol. 10, cap. 7)

Um relacionamento psicologicamente maduro é sempre sustentado pela lealdade da convivência, na qual os propósitos que vinculam os indivíduos entre si são discutidos com naturalidade e sentimento de aprendizagem de novos recursos para o bom desempenho social.

(Vol. 10, cap. 7)

Mesmo quando o relacionamento tem por meta a satisfação sexual, se não existir maturidade psicológica nos parceiros, é óbvio que, passada a consumpção do ato, o tédio e o desinteresse dominem o indivíduo que nele não situa a conquista de objetivos mais profundos.

(Vol. 10, cap. 7)

RELACIONAMENTO CONJUGAL

Todo relacionamento conjugal ou compromisso emocional com parceiro afetivo é um investimento emocional, correndo o risco de não se coroar da satisfação que se espera auferir. [...]

Um relacionamento conjugal, mesmo sem o vínculo matrimonial, porém responsável, une duas pessoas em uma, sem retirar os valores individuais de cada qual. A identificação faz-se lenta e seguramente à medida que se vão conhecendo os interesses e comportamentos que possuem, trabalhando-se para a harmonização de conduta, mesmo quando não se apresentem equivalentes. Manter-se a própria individualidade, sem ruptura da personalidade do outro, é atitude de segurança no convívio de duas pessoas que se amam.

(Vol. 10, cap. 7)

RELACIONAMENTO FELIZ

Em um relacionamento feliz, a pessoa nunca se encontra autodefensiva, mas autorreceptiva, sabendo que todos os fenômenos daí decorrentes são aprendizagens para futuros comportamentos. Tratando-se de duas pessoas que se aproximam, é totalmente improvável que sejam iguais, no sentido de serem destituídas de personalidade, e que tenham sua forma de ser e de encarar a vida, não sendo obrigadas a mudar de conduta, somente porque se vinculem a outrem. Ocorre que a presença do amor faz que as diferenças de opinião e de comportamento diminuam as distâncias, preencham os abismos de separação, colocando pontes de afinidades e de interesses. [...]

Assim, para que o relacionamento dessa natureza seja saudável, dependerá de ambas as partes, crescendo sempre na busca do melhor entendimento, mantendo suas próprias raízes, sem as alterar somente porque deseja agradar o outro, o que constitui uma ilusão, já que ninguém pode viver ao lado de outrem que somente quer ser agradado sem o interesse de brindar o equivalente ao que recebe. [...]

Num relacionamento feliz não há manipulação nem mistificação, mas autenticidade sem agressividade e verdade sem rudeza...

Avançando na direção da meta de repartir alegrias e compartir júbilos, os relacionamentos, conjugais ou não, serão sempre saudáveis.

(Vol. 10, cap. 7)

RELACIONAMENTO SAUDÁVEL

Um relacionamento saudável é feito de diálogos e coerência de comportamentos, de lealdade na forma de ser e autenticidade na maneira de viver, de tal forma que a presença do outro não inibe, antes agrada, preenchendo os espaços sem as imposições habituais de tomá-los. [...]

(Vol. 8, cap. 3)

RELACIONAMENTO SOCIAL

No relacionamento social, mesmo nas faixas da agressividade, o imperativo de crescimento espiritual faz-se inevitável, por propiciar o esforço de libertação pessoal junto à necessidade de desenvolver a tolerância, a compreensão e a bondade, colocadas à prova no intercâmbio das ideias e na convivência interpessoal. [...]

A convivência social trabalha os sentimentos humanos, estimulando as aptidões para a Arte, a Cultura, a ação tecnológica, a Ciência e a Religião.

(Vol. 7, cap. 11)

Os relacionamentos sociais são de vital importância para os seres humanos. Quem não se relaciona no grupo social desintegra a personalidade e atormenta-se em sentido crescente.

O calor humano, no inter-relacionamento social, constitui fator básico para o crescimento psicológico, desenvolvendo a área da afetividade com toda a gama de sentimentos profundos que existem em germe no imo de cada ser.

O impositivo do instinto gregário responsável, de algum modo, pela sobrevivência das espécies animais, induzindo à convivência no grupo, desvela-se mais amplamente em emoções superiores que emulam à espiritualização, quando os sentimentos fraternais superam os níveis que agrilhoam o indivíduo aos automatismos primários.

O relacionamento social tem início quando o ser humano compreende a estrutura de tudo quanto o cerca e deixa-se envolver pelo ambiente em que vive, tornando-se parte ativa do mesmo. Relaciona-se então com os minerais, desenvolve os sentimentos de respeito e de admiração pelos vegetais, amplia a capacidade de amparo aos animais, trabalhando pela preservação de todas as formas viventes e, por fim, irradia-se na direção das demais pessoas como membros reais da sua família, partes integrantes que são da sua vida.

(Vol. 10, cap. 7)

RELAXAÇÃO

A relaxação proporciona-lhe [ao ser consciente] harmonia, horizontes largos para a movimentação.

(Vol. 5, prefácio)

RELIGIÃO

A Religião se destina ao conforto moral e à preservação dos valores espirituais do homem, demitizando a morte e abrindo-lhe as portas aparentemente indevassáveis à percepção humana. Desvelar os segredos da vida de ultratumba, demonstrar-lhe o prosseguimento das aspirações e valores humanos ora noutra dimensão, dentro da mesma realidade da vida, é a finalidade precípua da Religião. [...]

(Vol. 2, cap. 3)

A Religião não pode servir de fuga psicológica para o indivíduo poupar-se ao enfrentamento dos seus conflitos, dos processos de libertação do sofrimento, que pode ser modificado mediante a coragem de defrontá-los e trabalhá-los corajosamente com os instrumentos da realidade. [...]

Quando a Religião liberta do medo e da ansiedade, quando proporciona a coragem natural para o autoenfrentamento, torna-se terapêutica e geradora de saúde. [...]

A Religião, pelo seu sentido de condução ao infinito das origens, no passado, e pela proposta de incomensurável, em relação ao futuro, proporciona experiências de autoidentificação, que se pode considerar como uma verdadeira graça dessa Divindade.

Obviamente, a vinculação do ser a uma doutrina religiosa não o deve conduzir a qualquer manifestação de fanatismo, que representa o seu conflito projetado para o exterior, em face da insegurança e do medo do enfrentando do Si-mesmo.

Através da Religião, o homem aprofunda reflexões e mergulha no seu inconsciente, fazendo que ressumem angústias e incertezas, animosidades e tormentos que podem ser enfrentados à luz da proposta da fé, e que são lentamente diluídos, portanto, eliminados, a serviço do bem-estar pessoal, que se instala lentamente, tornando-o cada vez mais livre e, portanto, mais feliz.

A instalação da fé *dogmática* – seus fundamentos essenciais –, mas racional, porque enfrenta os desafios com tranquilidade, abre espaço ao livre-arbítrio que, do ponto de vista psicológico, nem sempre é realmente livre, em face dos fatores emocionais e orgânicos que influenciam as decisões e as escolhas, os comportamentos e as observações de que se é objeto, variando, portanto, de acordo com as circunstâncias e os níveis de consciência nos quais cada um estagia.

Graças à opção religiosa, sem o abandono dos admiráveis suportes psicológicos e psicoterapêuticos, o binômio saúde/doença modifica-se para uma estrutura unitária, que é a saúde, na qual ocorrências transitórias de mal-estar, de enfermidade de qualquer natureza, não afetam o estado normal de equilíbrio e de harmonia psicológica.

(Vol. 12, cap. 10)

A Religião propicia a distinção moral entre o bem e o mal, propelindo o crente para o primeiro, no qual há uma *recompensa* afetiva, espiritual, que proporciona alegria de viver.

Em uma análise profunda dessa dualidade, no entanto, ao infinito, ocorre uma fusão de ambos os conteúdos, porque o mal transitório conduz à aprendizagem para o bem permanente, e todos os homens e mulheres passam pelas experiências amargas e perturbadoras, a fim de fixarem os estímulos positivos, aqueles que não geram culpa nem desarticulam os painéis da consciência, que prevalecerão triunfantes.

Uma religião que concilie o *dogma* com a razão poderá oferecer uma instrumentação psicológica muito segura para esse apaziguamento da *sombra* no desiderato da união com a personalidade consciente, retirando-lhe o conteúdo vulgar, primitivo, portador de *malignidade*.

(Vol. 12, cap. 10)

Toda Religião, no seu significado profundo, objetiva religar a criatura ao seu Criador, o que representaria estabelecer o eixo pleno *ego–Self*, o ser aparente com o real, proporcionando-lhe condições de saúde e de paz.

(Vol. 15, cap. 6)

RELIGIOSIDADE

A religiosidade é uma conquista que ultrapassa a adoção de uma religião; uma realização interior lúcida, que independe do formalismo, mas que apenas se consegue através da coragem de o homem emergir da rotina e encontrar a própria identidade.

(Vol. 2, cap. 3)

RENASCIMENTO

Renascimento é vitória sobre a morte. É alegria que procede da libertação.

(Vol. 1, cap. 9)

RENOVAÇÃO MORAL

A renovação moral propicia a canalização das energias saudáveis de forma favorável, preservando o ser para os cometimentos elevados a que se destina.

(Vol. 1, cap. 12)

REPOUSO

Como repouso entenda-se tranquilidade interior, recuperação de forças, conquista de otimismo, estar de bem com a vida.

(Vol. 1, cap. 16)

REPRESSÃO

A repressão trabalha contra a ordem, o equilíbrio e o progresso. É fomentadora da dissimulação, do suborno, da indignidade disfarçada de virtude.

(Vol. 7, cap. 25)

RESIGNAÇÃO

A resignação dinâmica, isto é, a aceitação do problema com uma atitude corajosa de o enfrentar e remover-lhe a causa, representa avançado passo para a sua solução.

(Vol. 3, cap. 1)

[...] *A resignação deve ser um estado de aceitação da ocorrência – dor sem revolta, porém atuando para erradicá-la.*

(Vol. 6, prefácio)

RESPONSABILIDADE

A responsabilidade resulta da consciência, que discerne e compreende a razão da existência humana, sua finalidade e suas metas, trabalhando por assumir o papel que lhe está destinado pela vida. [...]

A responsabilidade do homem leva-o aos extremos do sacrifício, da abnegação, da renúncia, inclusive do bem-estar, e até mesmo da sua vida.

(Vol. 1, cap. 12)

A responsabilidade liberta o indivíduo de si mesmo, alçando-o aos planos superiores da vida.

(Vol. 1, cap. 12)

Responsabilidade, em bom vernáculo, *é a qualidade ou condição de responsável*. O ser responsável, por extensão, é aquele que se desincumbe fielmente dos deveres e encargos que lhe são conferidos, *que responde pelos próprios atos ou pelos de outrem*, tornando-se de caráter moral, quando defende os valores éticos pertencentes aos outros e à vida.

(Vol. 6, cap. 3)

A responsabilidade, para ser verdadeira, não pode compactuar com a delinquência, nem ignorar os mínimos deveres de respeito para com a vida e para com as demais criaturas.

A responsabilidade, que resulta do amadurecimento psicológico e que é adquirida pela vivência das experiências humanas, harmoniza o dever com a compreensão das necessidades dos outros, conciliando o cumprimento das atividades com as circunstâncias nas quais se apresentam.

(Vol. 6, cap. 3)

RESPONSÁVEL

O homem responsável sabe o que fazer, quando e como realizá-lo.

Não se torna parasita social, nem se hospeda no triunfo alheio, tampouco se oculta no desculpismo ridículo.

A sua lucidez torna-o elemento precioso no grupo social onde se movimenta. Talvez não lhe note a presença, em face da segurança natural que proporciona; todavia, a sua falta sempre se faz percebida por motivos óbvios.

(Vol. 1, cap. 12)

RESSENTIMENTO

O ressentimento – que é uma manifestação da impotência agressiva não exteriorizada – converte-se em travo de amargura, a tornar insuportável a convivência com aqueles contra os quais se volta.

(Vol. 2, cap. 2)

O ressentimento, por caracterizar-se como expressão de inferioridade, anela pelo desforço, consciente ou não, trabalhando por sobrepor o *ego* ferido ao conceito daquele que o desconsiderou.

No importante capítulo da saúde mental, indispensável ao equilíbrio integral, o ressentimento pode ser comparado a ferrugem nas peças da sensibilidade, transferindo-se para a organização somática, refletindo-se como distúrbios gástricos e intestinais de demoradas consequências. [...]

(Vol. 5, cap. 5)

A raiva não extravasada ou liberada no mesmo nível da agressão recebida torna-se cruel adversário do indivíduo, tomando a forma hostil de ressentimento.

Herança das experiências mal suportadas, o ressentimento inconsciente encontra-se encravado no cerne do ser, ramificando-se em expressões variadas e da mesma qualidade perturbadora. Ressuma sempre na condição de melancolia ou como frustração e desinteresse pela existência física, em mecanismo de culpa que não logra superar. [...]

O ressentimento tisna a razão, perturba a óptica pela qual se observam os acontecimentos, enquistando-se como força destrutiva que, não conseguindo atingir aquele que lhe deu origem, fere o ser no qual se apoia.

Tumores de gênese desconhecida, transtornos neuróticos, distúrbios gástricos de etiologia ignorada, constituem somatização dos venenos do ressentimento, alcançando o metabolismo orgânico e interferindo na estrutura das células. [...]

Desarmonizado o ciclo vital, facilmente ocorre a distonia da mitose, que funciona por automatismo, acelerando-lhe, a partir de então, o processo de multiplicação, surgindo as tumorações, as neoplasias, malignas ou não...

(Vol. 6, cap. 10)

O ressentimento é fruto também da ausência de autoamor, projeção inconsciente da *sombra* psicológica dos conflitos de cada qual.

(Vol. 6, cap. 10)

O ressentimento é parecido ao mofo que faz apodrecer o sustentáculo onde se apoia. Utilizando-se de causas propiciatórias, desenvolve-se e, invariavelmente, alcança poder destruidor onde se fixa.

(Vol. 7, cap. 7)

A mágoa ou ressentimento, segundo os estudos da Dra. Robin Casarjian, instala-se nos sentimentos em razão do *Self* encontrar-se envolto por subpersonalidades, que são as qualidades morais inferiores, aquelas herdadas das experiências primárias do processo evolutivo, tais a inveja, o ciúme, a malquerença, a perversidade, a insatisfação, o medo, a raiva, a ira, o ódio, etc. [...]

O ressentimento, por isso mesmo, é desequilíbrio da emoção, que passa a atitude infeliz, profundamente infantil, qual a de querer vingar-se, embora sofrendo os danos demorados que mantêm esse estado até quando surja a oportunidade.

(Vol. 9, cap. 13)

O ressentimento, portanto, é efeito também da onda perturbadora que se fixa nos painéis da emotividade, ampliando o campo da subpersonalidade semelhante que se transforma em gerador de toxinas que terminam por perturbar e enfermar quem o acolhe.

(Vol. 9, cap. 13)

REVOLUÇÃO SEXUAL

A denominada *revolução sexual* dos últimos tempos, igualmente, ao demitizá-lo [o sexo], abriu espaços de promiscuidade para os excessivos mitos do prazer, com a consequente desvalorização da pessoa, que se tornou objeto, instrumento de troca, indivíduo descartável, fora de qualquer consideração, respeito ou dignidade.

A sociedade contemporânea sofre, agora, os efeitos da liberação sem disciplina, através da qual a criatura vive a serviço do sexo, e não este para o ser inteligente, que o deve conduzir com finalidades definidas e tranquilizadoras.

(Vol. 2, cap. 7)

RICO

Rico é todo aquele que doa, assim espalhando os recursos, que se multiplicam em diversas mãos em benefício geral.

O rico verdadeiro é investidor consciente, que não paralisa o crescimento da sociedade, antes amplia sua área de realizações.

Sabe que é mordomo transitório e não dono permanente, devendo prestar contas, oportunamente, dos valores que lhe foram confiados.

(Vol. 1, cap. 14)

RIQUEZA

A missão inteligente do ser humano na Terra é a de promover o próprio como o progresso geral, e aí reside o fim providencial da riqueza, que estimula a criatividade com fins nobres e a dignificação espiritual, mediante a ampliação do pensamento que se desveste das couraças do mito para realizar obras em favor do seu crescimento emocional e moral.

(Vol. 11, cap. 23)

RISO

Quando se ri, estimulam-se preciosos músculos faciais e gerais, eliminando-se toxinas prejudiciais acumuladas, que terminam por intoxicar o indivíduo. Rir é uma forma de expressar alegria, sem que a gargalhada estrídula, nervosa, descontrolada, tome parte na sua exteriorização.

Risoterapia, hoje, significa um recurso precioso para evitar determinadas contaminações, mas também para auxiliar no restabelecimento de patologias graves, principalmente as infecciosas mutiladoras, as degenerativas da máquina orgânica e vários distúrbios nas áreas emocional e psíquica.

(Vol. 8, cap. 6)

ROTINA

Rotina é como ferrugem na engrenagem de preciosa maquinaria, que a corrói e arrebenta.

Disfarçada como segurança, emperra o carro do progresso social e automatiza a mente, que cede o campo do raciocínio ao *mesmismo* cansador, deprimente.

(Vol. 2, cap. 1)

SABEDORIA

Confunde-se a sabedoria com o conhecimento intelectual, o burilamento da mente, a fixação da cultura que, apesar de valiosos, são uma conquista horizontal.

Torna-se indispensável que, ao lado dessa importante aquisição, o sentimento lúcido e profundo do amor se torne a grande vertical do processo evolutivo.

Essa conquista vertical é a responsável pelo discernimento de como agir, facultando os recursos lógicos para tal, ao mesmo tempo suavizando pelo afeto a aspereza ocasional do processo de execução.

A sabedoria faz que o amor seja prudente e um sentimento generoso, doador, altruístico, evitando que se entorpeça com as manifestações do pieguismo, que disfarça os esquemas do *ego* enfermo. Simultaneamente, proporciona ao intelecto a serena percepção de que à razão se deve unir o sentimento humano, sereno e afável, responsável pelo arrastamento das pessoas.

(Vol. 3, cap. 6)

A sabedoria resulta da união do conhecimento com o amor, cujos valores tornam o ser tranquilo, não insensível; afetuoso, não apaixonado.

(Vol. 6, cap. 4)

SÁBIO

O sábio reconhece a área extensa que tem diante dele para ser conquistada, e vive mais do que fala, ensina mais pelo exemplo do que pelas palavras.

(Vol. 3, cap. 6)

SALVAÇÃO

A salvação, aqui, deve ser tomada como um estado de consciência tranquila, de autodescobrimento, em que o mundo interior assoma, governando os impulsos desordenados e harmonizando o indivíduo.

Salvo está aquele que sabe quem é, o que veio fazer no mundo, como realizá-lo, e, confiante, entrega-se à realização do compromisso estabelecido.

A responsabilidade faculta-lhe segurança relativa para o desempenho da atividade a que se vincula.

(Vol. 1, cap. 17)

Entenda-se salvação *como libertação da ignorância, do mal que existe no íntimo de cada pessoa, ausência da crueldade e do mal, em vez do desgastado conceito de retribuição na espiritualidade.*

(Vol. 15, prefácio)

SAÚDE

A saúde produz para o bem e para o progresso da sociedade, sem compaixão pelos mecanismos de evasão e pieguismos comportamentais vigentes.

Realizadora, propele a vida para as suas cumeadas e vitórias, sem parada nas baixadas desanimadoras.

(Vol. 2, cap. 5)

Assim, a saúde psicológica decorre da autoconsciência, da libertação íntima e da visão correta que se deve manter a respeito da vida, das suas necessidades éticas, emocionais e humanas.

(Vol. 2, cap. 5)

[...] *saúde é uma conquista interior, que se reflete no corpo como resultado da harmonia íntima.*

(Vol. 4, prefácio)

A saúde resulta de vários fatores que se conjugam em prol da harmonia psicofísica da criatura humana. Procedente do Espírito, a energia elabora as células e sustenta-as no ministério da vida física, assim atendendo à finalidade a que se destinam.

Irradiando-se por meio do perispírito, fomenta a preservação do patrimônio somático, ao qual oferece resistência contra os agentes destrutivos, em cuja agressão se engalfinha em luta sem cessar.

(Vol. 4, cap. 18)

A saúde da criatura humana resulta de fatores essenciais que lhe compõem o quadro de bem-estar: equilíbrio mental, harmonia orgânica a ajustamento socioeconômico. Quando um desses elementos deixa de existir, pode-se considerar que a saúde cede lugar à perturbação, que afeta qualquer área do conjunto psicofísico.

(Vol. 5, cap. 2)

A saúde da criatura humana procede do ser eterno, vem das experiências em vidas anteriores, conforme ocorre com as enfermidades cármicas, no entanto, dependendo da consciência, do comportamento, da personalidade e da identificação do ser com o que lhe agrada e com aquilo a que se apega na atualidade.

(Vol. 5, cap. 2)

Saúde, em realidade, é estado de bom humor, com inalterável tolerância pelas excentricidades dos outros e seus correspondentes erros.

(Vol. 5, cap. 4)

A verdadeira saúde não se restringe apenas à harmonia e ao funcionamento dos órgãos, possuindo maior extensão, que abrange a serenidade íntima, o equilíbrio emocional e as aspirações estéticas, artísticas, culturais, religiosas.

(Vol. 6, cap. 6)

A saúde, desse modo, além de decorrer dos compromissos cármicos em pauta, resulta das ondas mentais elaboradas e mantidas.

(Vol. 7, cap. 20)

Saúde é o estado ideal da vida. [...]

(Vol. 8, cap. 1)

A saúde resulta de uma bem-dosada quota de valores mentais em consonância com a estabilidade física e a ordem psicológica, que produzem o *clima* de vitalidade responsável pela funcionalidade do corpo. [...]

(Vol. 8, cap. 1)

A verdadeira saúde, em sua expressão profunda, manifesta-se como libertação interior, sem o masoquismo das fugas do mundo e das afirmações dos próprios valores através do desprezo e do flagício ao corpo, qual se fora ele responsável pelas debilidades do caráter, imperfeições da conduta, frustrações psicológicas decorrentes da visão alterada do mundo e sua realidade.

Quando esse estado saudável se estabelece no ser, ele experimenta harmonia em qualquer situação na qual se encontre. Na multidão, experimenta o prazer do convívio com os outros, de ser útil, de receber e de dar atenção às manifestações da vida. Quando a sós, preenche todos os seus espaços com atividades e pensamentos enriquecedores, não se sentindo solitário, embora esteja desacompanhado. Sua mente é sempre sua companheira a exigir ou a compensar o que experimenta como emoções de viver.

(Vol. 8, cap. 5)

A saúde legítima não é algo que se busca fora da própria realidade, qual o medicamento que se encontra numa farmácia aguardando para ser utilizado... Trata-se de um esforço que o paciente tem o dever de empreender, a fim de alterar o quadro de considerações em torno de si mesmo e dos outros, da Natureza e das suas Leis, de modo a identificar-se com o Eu profundo e avançar no rumo das conquistas íntimas, imponderáveis e valiosas para a sua harmonia.

(Vol. 10, cap. 10)

[...] A verdadeira saúde é um estado íntimo de equilíbrio, de harmonia entre os desafiantes conflitos que a todos assaltam a cada instante, considerando-se a vulnerabilidade emocional e vivencial de que se encontram constituídos.

(Vol. 11, cap. 31)

❖

A saúde, sob qualquer aspecto considerada: física, mental, emocional, moral, é patrimônio da vida, que constitui meta a ser conquistada pelo homem e pela mulher no processo da sua evolução.

(Vol. 12, cap. 6)

❖

A busca da saúde é essencial ao ser humano, em razão do anseio pelo bem-estar que lhe amplia os horizontes do entendimento em torno dos objetivos que lhe dizem respeito e das possibilidades de tornar a existência terrestre apetecida e rica de bênçãos.

Nesse sentido, o equilíbrio mente/corpo/emoção é essencial, favorecendo-o com a harmonia defluente das aquisições diárias sobre os conflitos e diluição deles mediante a aquiescência dos sentimentos em perfeita identificação com o Self.

(Vol. 15, prefácio)

A saúde é jovial e enriquecedora de alegria, promovendo a tranquilidade e ampliando a capacidade de amar.

(Vol. 15, cap. 3)

SAÚDE INTEGRAL

A saúde, portanto, integral, somente será possível, quando o Espírito desvestir-se da inferioridade que ainda o retém nas torpes paixões e nos interesses meramente materiais, sutilizando as suas aspirações e trabalhando os *metais* preciosos dos sentimentos para permanecer em harmonia com as vibrações cósmicas que a tudo envolvem numa Sinfonia de excelsa beleza. [...]

A saúde integral encontra-se, pois, ao alcance de quantos desejem sinceramente autovencer-se, seguindo os procedimentos morais e espirituais que a vida oferece, e toda vez que se engane e se perturbe, recorrendo aos métodos das ciências correspondentes, que são recursos oferecidos pelo Criador, que *não deseja a morte do pecador, mas sim a do pecado*, isto é, que sempre ampara aquele que erra, nele trabalhando a correção do fator de perturbação e de insânia de que se faça instrumento.

(Vol. 12, cap. 11)

SAÚDE MENTAL

A saúde mental somente é possível quando o *Self*, estruturado em valores éticos nobres, compreende a finalidade precípua da existência humana, direcionando os seus sentimentos e conhecimentos em favor da ordem, do progresso, do bem-estar de toda a sociedade.

(Vol. 12, cap. 6)

SEDE DE VINGANÇA

O comportamento paranoico gera uma gama de aflições perturbadoras de grande densidade, alienando o paciente que perde relativamente o contato com a realidade objetiva.

Deambulando pelos dédalos da insensatez, sente-se acuado pelos conflitos, que transfere de responsabilidade, sempre acusando as demais pessoas de o não entenderem e o perseguirem, empurrando-o para o insucesso, a infelicidade...

Afastando-se do conjunto social, elabora mecanismos de desforço como fenômeno de autorrealização, engendrando formas de constatar a superioridade mediante a queda daquele que é considerado seu opositor.

Nesse estado de inquietação engendra formas de análise inadequada em torno da conduta alheia, derrapando em maledicências, em exageros de informações que não correspondem à realidade, culminando em calúnias que possam caracterizar imperfeição do seu opositor, situando-o em plano de inferioridade.

Dessa forma, quando o outro, o inimigo, experimenta qualquer desar, tormento ou provação, o enfermo que se lhe opõe experimenta uma alegria íntima muito grande como compensação da inferioridade na qual estagia.

Esse tormento faz-se tão cruel que, não raro, o paciente torna-se algoz inclemente daquele que se lhe torna vítima.

Na raiz desse, como de outros transtornos da personalidade, encontram-se o egoísmo exacerbado e o orgulho, que são os cânceres morais encarregados de desorganizar o ser humano, tornando-o revel. [...]

A sede de vingança é lamentável conduta espiritual que termina por afligir aquele que a vitaliza interiormente.

(Vol. 9, cap. 10)

SEDE DE VINGANÇA *ver também* VINGANÇA

SEGURANÇA PSICOLÓGICA

A segurança psicológica do indivíduo centraliza-se no autoconhecimento, na autoidentificação, no autoamor, no ser.

(Vol. 5, cap. 10)

SELF

O *Self* [...] se estrutura e se fixa através do sentimento, e quando este se encontra confuso, sem delineamento, a autoafirmação se enfraquece e a capacidade de dizer NÃO perde a sua força, o seu sentido.

(Vol. 9, cap. 8)

[...] pode ser entendido como a totalidade, a magnitude do *Velho Sábio/Velha Sábia*, alterando sua expressão conforme as circunstâncias e apresentando-se em extensa gama de formas humanas, animais e abstratas.

(Vol. 12, cap. 1)

O *Self*, na sua representação totalitária, expressando a sabedoria do Velho/Sábio ou da Velha/Sábia, é o Espírito imortal, herdeiro de si mesmo, jornaleiro de variadas existências terrenas que o capacitam para a plenitude, exornando-o com os valores imarcescíveis do conhecimento e da experiência. [...].

(Vol. 12, cap. 1)

O *Self*, preexistente à composição física do ser humano, é possuidor dos símbolos e imagens que se encontram no arquétipo primordial, do qual se origina, conduzindo o embrião do *ego* e da consciência, que se exteriorizarão por meio das incontáveis experiências de transformação e de *redenção* na individualidade em que se expressará um dia.

(Vol. 12, cap. 1)

[...] O *Self* não é apenas um arquétipo-aptidão, mas o Espírito com as experiências iniciais e profundas de processos anteriores, nos quais desenvolveu os pródromos do *Deus interno* nele vigente, em face de sua procedência divina desde a sua criação. É natural, portanto, que possua heranças, atavismos, reminiscências, inconsciente coletivo e pessoal, em face do largo trânsito do seu psiquismo no processo evolutivo ao longo dos milênios. Herdeiro de si mesmo, o *Self* é mais que um arquétipo, sendo o próprio ser espiritual precedente ao berço e sobrevivente ao túmulo.

(Vol. 12, cap. 4)

O *Self* atual [...] não é uma página em branco, na qual irão ser escritos os caracteres das necessidades humanas. Herdeiro do psiquismo ínsito no inconsciente coletivo, é portador do seu próprio inconsciente pessoal, que são as experiências do processo evolutivo no curso dos renascimentos carnais. [...]

É esse *princípio inteligente*, causal e eterno, que programa as formas físicas e oferece direcionamento aos neurônios cerebrais, às glândulas de secreção endócrina e outros sensíveis equipamentos encarregados da decodificação do psiquismo.

(Vol. 12, cap. 5)

O *Self*, na condição de um arquétipo primordial, preside ao processo de desenvolvimento que lhe é [ao ser humano] imperioso alcançar, mediante as experiências que fazem parte dos estatutos da Vida.

(Vol. 12, cap. 6)

❖

O notável psiquiatra Carl G. Jung definiu o *Self* como: *"a totalidade da psique consciente e inconsciente"*, acrescentando que: *"essa totalidade transcende a nossa visão porque, na medida em que o inconsciente existe, não é definível; sua existência é um mero postulado e não se pode dizer absolutamente nada a respeito de seus possíveis conteúdos."*

Nada obstante a sua muito bem-elaborada conceituação, se o consideramos como o Espírito imortal que precede à concepção e sobrevive à dissolução carnal, teremos, nos depósitos profundos do seu envoltório semimaterial, que é o perispírito, o *mero postulado* que é o inconsciente pessoal, no qual estão arquivadas as experiências ancestrais resultantes de todas as reencarnações ao longo do processo evolutivo a que se encontra submetido. Esse arquétipo, imagem original ou *imago Dei* que vige no ser humano e concede-lhe a abrangência da consciência e da inconsciência, respondendo pela sua totalidade, procede do *Arquétipo Primordial*, Consciência Cósmica, Deus ou Causalidade Absoluta.

(Vol. 12, cap. 9)

[...] O *Self* é, portanto, herdeiro de todo esse patrimônio conseguido através das centenas de milhões de anos. Para ser penetrado na sua grandeza e totalidade é necessário que se mergulhe o *olhar* para dentro de si mesmo, a fim de se poder identificar, com o *numinoso*, a grande meta para as experiências transpessoais.

(Vol. 12, cap. 11)

[...] o *Self* é depositário de todos os valores das experiências adquiridas no largo jornadear do desenvolvimento antropossociopsicológico.

(Vol. 13, cap. 7)

O *Self*, no entanto, é a incomum capacidade de gerar relacionamentos entre os indivíduos de forma consciente e produtiva, sem os automatismos do instinto, podendo optar por uns em detrimento de outros, em razão de afinidades e de conceitos, de emoções e de sentimentos. É a consciência da individualidade e não uma faculdade apenas intelectual. Sem dúvida que se trata do despertar do Espírito enclausurado na argamassa celular, diferindo-o do psiquismo em evolução no reino animal mais primitivo...

Esse *Self*, quando coerente e saudável, recusa-se ao abandono que o indivíduo em transtorno de comportamento se permite, quando o *ego* encontra-se atormentado e instável. É a sua faculdade de optar, de discernir, que irá trabalhar pela recuperação das suas potências e da sua realidade, avançando para o estágio numinoso.

(Vol. 13, cap. 15)

Sendo o *Self* o arquétipo básico da vida consciente, *o princípio inteligente*, ele é o somatório de todas as experiências evolutivas, sempre avançando na direção do estado *numinoso*.

(Vol. 15, cap. 1)

O *Self* que se unifica em relação ao *ego* é o caminho seguro para a autocura, para o estado *numinoso* de tranquilidade e bem-estar.

(Vol. 15, cap. 2)

O *Self* desenvolve-se mediante os esforços existenciais que lhe facultam o despertar dos tesouros adormecidos, produzindo a imaginação, a ambição de crescimento, o desejo de conquistas novas. [...]

(Vol. 15, cap. 7)

É de relevância, portanto, que o *Self*, na condição de *deus interior*, enseje a aquisição de uma crença, religiosa de preferência, destituída de fanatismo e cultos extravagantes, para melhor desenvolver-se, contribuindo para a diluição de toda a *sombra*, harmonizando o *anima-us* de maneira a experienciar os benefícios da existência.

(Vol. 15, cap. 7)

Enquanto o *Self* é a expressão da divindade interna no ser humano, nessa busca, a da individuação, deve apequenar-se até a postura do *ego*, tornando-se consciente da sua condição imensurável da psique, sendo, simultaneamente, o seu conteúdo mais significativo e real.

(Vol. 15, cap. 8)

[...] o *Self* é específico e individual, embora o seu caráter *coletivo*, ainda no conceito junguiano, porque representa a unidade que deve ser conquistada como o destino que o aguarda.

Nessa realização individual, o *Self* reunirá os conteúdos inconscientes aos conscientes, conseguindo uma harmonia que faculta a perfeita lucidez da destinação humana sem os atavismos perturbadores do passado nem as ambições desenfreadas em relação ao futuro. Esse trabalho é possível, na razão direta em que o mesmo vai penetrando nos depósitos do inconsciente e libertando as fixações e imagens ancestrais, que respondem pela desorientação do indivíduo, sempre quando emergem, gerando conflito com a consciência, com os valores éticos estabelecidos, com as necessidades que se impõem.

(Vol. 15, cap. 8)

Como o *Self* tem sua realidade além do tempo, é mortal no corpo e imortal após ou antes do corpo, ei-lo que preserva os acontecimentos em que esteve envolvido, mantendo uma camada de olvido em cada renascimento, no entanto, portadora de recursos libertadores das impressões mais fortes, que nele se apresentam como conflitos e perplexidades, distúrbios de conduta, estados fóbicos, mas também afetividade, idealismo, significação...

(Vol. 15, cap. 9)

A constituição do *Self* como energia pensante, na condição de *princípio inteligente do Universo*, conforme é definido o Espírito pelos benfeitores da Humanidade, impõe por princípio e legitimidade todo um arsenal de equipamentos psicológicos para o desempenho da tarefa que deve executar – a autoiluminação.

Procedente do Psiquismo Divino, possui, em germe, todas as potencialidades provenientes da sua causalidade, sendo-lhe necessário o despertar destas e o desenvolvê-las ao longo das experiências sucessivas.

Em decorrência, o ser psicológico que é, impõe-se como de fundamental relevância em todo o processo evolutivo, sendo-lhe necessários recursos psíquicos propiciatórios para o alcance dos seus objetivos.

Sediando as aspirações no superconsciente e conservando as realizações no inconsciente coletivo, o seu *envoltório* perispiritual é o reservatório onde se encontram todos os valores amealhados, dignificantes ou inquietadores, e que ressumam com frequência, de acordo com as emoções, as ocorrências que fazem parte do processo de evolução, auxiliando-o na ascensão ou induzindo-o ao sofrimento.

Como consequência, as suas são necessidades de ordem ética, estética, transpessoal, como recursos de manutenção do equilíbrio e de impulsos para o avanço pela senda libertadora dos atavismos negativos que interferem no comportamento que opta pelo bem-estar.

(Vol. 15, cap. 10)

SELF ver também **ESPÍRITO** *e* **EU SUPERIOR**

❖

SELF-ACTUALIZATION ver **AUTORREALIZAÇÃO**

❖

SELF-DEVELOPMENT ver **AUTORREALIZAÇÃO**

❖

SELF-REALIZATION ver **AUTORREALIZAÇÃO**

❖

SENSAÇÃO/EMOÇÃO

A sensação é herança do instinto dominador; a emoção é tesouro a conquistar pelos caminhos da ascensão.

(Vol. 8, cap. 4)

SENSAÇÃO/INTUIÇÃO

[...] A *sensação* resulta das informações que se exteriorizam através dos órgãos dos sentidos, sendo tudo aquilo que é percebido de maneira física, enquanto que a *intuição* resulta das informações que procedem do inconsciente, sem a necessidade do contato com as sensações.

Classificando em quatro essas funções, situa o indivíduo no mundo objetivo, elucidando, no entanto, que a sensação e a intuição são *funções perceptíveis*, usadas pelo sentimento e pelo pensamento encarregados de decodificá-las e classificar todas as informações adquiridas que o sentimento atribuirá significado e valor específicos.

Da mesma forma, o sentimento e o pensamento são considerados como *funções racionais*. A sensação e a intuição, no entanto, passam a ser denominadas como *funções irracionais*, constituindo mecanismos de acesso ao mundo externo para que o pensamento e o sentimento possam agir.

Analisando-as com cuidado, conclui-se que as funções são essenciais à vida do ser humano. Ao denominar algumas como *irracionais*, não o fez com o objetivo de as subestimar, pelo contrário, o de demonstrar-lhes o automatismo através do qual se expressam e que se faz independe da razão.

Analisando a função da *intuição* proposta por Jung, somos, entretanto, de parecer que ela procede do *Self*, como percepção que abre as portas da paranormalidade para a aquisição dos conhecimentos que independem do sentimento, do pensamento e da sensação. Não estabelecida no cérebro, transcende-o, sendo por ele identificada e transferida para o mundo exterior, logo se apresentando de maneira inusitada, inabitual, inesperada.

(Vol. 12, cap. 4)

SENSO DE HUMOR

O senso de humor estimula ao prosseguimento dos objetivos, vencendo dificuldades e obstáculos com o otimismo de quem confia em si, nas próprias possibilidades e na capacidade de renovar-se para não estacionar. Trata-se de um parâmetro para aquilatar-se a condição em que se encontra e as disponibilidades ao alcance para vencer. [...]

Este senso de humor constitui riqueza íntima que se deve cultivar sob qualquer circunstância, rejubilando-se com ele e exteriorizando-se onde se esteja, a fim de melhorar os relacionamentos interpessoais, as realizações e favorecendo os resultados de todos os empreendimentos.

A vida moderna, com as suas sofisticadas exigências, propicia muitos conflitos que podem ser evitados mediante a autoconsciência e a vivência do senso de humor, isto é, a forma natural e positiva para encarar as ocorrências do cotidiano. Não se trata do humor que decorre do anedotário, da chalaça, da momice, dos relatos pejorativos e de sentido pífio. Mas dessa autêntica jovialidade para compreender-se e compreender os demais, encarando a existência com seriedade, mas sem carranca, com alegria, mas sem vulgaridade, emocionalmente receptivo às lições e complexidades dos processos da vida.

(Vol. 9, cap. 7)

SENTIMENTO

Os sentimentos são conquistas nobres do processo da evolução do ser. Desenvolvendo-se dos instintos, libertam-se dos atavismos fisiológicos automatistas para se transformarem em emoções que alcançam a beleza, a estesia, a essência das coisas e da vida, quando superiores, ou as expressões remanescentes do período primário, como a cólera, o ciúme, as paixões perturbadoras.

(Vol. 6, cap. 11)

Os sentimentos são conquistas paulatinas do ser humano, que os desenvolve conforme os fatores ancestrais que lhe predominam em a natureza, na condição de herança genética e por consequência das condições ambientais: família, educação, sociedade.

(Vol. 10, cap. 8)

Os sentimentos *expressam a capacidade que possui o ser humano de conhecer, de compreender, de sentir e compartir as emoções que o vitalizam nas suas diversas ocorrências existenciais.*

São os *mecanismos* que conduzem a Humanidade ao longo do processo evolutivo, através do qual o *Self* adquiriu o conhecimento e experienciou as conquistas que lhe exornam a realidade.

Inseridos no sistema nervoso central, respondem pela afetividade e pelo comportamento, nutridos por moléculas específicas que são produzidas pelos neurônios cerebrais, tipificando os diferentes biótipos humanos através das suas emoções.

Quando se encontram sob o comando da vontade dignificada, os sentimentos constituem instrumentos valiosos para equipar o indivíduo de equilíbrio e conduzi-lo aos fins que persegue.

São os sentimentos que dulcificam ou tornam a existência amarga, dependendo dos direcionamentos que lhes são aplicados. [...]

Os sentimentos são preciosos capítulos da existência humana, nos quais o *Self* trabalha os conteúdos profundos do psiquismo, buscando harmonizá-los com as manifestações do *ego* de tal maneira que, razão e emoção constituam o binômio a ser bem conduzido pelo pensamento, que não se deve desbordar em aspirações exageradas ou desinteresse esquizoide.

Decodificados e conduzidos por alguns neuropeptídeos, os sentimentos se originam no *Self* e se exteriorizam pelos condutores neurais, expressando-se por todo o organismo físico e emocional, passando a exercer um papel de grande relevância nos processos da saúde, pelas altas cargas de que se revestem em razão da conduta mental do indivíduo.

(Vol. 12, cap. 2)

SER

Iniludivelmente, o ser, na sua estrutura real, é psiquismo puro, com imensos cabedais de possibilidades.

(Vol. 6, cap. 12)

❖

O ser é produto de um largo processo de desenvolvimento dos infinitos valores que lhe dormem em latência, aguardando os meios propiciatórios à sua manifestação. [...]

(Vol. 8, cap. 2)

O ser existencial tem o seu significado relevante, que necessita ser detectado e utilizado com segurança. Os seus alicerces repousam nas camadas profundas do inconsciente – as experiências do passado – e nas possibilidades imensas do seu superconsciente – as conquistas que lhe cumpre lograr –, debatendo-se nas reminiscências do ontem e nas ambições do futuro. O ser existencial oscila entre esses dois polos, que contribuem para a realização feliz ou desventurada no presente, a depender, naturalmente, das opções elegidas e do empenho aplicado na sua execução.

(Vol. 8, cap. 5)

O ser é manifestação do Pensamento Divino, que o criou para a vigorosa realização de si mesmo.

Desse modo, é necessário deixar de ignorar o seu *mundo interior*, o seu inconsciente, mergulhando no abismo de si mesmo e autorrevelando-se sem traumas ou choques, sem ansiedades ou inquietações, em um processo de *individuação*.

(Vol. 8, cap. 7)

[...] o ser é a soma de muitas reencarnações, nas quais esteve na condição de personalidades transitórias, cujos conteúdos foram-lhe incorporados, formando-lhe a individualidade. [...]

(Vol. 9, cap. 6)

❖

O ser existencial, todavia, é, antes de quaisquer outras considerações, um Espírito imortal, herdeiro de todas as realizações que lhe assinalam a marcha ancestral.

Viajor de muitas experiências em roupagens carnais diferentes e múltiplas, é o arquiteto de glórias e desaires através do comportamento ético-moral, social, religioso, político, artístico e de qualquer outra natureza, por cujas faixas transitou no curso da sua evolução.

(Vol. 9, cap. 9)

SER CONSCIENTE

O ser consciente deve trabalhar-se sempre, partindo do ponto inicial da sua realidade psicológica, aceitando-se como é e aprimorando-se sem cessar.

(Vol. 5, prefácio)

O ser consciente é austero, mas sem carranca; é jovial, porém sem vulgaridade; é complacente, no entanto sem conivência; é bondoso, todavia sem anuência com o erro. Ajuda e promove aquele que lhe recebe o socorro, seguindo adiante sem cobrar retribuição.

É responsável, e não se permite o vão repouso enquanto o dever o aguarda. Conhecendo suas possibilidades, coloca-as em ação sempre que necessário, aberto ao amor e ao bem.

(Vol. 5, prefácio)

O ser consciente é um indivíduo livre e realizador do bem operante, que tem por meta a própria plenitude através da plenificação da Humanidade.

(Vol. 6, cap. 2)

O ser consciente da sua realidade imortal trabalha-se com alegria, limando as arestas do personalismo e do egoísmo, mediante a sua natural substituição pelo altruísmo, pela generosidade e serviço de engrandecimento moral de si mesmo e do seu próximo, o que torna o Evangelho o mais precioso tratado de psicoterapia e de psicossíntese, na sua proposta vibrante de autodescobrimento, de viagem interior, de busca da Realidade, da Unidade...

(Vol. 10, cap. 6)

SER HUMANO

Cada criatura é a soma das próprias experiências culturais, sociais, intelectuais, morais e religiosas. O seu arquétipo é caracterizado pelas suas vivências, não sendo igual ao de outrem. A sua identidade é, portanto, a individualidade real, modeladora da sua vida, usufrutuária dos seus atos e realizações.

(Vol. 2, cap. 6)

O ser humano, diante da visão nova e *transpessoal*, deixa de ser a massa, apenas celular, para tornar-se um complexo com predominância do princípio eterno. [...]

(Vol. 2, cap. 9)

O ser humano é o mais alto e nobre investimento da vida, momento grandioso do processo evolutivo que, para atingir a sua culminância, atravessa diferentes fases que lhe permitem a estruturação psicológica, seu amadurecimento, sua *individuação,* conforme Jung.

(Vol. 5, cap. 1)

O ser humano é um conjunto harmônico de energias, constituído de Espírito e matéria, mente e perispírito, emoção e corpo físico, que interagem em fluxo contínuo uns sobre os outros.

(Vol. 6, cap. 1)

❖

Cada ser humano é uma incógnita a ser equacionada por ele próprio.
(Vol. 6, cap. 2)

❖

Potencial rico de valores, o ser humano é a *imagem* do seu Criador, por possuir a mesma essência imortal, consequentemente os preciosos dons e recursos que levam à perfeição, competindo-lhe, unicamente, desenvolvê-los e aprimorá-los. [...]

(Vol. 6, cap. 7)

O ser humano é herdeiro da sua história antropológica, fixado nos atavismos das experiências vivenciadas durante as fases primevas do seu desenvolvimento. Por ser, igualmente, psicológico, desdobra todos os potenciais que possui em latência e arrebata as amarras ancestrais, a fim de libertar o Eu adormecido, escravizado aos instintos.

(Vol. 6, cap. 12)

O ser humano segue uma fatalidade grandiosa: a autorrealização total, sob a atração do Pensamento Divino que a tudo invade e domina. A sua origem transcendental leva-o de volta, iniludivelmente, à sua Causalidade Superior. Todavia, enquanto não se dá conta dessa obstinada destinação, transita em círculo de estreito âmbito emocional, sem que a força de atração da Vida lhe produza qualquer influência.

(Vol. 8, cap. 6)

A criatura humana é o seu psiquismo. Conforme ele atua, assim se apresentam as manifestações do mundo do Eu e do *Self*.

(Vol. 8, cap. 6)

A criatura, concluímos, é possuidora de *dois cérebros*: *o emocional e o racional*, que poderíamos denominar como dois tipos de inteligência, ou mesmo, dois tipos de mentes. O desenvolvimento de ambos os fatores responde pelos sucessos ou pelos prejuízos que afetam as criaturas humanas.

(Vol. 8, cap. 11)

O ser humano é um universo com as suas próprias leis e constituição, embora em harmonia com todos os demais, formando imensa família. Massificado, perde a capacidade, ou lhe é impedida, de expressar-se, de anelar e viver, conforme o seu paradigma de aspiração e progresso, pois que, do contrário, é expulso do grupo, onde não mais tem acesso. Marginalizado, deprime-se, aflige-se.

(Vol. 9, cap. 7)

O ser humano é a medida das suas aspirações e conquistas, sem o que a mediocridade o vence.

(Vol. 9, cap. 7)

O ser humano, embora antropologicamente seja portador de uma herança animal, é, antes de tudo, um Espírito, com possibilidades inimagináveis que se lhe encontram em germe, e que à educação cumpre o mister de despertar e desenvolver.

(Vol. 9, cap. 8)

O ser humano é essencialmente sua conduta pregressa. Em cada etapa existencial adquire compromissos que se transformam em asas de libertação ou algemas vigorosas, passando a sofrer as consequências que se transferem de uma para outra existência física, do que lhe decorrem inevitáveis efeitos morais. [...]

(Vol. 9, cap. 10)

O ser humano é vida em expansão no rumo do infinito. Espírito imortal, momentaneamente cercado de sombras e envolto em tormentos de insatisfação, pode canalizar todas as energias decorrentes dos instintos básicos para os grandes voos da inteligência, superando os patamares mais primitivos da evolução com os olhos voltados para a realidade transcendente.

Emergindo do caos em cuja turbulência se agita, percebe a perenidade existente em tudo, não obstante as transformações incessantes e toma parte, emocionado, no conjunto que pulsa e se engrandece diante dos seus olhos.

Esse ser, que parece insignificante e, não poucas vezes, faz-se mesquinho ante a grandeza do cosmo, agiganta-se e descobre as infinitas possibilidades que lhe estão ao alcance, participando ativamente do concerto geral, não mais pelos impulsos, senão consciente da grandeza nele existente, que aguarda somente o desabrochar.

(Vol. 9, cap. 11)

O ser humano é, na sua essência, um animal social, programado para viver em grupo, através do qual mais facilmente pode desenvolver os sentimentos, transformar os instintos primitivos em razão, ascendendo emocionalmente até atingir o patamar da intuição. [...]

(Vol. 9, cap. 12)

O ser humano é estruturado para alcançar os patamares sublimes da harmonia, programado para a plenitude, o *samadhi*, o *nirvana*, o *Reino dos Céus*, a perfeição...

(Vol. 9, cap. 12)

O ser humano é uma complexidade de valores transcendentes que se mesclam em profundidade, possuindo suas matrizes nas inexauríveis Fontes da Vida Cósmica.

Qualquer tentativa de reduzi-lo aos equipamentos meramente orgânicos sob o controle dos neurônios cerebrais não atinge os objetivos indispensáveis a uma compreensão da sua realidade. [...]

Uma visão, porém, mais adequada para a sua análise, é a que decorre do ser tridimensional – energia pensante, psicossoma e soma, ou mais legitimamente Espírito, perispírito e matéria, conforme estabeleceu o insigne Allan Kardec – porquanto transitam de um para outro campo vibratório de estrutura diferenciada as construções mentais, verbais e as ações, insculpindo, nos equipamentos orgânicos, emocionais e mentais os inevitáveis resultados deles decorrentes.

(Vol. 10, prefácio)

O ser humano é, por excelência, um animal social, como decorrência inevitável do seu instinto gregário, que necessita do outro para a sustentação dos requisitos que o constituem. Não obstante, a sua individualidade não pode sucumbir no báratro das situações existentes, que lhe não concedam compensações emocionais.

(Vol. 10, cap. 1)

O ser humano é uma *unidade orgânica*, sem dúvida, mas que não pode ser comparada ao fenômeno que ocorre com a célula na harmonia do corpo somático, que se submete aos impositivos do conjunto, a fim de que este se apresente saudável. Essa *unidade orgânica*, diferentemente da célula, pensa e tem sentimentos próprios, que devem ser canalizados para o seu bem-estar e o equilíbrio do grupo social.

(Vol. 10, cap. 1)

Herdeiro das próprias realizações armazenadas nas áreas abissais do inconsciente individual como coletivo, não se pode evadir das fixações que lhe estão insculpidas, em razão da anterioridade das existências por onde peregrinou.

(Vol. 10, cap. 2)

O ser humano, mediante o Eu superior, transita por inúmeras experiências carnais, entrando e saindo do corpo, na busca da individuação, da plenitude a que se destina, conduzindo os tecidos sutis da realidade que é, todas as realizações e vivências que se acumulam e constroem o inconsciente profundo, de onde emergem também as personalidades que foram vividas e cujas memórias não se encontram diluídas, permanecendo dominadoras, em face das ocorrências que, de alguma forma, geraram culpa, harmonia, júbilo, glória e assomam, exigindo atenção.

Nesse imenso oceano – o inconsciente – movem-se os Eus que emergem ou submergem, necessitando de anulação e desaparecimento através das luzes do discernimento da consciência do Si.

Na sua imensa complexidade, a individualidade que se expressa através desse Eu superior enfrenta as experiências das personalidades presentes no Eu individual.

(Vol. 10, cap. 2)

Mitologicamente, o ser humano pode ser dividido em duas partes. Acima do diafragma encontra-se na luz do dia e abaixo na sombra da noite. Desse modo, as funções superiores da circulação, dos sentimentos, do pensamento, da respiração encontram-se na área nobre, iluminada, enquanto que as de excreção, sexo e reprodução no campo-sombra, sem o necessário controle, equiparando-se ao animal.

Essa herança física do animal corresponde às suas reações emocionais que estão fora do controle da mente e o levam a delinquir.

(Vol. 10, cap. 3)

[...] o ser humano não é somente um *animal sexual*, mas um Espírito imortal em trânsito por diversas faixas do processo antropológico na busca da sua integração no Pensamento Cósmico.

(Vol. 10, cap. 3)

O ser humano é, na sua essência, eminentemente transpessoal.

Realidade extrafísica, habita o campo da energia, na condição de *princípio inteligente do Universo*, onde se origina pela vontade da *Causa Primeira de todas as coisas*, que transcende à capacidade atual de entendimento conforme o grau de percepção que caracteriza a Ciência contemporânea.

Chispa divina em forma de psiquismo inicial, possui todas as potencialidades imagináveis, que o tempo e as experiências fazem desabrochar através de sucessivas existências na forma orgânica, desde as mais simples, nas quais exterioriza sensibilidade, sistema nervoso embrionário, para adquirir instintos, inteligência e razão, seguindo no rumo da autossuperação, quando a vitória sobre o *ego* facultar-lhe atingir a aspiração angélica.

(Vol. 10, cap. 5)

O ser humano em si mesmo é sempre consequência dos seus atos anteriores. A cada realização desenvolvida apresentam-se novas propostas que dela resultam, ampliando o campo de crescimento emocional.

(Vol. 10, cap. 6)

Elucidações psicológicas à luz do Espiritismo

O ser humano está fadado às estrelas, autoiluminando-se com o esplendor da sabedoria – amor e conhecimento – de forma a atingir a meta para a qual foi criado: a perfeição!

(Vol. 10, cap. 6)

O ser humano, em qualquer fase do seu desenvolvimento na escola terrestre, é sempre aprendiz sensível a quem o amor oferece os mais poderosos recursos para a felicidade ou para a desdita, dependendo de como esse seja encaminhado.

(Vol. 10, cap. 7)

❖

A criatura humana é muito mais do que os impulsos instintivos dos desejos servis. Espírito imortal que é, encontra-se programada para a superação das experiências primárias vivenciadas, rumando na direção dos sentimentos sublimes que lhe são a herança divina dormindo nos refolhos do ser.

(Vol. 10, cap. 7)

❖

Sem dúvida, o ser humano é resultado do seu comportamento anterior quando, em existência passada, modelou o futuro que o aguarda.

(Vol. 10, cap. 8)

❖

O ser humano é o somatório das suas aspirações e necessidades, mas também o resultado de como aplica esses recursos que o podem escravizar ou libertar.

(Vol. 11, cap. 7)

❖

A criatura é o resultado das suas próprias experiências adquiridas no imenso pélago do processo evolutivo, transferindo de uma para outra existência as conquistas que lhe caracterizam o desenvolvimento intelecto-moral.

Na condição de Espírito em crescimento, fixa novas aprendizagens nos patamares construídos anteriormente, sem fugir das suas naturais imposições, que remanescem em aspirações, tormentos, bem-estar ou desequilíbrio.

(Vol. 12, cap. 3)

[...] a criatura humana é mais do que o corpo – é o Espírito – no qual se movimenta, independendo da indumentária de que se reveste e através da qual interfere, orientando toda a sua constituição e funcionalidade por meio da mente, que é o instrumento de que se vale para os objetivos existenciais.

(Vol. 12, cap. 3)

O ser humano é o somatório dos seus pensamentos, atitudes e realizações. [...].

(Vol. 12, cap. 6)

O ser humano é essencialmente o Espírito que lhe habita o corpo. Autoconstrutor das realizações que lhe constituem o patrimônio que conduz nas sucessivas experiências da evolução, transfere automaticamente, de uma para outra etapa, os tesouros positivos e negativos que logra acumular.

(Vol. 12, cap. 8)

O ser humano, todavia, é um *feixe de emoções* por deslindar e desenvolver, de forma que se facultem estados interiores de bem-estar e de plenitude, que independem de coisas e de lugares, de circunstâncias e de posses.

(Vol. 12, cap. 9)

O ser humano é o protótipo máximo do processo evolutivo até o momento, cabendo-lhe descortinar horizontes grandiosos e avançar com decisão para conquistá-los.

(Vol. 12, cap. 9)

O ser humano é um animal essencialmente religioso em razão da sua procedência. Mesmo nos hábitos mais modestos, assim como nos convencionais, encontram-se os atavismos da religiosidade que lhe é inata.

(Vol. 12, cap. 10)

Inegavelmente, o ser humano é o *Self*, que lhe sintetiza todos os valores, como resultado de um largo processo evolutivo, no qual se daria uma unidade entre o consciente e o inconsciente. Ele é o regulador da totalidade, síntese de todas as aspirações e aspectos da personalidade, expressando-se de forma equilibrada no relacionamento com as demais criaturas e com o meio ambiente no qual se vive.

A busca da perfeita integração da consciência com a inconsciência para a mais elevada expressão do *Self* constitui o desafio da existência humana, na sua marcha ascensional mediante o inevitável processo antropossociopsicológico.

(Vol. 12, cap. 11)

Considerado o ser humano um conjunto de elementos que se aglutinam para tornar-se uma realidade no campo da forma, é constituído, conforme já referido, *pelo princípio inteligente do Universo* ou Espírito, por *uma espécie de envoltório semimaterial* ou perispírito e pela matéria ou corpo somático.

(Vol. 12, cap. 11)

[...] o ser humano é todo um complexo de elementos que se interdependem e se interligam, no entanto, colocado num contexto do qual não se pode evadir.

(Vol. 12, cap. 11)

O ser humano, em face da sua procedência espiritual, é portador do anjo e do demônio em latência, devendo desenvolver as inesgotáveis jazidas portadoras das elevadas manifestações adormecidas, ao tempo em que supera as heranças mais próximas do primarismo de onde procedem as formas físicas.

(Vol. 13, cap. 5)

O ser humano, na sua constituição tríplice – Espírito, perispírito e matéria – é um conjunto eletrônico sob o comando da consciência, que é emanação do Divino Pensamento, na qual se encontram arquivadas as Leis de Deus, de acordo com o seu nível de evolução, facultando que as experiências sejam realizadas e assimiladas, de forma que se transformem em conhecimento e sentimento, servindo sempre de base para realizações outras no futuro.

(Vol. 15, prefácio)

O ser humano é um conjunto em transição contínua, em processo de aprimoramento incessante sob todos os aspectos considerados. Nessa ebulição transformadora ininterrupta, surgem complexidades umas e desaparecem outras, que vão ficando, as últimas, na sua história antropológica ancestral, e diversas como perspectivas de apreensão e de conquista que deve ser lograda.

(Vol. 15, prefácio)

O ser humano é organizado por complexos elementos que transcendem a uma análise superficial, exigindo seguro aprofundamento nos seus elementos constitutivos.

De origem divina, em sua essência, desenvolveu a inteligência e o sentimento através do extraordinário périplo antropossociopsicológico.

(Vol. 15, cap. 1)

Jung havia estabelecido que o ser humano é possuidor de uma estrutura bipolar, agindo entre esses dois diferentes estados da sua constituição psicológica, qual ocorre com os arquétipos *anima* e *animus*.

Toda vez que lhe ocorre uma aspiração, o polo oposto insurge-se, levando-o ao outro lado da questão.

Qualquer comportamento de natureza unilateral logo desencadeia uma reação interna, inconsciente, em total oposição àquele interesse.

Quando o indivíduo se exalta em qualquer forma de personalismo, está mascarando a outra natureza que também lhe é inerente.

Se se atribui virtudes e valores relevantes, eles são defluentes de fantasias internas do que gostaria de ser, sem que o haja conseguido.

Um Eu opõe-se ao outro Eu em intérmina luta interior. Um é consciente, vigilante; o outro é inconsciente, adormecido, que desperta acionado pelo seu oposto. Um se encontra na razão; o outro, no sentimento ou vice-versa. A não vigilância e não saudável administração desse opositor se apresenta como desvario, que impede o raciocínio lúcido, a presença da razão.

Esse ser duplo é constituído, ora como resultado do conhecimento adquirido, de experiência vivenciada, enquanto o outro é de total desconhecimento, permanecendo oculto sempre à espreita. [...]

Aquele que não consegue harmonizar os dois polos em uma totalidade, invariavelmente faz-se vítima das expressões desorganizadas do sentimento, induzindo-o às emoções fortes, descontroladas.

(Vol. 15, cap. 1)

O ser humano é *construído* para a plenitude do *Self*, após as inevitáveis experiências de ida e de *volta para casa*.

(Vol. 15, cap. 3)

Herdeiro de si mesmo, o ser humano é a soma das suas experiências, que desenvolvem os valores para a própria evolução. O que lhe constitui desafio em uma etapa desse crescimento, noutra se lhe torna mais acessível, dando lugar ao surgimento dos arquétipos muito bem examinados pelo eminente mestre de Zurique, Carl Gustav Jung.

(Vol. 15, cap. 4)

O ser humano, portanto, é algo maior do que as expressões exteriores, os êxitos momentâneos, constituindo-se de toda a sua história que registra insucessos e vitórias, tristezas e alegrias, produzindo-lhe o equilíbrio que o segura e mantém no rumo certo.

(Vol. 15, cap. 5)

O ser humano é, desse modo, muito mais complexo do que a dualidade psique/corpo, mente/matéria, nele se encontrando o Espírito imortal e o seu envoltório perispiritual, encarregado da modelagem das formas físicas nas multifárias reencarnações.

(Vol. 15, cap. 9)

❖

O ser humano é imanente e é transcendente.

(Vol. 15, cap. 9)

O ser humano é, na sua essência, um *animal religioso*. A sua busca de religiosidade leva-o a vincular-se às diferentes correntes doutrinárias, procurando segurança e harmonia na trajetória física. As suas experiências de fé religiosa concedem-lhe vigor e dão-lhe coragem nas situações difíceis e ante os desafios.

(Vol. 15, cap. 9)

❖

O ser humano não pode fugir do seu arquétipo psicoide, em razão do inconsciente coletivo, onde permanecem todos os constructos da sua existência, naturalmente, também, as exuberantes expressões da fé, no seu sentido mais amplo, da religião e de Deus... Esse extraordinário inconsciente encontra-se fora do conhecido mundo consciente, sendo constituído por um *campo primordial de espaço tempo*.

(Vol. 15, cap. 9)

Cada ser humano é um cosmo específico, cuja origem perde-se nos penetrais do infinito.

(Vol. 16, cap. 4)

❖

A essência do ser humano é o *Self* que procede do Divino Psiquismo.

(Vol. 16, cap. 9)

SER HUMANO *ver também* HOMEM e INDIVÍDUO

❖

SER PROFUNDO

O ser profundo, autor de todos os acontecimentos em sua volta, é o Espírito, seja qual for o nome que se lhe atribua.

(Vol. 9, cap. 10)

SER PSICOLÓGICO

O ser psicológico é, estruturalmente, a soma das suas emoções e conquistas, que caracterizam a individualidade pessoal no processo de evolução.

(Vol. 5, cap. 7)

O ser psicológico movimenta-se em liberdade, podendo viver o passado no presente, o presente no momento e o futuro, conforme a projeção dos anseios, igualmente na atualidade. As dimensões temporais cedem-lhe lugar às fixações emocionais, responsáveis pela conduta do Eu profundo.

(Vol. 9, cap. 3)

O ser psicológico é o perfeito reflexo da sua realidade plena. Sendo Espírito imortal, conduz o seu patrimônio evolutivo – resultado das experiências ancestrais – que se encarrega de modelar os conteúdos delicados da sua personalidade, elaborando processos de harmonia ou desequilíbrio que resultam dos condicionamentos armazenados no psiquismo profundo.

Arquiteto da própria vida, em cada realização elabora, conscientemente ou não, os moldes que se lhe constituirão mecanismos hábeis para a movimentação nos novos investimentos.

(Vol. 9, cap. 10)

O ser psicológico necessita de espaço mental para encontrar-se, de reflexão serena e de avaliação de conduta, mediante análise cuidadosa de si mesmo, que somente se faz possível na solitude.

(Vol. 10, cap. 1)

O ser psicológico é alguém em constante transformação para melhor, porquanto o Eu real é de natureza eterna e deve ser descoberto quanto preservado, por constituir-se a meta essencial da existência terrena.

(Vol. 10, cap. 1)

SER SAUDÁVEL

A medida de um ser saudável é identificada mediante a sua conduta pessoal em relação a si mesmo e àqueles com quem convive. Revela-se através da maneira como se conduz, irradiando jovialidade sem alarde, alegria e comunicação fácil.

(Vol. 9, cap. 11)

O ser psicologicamente saudável é aquele que se mantém não afetado pelos acontecimentos, antes, porém, sensibilizado, de forma a poder contribuir para atenuar os danos, quando ocorrerem, ou auxiliar o crescimento, quando se faça necessário.

(Vol. 9, cap. 11)

SERENIDADE

A serenidade é pedra angular das edificações morais e espirituais da criatura humana, sem a qual muito difíceis tornam-se as realizações. Resulta de uma conduta correta e uma consciência equânime, que proporcionam a visão real dos acontecimentos, bem como facultam a identificação dos objetivos da vida, que merecem os valiosos investimentos da existência corporal. [...]

A serenidade é o estado de anuência entre o dever e o direito, que se harmonizam a benefício do indivíduo. [...]

A serenidade não é quietação exterior, indiferença, mas plenitude da ação destituída de ansiedade ou de receio, de pressa ou de insegurança. [...]

A serenidade provém, igualmente, da certeza, da confiança no que se sabe e se faz, e se é. Âncora de segurança, finca-se no solo e sustenta a barca da existência, dando-lhe tempo para preparar-se e seguir adiante.

(Vol. 4, cap. 16)

SERVIÇO

O serviço vitaliza e promove aquele que o executa, particularmente quando é destituído de remuneração, de retribuição, de interesse pessoal e imediatista.

(Vol. 7, cap. 18)

SEXO

A vida, portanto, saudável, na área do sexo, decorre da educação mental, da canalização correta das energias, da ação física pelo trabalho, pelos desportos, pelas conversações edificantes que proporcionam resistência contra os derivativos, auxiliando o indivíduo na eleição de atitudes que proporcionam bem-estar onde quer que se encontre. [...]

Considerado na sua função real e normal, o sexo é santuário da vida, e não paul de intoxicação e morte.

Estimulado pelo amor, que lhe tem ascendência emocional, propicia as mais altas expressões da beleza, da harmonia, da realização pessoal; acalma, encoraja para a vida, tornando-se um dínamo gerador de alegrias.

(Vol. 2, cap. 7)

Fonte de vida, o sexo é o instrumento para a *perpetuação da espécie*, não sendo credor de qualquer condenação. O ultraje e a vulgaridade, a nobreza e a elevação amorosa mediante os quais se expressa dependem do seu usuário, e não da sua função em si mesma.

(Vol. 5, cap. 10)

O sexo, nesse imenso painel de experiências, na condição de atavismo predominante dos instintos primários essenciais, desempenha papel importante no processo da saúde psicológica e mental, não olvidando também a de natureza física.

Pela exigência reprodutora, domina os campos das necessidades do automatismo orgânico tanto quanto da emoção, tornando-se fator de desarmonia, quando descontrolado, ou precioso contributo para a sublimação, se vivenciado pelo amor.

(Vol. 9, prefácio)

O sexo, convenha-se considerar por definitivo, existe em função da vida, e não esta em dependência exclusiva dele. O ser humano, dessa forma, necessita do sexo, mas não deve viver em sua dependência exclusiva.

(Vol. 10, cap. 3)

O sexo, no ser humano, em razão do seu atavismo de *instinto básico* da evolução, constitui-se um *espinho cravado nas carnes da alma.*

Persistente e responsável pela reprodução animal, desempenha papel fundamental no complexo mente/corpo, tornando-se responsável por incontáveis patologias psicofísicas e desintegração na área da personalidade.

(Vol. 10, cap. 4)

O sexo, com a sua finalidade dignificante de facultar a procriação, seja de natureza física, seja artística, cultural, comportamental, também desempenha papel relevante na construção espiritual do ser humano.

As suas energias, que ainda permanecem pouco identificadas, podem e devem ser canalizadas igualmente para fins mais sutis e elevados, enriquecedores da vida, mediante a sublimação e a *transmutação.* Não se trata da interrupção ou da anulação da faculdade de expressar a função sexual, mas de canalizá-la com segurança em direção mais fecunda e criativa na área dos sentimentos e da inteligência.

(Vol. 10, cap. 4)

[...] a comunhão sexual representa o instante máximo de entendimento entre duas pessoas, sem o que as frustrações se fazem de imediato [...].

(Vol. 10, cap. 7)

SEXO/AMOR

Na sua globalidade, o amor é sentimento vinculado ao *Self* enquanto que a busca do prazer sexual está mais pertinente ao ego, responsável por todo tipo de posse.

O sentimento de amor pode levar a uma comunhão sexual, sem que isso lhe seja condição imprescindível. No entanto, o prazer sexual pode ser conseguido pelo impulso meramente instintivo, sem compromisso mais significativo com a outra pessoa, que normalmente se sente frustrada e usada. [...]

O amor, como componente para a função sexual, é meigo e judicioso, começando pela carícia do olhar que se enternece e vibra todo o corpo ante a expectativa da comunhão renovadora. [...]

Quando o amor domina as paisagens do coração, mesmo existindo quaisquer dificuldades de ordem sexual, faz-se possível superá-las mediante a transformação dos desejos e frustrações em solidariedade, em arte, em construção do bem, que visam ao progresso das pessoas, assim como da comunidade, tornando-se, portanto, irrelevantes tais questões.

O ser humano, embora vinculado ao sexo pelo atavismo da reprodução, está fadado ao amor, que tem mais vigor do que o simples intercurso genital. [...]

O amor é o doce enlevo que embriaga de paz os seres e os promove aos píncaros da autorrealização, estimulando o sexo dignificado, reprodutor e calmante.

Sexo, em si mesmo, sem os condimentos do amor é impulso violento e fugaz.

(Vol. 9, cap. 1)

SI

O Si adquire experiências pelas etapas sucessivas das reencarnações, superando condicionamentos e dependências através da lucidez de consciência, que lhe impõe equilíbrio para a conquista do bem-estar emocional, da saúde integral.

(Vol. 8, cap. 8)

SI-MESMO

O *Si-mesmo* é a fonte da vida do corpo em todas as suas expressões: psíquicas, emocionais e físicas. Nele residem os dínamos geradores de todos os recursos para a existência humana, e, quando liberto das injunções do processo material na Terra, ei-lo que, ideal e numinoso, avança na direção da plenitude.

(Vol. 15, cap. 7)

SILÊNCIO

O silêncio, o isolamento espontâneo, são muito saudáveis para o indivíduo, podendo permitir-lhe reflexão, estudo, autoaprimoramento, revisão de conceitos perante a vida e a paz interior.

(Vol. 2, cap. 1)

É no silêncio que se pode encontrar Deus, fruir de paz, desvendar os enigmas, autoaprimorar-se.

(Vol. 10, cap. 1)

SILÊNCIO INTERIOR

O silêncio interior é feito de paz e completude, quando o ser compreende o significado da sua vida e a gravidade da sua conduta em relação aos demais membros que forma o Cosmo. [...]

[...] O silêncio interior constitui o grande intermediário da paz, que dessa união advém, por desenvolver na criatura o sentimento de amor – por Deus, por si mesmo, pelo próximo –, tornando-se este amor o produto alquímico que dilui o ódio, que vence as barreiras impeditivas da fraternidade e inunda-a com os recursos e conteúdos psíquicos libertários.

(Vol. 5, cap. 8)

❖

[...] o silêncio interior consciente, responsável pela saúde psíquica e emocional, predispõe o ser ao crescimento das aspirações e ao esforço dos ideais de enobrecimento.

(Vol. 5, cap. 8)

SÍNDROME DO PÂNICO

No imenso painel dos distúrbios psicológicos, o medo avulta, predominando em muitos indivíduos e apresentando-se, quando na sua expressão patológica, em forma de *distúrbio do pânico*.

O medo, em si mesmo, não é negativo, assim se mostrando quando, irracionalmente, desequilibra a pessoa.

O desconhecido, pelas características de que se reveste, pode desencadear momentos de medo, o que também ocorre em relação ao futuro e sob determinadas circunstâncias, tornando-se, de certo modo, fator de preservação da vida, ampliação do instinto de autodefesa. Mal trabalhado na infância, por educação deficiente, o que poderia tornar-se útil, diminuindo os arroubos excessivos e a precipitação irrefletida, converte-se em perigoso adversário do equilíbrio do educando.

(Vol. 6, cap. 9)

Na anamnese do *distúrbio do pânico*, constata-se o fator genético com alta carga de preponderância e especialmente a presença da noradrenalina no sistema nervoso central. É, portanto, uma disfunção fisiológica. Predomina no sexo feminino, especialmente no período pré-catamenial, o que mostra haver a interferência de hormônios, sendo menor a incidência durante a gravidez.

Sem dúvida, a terapia psiquiátrica faz-se urgente, a fim de que determinadas substâncias químicas sejam administradas ao paciente, restabelecendo-lhe o equilíbrio fisiológico.

Invariavelmente atinge os indivíduos entre os vinte e os trinta e cinco anos, podendo surgir também em outras faixas etárias, desencadeado por fatores psicológicos, requerendo cuidadosa terapia correspondente.

Há, entretanto, síndromes de *distúrbio do pânico* que fogem ao esquema convencional. Aquelas que têm um componente paranormal, como decorrência de ações espirituais em processos lamentáveis de obsessão.

Agindo psiquicamente sobre a mente da vítima, o ser espiritual estabelece um intercâmbio parasitário, transmitindo-lhe telepaticamente clichês de aterradoras imagens que vão se fixando, até se tornarem cenas vivas, ameaçadoras, encontrando ressonância no inconsciente profundo, onde estão armazenadas as experiências reencarnatórias, que, desencadeadas, emergem, produzindo confusão mental até o momento em que o pânico irrompe incontrolável, generalizado. Dá-se, nesse momento, a *incorporação* do invasor do domicílio mental, que passa a controlar a conduta da vítima, que se lhe submete à indução cruel.

(Vol. 6, cap. 9)

Confunde-se o pânico como expressão do medo, quando irrompe acompanhado de sensações físicas: disritmia cardíaca, sudorese, sufocação, colapso periférico produzindo algidez generalizada. Essa sensação de morte com opressão no peito e esvaecimento das energias que aparece subitamente, desencadeada sem aparente motivo, tem outras causas, raízes mais profundas.

(Vol. 6, cap. 9)

A síndrome do pânico pode ocorrer de um para outro momento e atinge qualquer indivíduo, particularmente entre os 10 e 40 anos de idade, alcançando, na atualidade, expressivo índice de vítimas, que oscila entre 1% e 2% da população em geral.

Na atualidade apresenta-se com alta incidência, levando grande número de pacientes a aflições inomináveis.

Existem fatores que desencadeiam, agravam ou atenuam essa ocorrência e podem ser catalogados como físicos e psicológicos.

Já não se pode mais considerar como responsável pelos distúrbios mentais e psicológicos uma causa unívoca, porém, uma série de fatores predisponentes, como ambientais, especialmente no do pânico.

Entre os primeiros se destacam os da hereditariedade, que se responsabilizam pela *fragilidade psíquica* e pela *ansiedade de separação*. Tais fatores genéticos facultam o desencadear da predisposição biológica para a instalação do distúrbio do pânico. Por outro lado, os conflitos infantis, geradores de insegurança e ansiedade, facultam o campo hábil para a instalação do pânico, quando se dá qualquer ocorrência direta ou indireta, que se responsabiliza pelo desencadeamento da crise.

Acredita-se que a responsabilidade básica esteja no excesso de serotonina sobre o Sistema Nervoso Central [...].

O surto ou crise é de efeitos alarmantes, por transmitir uma sensação de morte, gerando pavor e desespero, que não cedem facilmente.

A utilização de palavras gentis, os cuidados verbais e emocionais com o paciente não operam o resultado desejado, em razão da disfunção orgânica, que faculta a instalação da ocorrência, embora contribuam para fortalecer no enfermo a esperança de recuperação e poder trabalhar-se o psiquismo de forma positiva, que minora a sucessão dos episódios devastadores.

Não raro, o paciente, desestruturado emocionalmente e vitimado pela sucessão das crises, pode desenvolver um estado profundo de agorafobia ou derrapar em alcoolismo, toxicomania, como evasões do problema, que mais o agravam, sem dúvida.

É uma doença que se instala com mais frequência na mulher, embora ocorra também no homem, e não se trata de um problema exclusivamente contemporâneo, resultado do estresse dos dias atuais, em razão de ser conhecida desde a Grécia Antiga, havendo sido, isto sim, melhor identificada mais recentemente, podendo ser curada com cuidadoso tratamento psiquiátrico ou psicológico, desde que o paciente se lhe submeta com tranquilidade e sem a pressa que costuma acompanhar alguns processos de recuperação da saúde mental

O distúrbio do pânico encontra-se enraizado no ser que desconsiderou as Soberanas Leis e se reencarna com predisposição fisiológica, imprimindo nos genes a *necessidade* da reparação dos delitos transatos que permaneceram sem justa retificação, porque desconhecidos da justiça humana, jamais, porém, da divina e da própria consciência do infrator. Por isso mesmo, o portador de distúrbio de pânico não transfere por hereditariedade necessariamente a predisposição aos seus descendentes, podendo ele próprio não ter antecessor nos familiares com essa disfunção explícita.

Indispensável esclarecer que, embora a gravidade da crise, o distúrbio do pânico não leva o paciente à desencarnação, apesar de dar-lhe essa estranha e dolorosa sensação.

(Vol. 9, cap. 10)

SOBREVIVÊNCIA

A sobrevivência da vida à morte é a única e legítima expressão da existência humana.

(Vol. 7, cap. 29)

O conhecimento da sobrevivência brinda a certeza em torno da continuação da vida depois do decesso carnal, e a morte passa a ser recebida com serenidade, com alegria.

À medida que os fatos confirmam a indestrutibilidade da vida, morrer deixa de ser tragédia, transformando-se em mecanismo que facilita o renascimento em outra Esfera, no Mundo espiritual.

A sobrevivência é o coroamento da existência física, que se transforma através do fenômeno biológico da morte.

(Vol. 7, cap. 29)

SOCIEDADE

A sociedade é constituída por pessoas de gostos e ideais diferentes, de estruturas psicológicas diversas, que se harmonizam em favor do todo. [...]

(Vol. 2, cap. 6)

Elucidações psicológicas à luz do Espiritismo

A sociedade equilibrada deve funcionar como uma orquestra afinada executando especial obra sinfônica, na qual predomina a harmonia dos movimentos e das notas musicais sob a regência feliz do ideal que proporciona alegria e paz.

(Vol. 10, cap. 7)

SOCIOPATA

Na classificação das doenças que afetam a mente, podem-se encontrar os indivíduos que são vítimas da desviância social e tombam na criminalidade. Torna-se algo difícil de estabelecer quando o paciente é um criminoso no sentido pleno da palavra, por desviância social ou por transtorno esquizofrênico, apresentando-se muito tênue o limite entre a normalidade e a criminalidade ou entre as perturbações de ordem mental e a criminalidade.

Examinemos, apenas, os *sociopatas* ou pessoas com *perturbação antissocial da personalidade*.

Esses indivíduos normalmente são portadores de um bom nível de conhecimento, não obstante o temperamento belicoso desde a infância, quando se permitiram atividades sexuais precoces e exaustivas, e cuja conduta escolar foi reprochável, em razão das faltas contínuas às aulas, para se facultarem perturbações infligidas aos outros. Nesse período, não puderam dissimular a perversidade para com os animais, que lhes sofreram aguerridas perseguições. Com uma tendência muito grande à promiscuidade, não se vinculam socialmente a nenhum grupo, sendo geralmente solitários, em cujos períodos se permitem elaborar os seus projetos de inquietação e mesmo de crueldade contra as pessoas.

São desprovidos dos sentimentos de amor e de respeito pela sociedade, como também ignoram os deveres de lealdade para com o próximo e em relação a todo aquele que se lhe acerca. São capazes de cometer deslizes graves e de tomarem atitudes ilegais sem qualquer arrependimento, culpa ou ansiedade, permanecendo frios e insensíveis ao que ocorre à sua volta. Não demonstram interesse por contribuir de alguma forma com a sociedade, antes fazendo questão de traduzir o seu mau humor, silenciosos e isolados em todo momento que lhes é facultado.

Em razão do distúrbio que os comanda, vivem exclusivamente o presente, isto é, todo o seu empenho centra-se no prazer do momento, sem preocupações significativas em relação ao futuro, mas também com nenhum remorso em relação aos atos praticados, mesmo quando hajam gerado sofrimento e perturbação nos outros.

São solitários por prazer, tornando-se insociáveis, podendo dissimular muito bem os seus sentimentos quando em sociedade, hábeis na arte de conquistar e apresentar gentilezas externas, sem qualquer participação emocional, o que lhes dá aparência de normalidade. E assim procedem, porque desejam, além de dissimular as suas torpezas, atingir alguns propósitos que agasalham interiormente. Nesses momentos de breve duração, conseguem cativar e fazer-se estimados. No entanto, não logram manter o mesmo clima em largo período, como, por exemplo, na convivência familiar ou num grupo social, por mais reduzido que seja. Quando ocorre estar em qualquer grupo, apesar da aparência contrafeita, procuram assumir a liderança com que atendem ao egoísmo e se comprazem em comandando os demais, desde que não seja perturbada a sua solidão espontânea. São caprichosos e renitentes, procurando sempre discutir, brigar, em permanente conflito contra os outros indivíduos e a sociedade.

Não devem ser confundidos com os criminosos comuns, embora possam derrapar em atos ilegais e mesmo hediondos, conforme as circunstâncias em que se encontrem. Por formação distorcida da personalidade, não obedecem a qualquer código, e quando o fazem, é exteriormente, a fim de atingirem metas que preservam escondidas no pensamento e esperam alcançar.

Existem causas possíveis desencadeadoras dessas sociopatias, considerando-se que aqueles que as sofrem são, invariavelmente, destituídos de medo e de ansiedade, podendo manter-se indiferentes ao perigo, por permanecerem em estado de infância, com uma imaturidade cortical, que fisiologicamente explicaria a sua maneira de assim serem. Análises feitas mediante eletroencefalogramas demonstraram anormalidades típicas, que responderiam pelo seu estado emocional. Em razão dessa disfunção cortical, o sociopata permanece num estado quase de sono, não totalmente acordado durante os períodos normais. Seria talvez em função dessa subativação cortical, que buscaria inconscientemente motivação estimuladora mediante a emoção do perigo para alcançarem um bom nível de atividade. Em razão dessa disfunção fisiológica, creem alguns estudiosos, manifestar-se-iam as sociopatias.

Propugnam também que a disfunção tem causa genética, bem como fatores ambientais que levaram a uma socialização precoce, sem qualquer disciplina familiar, completando, desse modo, o quadro para a instalação da perturbação.

Constata-se, é certo, que o *Self*, no sociopata, é desintegrado do *ego*, sofrendo uma fissura que impede o perfeito relacionamento que produziria o seu ajustamento ao grupo social. Isso decorre de heranças morais e espirituais que procedem das experiências infelizes de outras reencarnações, quando o Espírito delinquiu, ocultando a sua culpa e fugindo da convivência humana, *matando* a sensibilidade e deslocando-se do epicentro do amor pleno para o egocentrismo imediatista, encarregado da gratificação pelo prazer sensório-emocional.

A ação perversa, a que se entregam, gera bem-estar nos seus agentes, preenchendo com satisfação mórbida o vazio existencial, porque destituídos de significados psicológicos e de objetivos dignificadores que promovem a criatura e a tornam integrada no mundo objetivo onde vive, sentem-se *abandonados*, fugindo para o isolamento de onde saem apenas para afligir os outros.

(Vol. 12, cap. 8)

SOFRIMENTO

O sofrimento se apresenta, na criatura humana, como uma enfermidade, que necessita de tratamento conveniente, em que se invistam todos os valores ao alcance, pela primazia de lograr-se o bem-estar e o equilíbrio fisiopsíquico.

Deste modo, o sofrimento pode decorrer do desgaste orgânico ou mental, que é um processo degenerativo do instrumento material do homem. As doenças campeiam, e a receptividade daqueles que se encontram incursos nos códigos da Justiça Divina sofrem-nas, mediante as coarctações danosas dos mecanismos genéticos, ou por contaminação posterior, escassez alimentar, traumatismos físicos e psicológicos, num emaranhado de causas próximas, decorrentes dos compromissos negativos do passado mais remoto.

Noutro caso, o sofrimento resulta da transitoriedade da própria vida física e da fragilidade de todos os bens que proporcionam prazer por um momento, convertendo-se em razão de preocupação, de arrependimento, de amargura.

(Vol. 2, cap. 8)

Realmente, o sofrimento faz parte do mecanismo da evolução na Terra. Nos reinos vegetal e animal ele se encontra na embrionária *percepção* das plantas, que *sofrem* as agressões e hostilidades do meio, as contaminações e processos degenerativos. Entre os animais, desde os menos expressivos até os mais avançados biologicamente, o sofrimento se manifesta na sensibilidade nervosa, como forma de produzir novos e mais perfeitos biótipos, em constante adaptação e harmonia das formas do *psiquismo* neles latente.

A superação do sofrimento é, sem dúvida, o grave desafio da existência humana, que a todos cumpre conseguir.

(Vol. 2, cap. 8)

O sofrimento, em si mesmo, é fonte motivadora para as lutas de crescimento emocional e amadurecimento da personalidade, que passa a compreender a existência de maneira menos sonhadora e mais condizente com a sua realidade. [...]

(Vol. 2, cap. 8)

O sofrimento, portanto, pode e deve ser considerado uma *doença da alma*, que ainda se atém às sensações e opta pelas direções e ações que produzem desequilíbrio. [...]

[...] o sofrimento não é imposto por Deus, constituindo-se eleição de cada criatura, mesmo porque, a sua intensidade e duração estão na razão direta da estrutura evolutiva, das resistências morais características do seu estágio espiritual.

(Vol. 3, cap. 1)

Muitas pessoas advogam que o sofrimento é a única certeza da vida, sem compreenderem que ele está na razão direta da conduta remota ou próxima mantida para cada qual.

Pode-se dizer, portanto, que a sua presença resulta do distanciamento do amor, que lhe é o grande e eficaz antídoto.

(Vol. 3, cap. 1)

Segundo as suas reflexões [de Buda], *o sofrimento se apresenta sob três formas diferentes: o sofrimento do sofrimento, o sofrimento da impermanência e o sofrimento resultante dos condicionamentos.*

(Vol. 3, cap. 2)

[...] os sofrimentos humanos de natureza cármica podem apresentar-se sob dois aspectos que se complementam: provação e expiação. Ambos objetivam educar ou reeducar, predispondo as criaturas ao inevitável crescimento íntimo, na busca da plenitude que as aguarda.

(Vol. 3, cap. 3)

As origens do sofrimento estão sempre, portanto, naquele que o padece, no recôndito do seu ser, nos painéis profundos da sua consciência.

Ao lado das origens cármicas do sofrimento, surgem as causas atuais, quando o homem o busca mediante a irresponsabilidade, a precipitação, a prevalência do egoísmo que o incita à escolha do melhor para si em detrimento do seu próximo. Esta atitude se revela em forma de emoções perturbadoras, que o aturdem na área das aspirações e se condensam em formas de aflição.

(Vol. 3, cap. 3)

Em alguns casos o sofrimento, em si mesmo, ainda é a melhor terapia para o progresso humano. Enquanto sofre, o homem menos se compromete, demorando-se em reflexão, de onde partem as operações de reequilíbrio. É comum a mudança de comportamento para pior, quando diminuem os fatores afligentes. Uma sede de comprometimento parece assaltar o indivíduo imaturo, que parte para futuras situações penosas, complicando os parcos recursos de que dispõe. Desse modo, a duração do sofrimento muito contribui para uma correta avaliação dos atos a que ele se deve entregar. [...]

(Vol. 3, cap. 4)

[...] os sofrimentos são causados pelos desconcertos do Espírito, que desarmonizam o fluxo da energia, permitindo a instalação das enfermidades físicas, mentais e morais [...].

(Vol. 3, cap. 5)

[...] o sofrimento decorre da insatisfação, da distonia, da degeneração dos tecidos e dos fenômenos biológicos desajustados [...]

(Vol. 3, cap. 5)

❖

O sofrimento é via de redenção espiritual, em face do incompleto desenvolvimento moral do indivíduo. Opção pessoal, é roteiro destituído de qualquer ação punitiva, educando ou reeducando através dos mesmos mecanismos, graças aos quais houve comprometimento, desvio de rota, desrespeito às Leis da Vida. A sua presença vige, enquanto se faz necessária a depuração. As únicas exceções se apresentam nos quadros de iluminação coletiva, quando os missionários do bem e do amor mergulham nas sombras do mundo, a fim de clareá-las com os seus exemplos. Não mais lhes sendo necessárias as dores físicas e morais, elegem-nas ou aceitam-nas como holocaustos espontâneos, a fim de ensinarem coragem, abnegação e sacrifício aos que estão na retaguarda, comprometidos com a ignorância e a ilusão, a rebeldia e a violência, o egoísmo e a negação do dever, todos eles geradores de sofrimentos, de enfermidades e dores.

(Vol. 3, cap. 8)

O sofrimento está muito relacionado com o processo espiritual.

A ampla sensibilidade faculta-lhe maior profundidade emocional, que responde pelas angústias e desagregações interiores, sem queixumes nem acusações. O padecente silencia a dor e deixa-se estraçalhar interiormente, em especial quando tomba nas aflições morais, derivadas da traição, da injustiça, da crueldade, do abandono, do isolamento...

(Vol. 3, cap. 14)

O sofrimento tem vigência transitória, por ser efeito do desequilíbrio da energia que, direcionada para o bem e para o amor, deixa de desarticular-se, facultando aos seres a iluminação, a plenitude, portanto, a saúde integral, que a todos no mundo está reservada pelo Pai Criador.

(Vol. 3, cap. 14)

O sofrimento estrutura-se, portanto, nos painéis da consciência, conforme o nível ou patamar de lucidez em que se expressa. Do asselvajado, automático, ao martírio por abnegação; desde o grosseiro e instintivo ao profundo, racional, as tecelagens da noção de responsabilidade trabalham a *culpa*, que imprime o imperativo da reparação como recurso inalienável de recuperação.

(Vol. 6, cap. 3)

Os sofrimentos são ocorrências naturais do processo evolutivo, constituindo desafios às resistências dos seres. Nas faixas primárias, nas quais predominam os instintos e as sensações, eles se manifestam em forma de agressivas dores físicas, em razão da ausência de percepção emocional para decodificá-los e atingir as áreas mais nobres do cérebro, igualmente limitado.

Desse modo, manifestam-se nas criaturas humanas, nos vários aspectos: físicos, morais, emocionais e espirituais. Quanto mais elevado o ser, tanto maior a sensibilidade de que é dotado, possuindo forças para transubstanciá-los e alterar-lhes o ciclo de dor, passando a ser metodologia de educação, de iluminação.

Inevitáveis, quando no campo físico, decorrem dos processos degenerativos da organização celular e fisiológica, sujeita aos mecanismos de incessantes transformações, como da invasão e agressão dos agentes microscópicos destrutivos.

No ser bruto, expressam-se em forma de desespero e alucinação, com altas crises de rebeldia. À medida que a sensibilidade se lhe acentua, não obstante a força de que se revestem, podem ser atenuados pela ação da mente sobre o corpo, gerando *endorfinas* que, na corrente sanguínea, anestesiando-os, diminuem-lhes a intensidade.

Os morais são mais profundos, abalam os sentimentos nobres, dilacerando as fibras íntimas e provocando incontida aflição. Impalpáveis, as suas causas permanecem vigorosas, minando as resistências e, não raro, afetando, por somatização, o corpo. Atuam nos sensíveis mecanismos das emoções, dando lugar a outros distúrbios, os de natureza psicológica. Somente uma forte compleição espiritual se lhes poderá opor, ensejando energias próprias para suportá-los e superá-los. [...]

Os de natureza emocional, qual sucede com os demais, têm suas matrizes nas existências passadas, que modelam, nos complexos equipamentos do sistema nervoso, na organização sensorial, por intermédio da hereditariedade, a sensibilidade e as distonias que se exteriorizam como distúrbios psicológicos, psíquicos... Em face da anterioridade das suas origens, produzem aflições no grupo social, por motivo da alienação do paciente, agressivo ou deprimido, maníaco ou autista, inseguro ou perseguidor. Somem-se ao fator central, as ressonâncias psicossociais, socioeconômicas e as interferências obsessivas que darão lugar a quadros patológicos complexos e graves, sem que o enfermo possa contribuir com lucidez para a recuperação. Há exceções, quando as ocorrências permanecem sob relativo controle, facultando erradicação mais rápida.

Os de natureza espiritual têm a sua gênese total no pretérito, às vezes somadas às atitudes irrefletidas da atualidade. Invariavelmente trazem conexões com seres desencarnados em processos severos de deterioração da personalidade.

(Vol. 6, cap. 11)

O sofrimento, portanto, seja ele qual for, demonstra a transitoriedade de tudo e a respectiva fragilidade de todos os seres e de todas as coisas que os cercam, alterando as expressões existenciais, aprimorando-as e ampliando-lhes as resistências, os valores que se consolidam. Na sua primeira faceta demonstra que tudo passa, inclusive a sua presença dominante, que cede lugar a outras expressões emocionais, nada perdurando indefinidamente. Na outra vertente, a aquisição da resistência somente é possível mediante o choque, a experiência pela ação. [...]

O sofrimento constitui, desse modo, desafio evolutivo que faz parte da vida, assim como a anomalia da ostra produzindo a pérola. Aceitá-lo com resignação dinâmica, através de análise lúcida, e bem direcioná-lo é proporcionar-se um sentido existencial estimulante, responsável por mais crescimento interior e maior valorização lógica de si mesmo, sem narcisismo nem utopias.

(Vol. 9, cap. 5)

O sofrimento não faz parte dos Soberanos Códigos da Vida, constituindo-se experiência do mecanismo da evolução, mediante o qual se processam as alterações moleculares das formas transitórias utilizadas pelo *princípio inteligente do Universo*, que é o Espírito.

(Vol. 10, cap. 6)

A existência do sofrimento radica-se nas ações inescrupulosas praticadas pelo Espírito, dando lugar à culpa e, por consequência, aos efeitos morais dela defluentes, nos atentados aos códigos de harmonia que vigem no Universo.

(Vol. 15, cap. 9)

SOFRIMENTO/AMOR

Interdependentes, o sofrimento e o amor são mecanismos da evolução. Quando um se afasta, o outro se apresenta. Às vezes, coroando a luta, na reta final, ei-los que surgem simultaneamente, sem os danos que normalmente desencadeiam.

(Vol. 3, cap. 1)

SOFRIMENTO DA IMPERMANÊNCIA

[...] A maioria dos sofrimentos decorre da forma incorreta por que a vida é encarada. Na sua transitoriedade, os valores reais transcendem ao aspecto e à motivação que geram prazer.

Esse é o *sofrimento da impermanência* das coisas terrenas. Esfumam-se como palha ao fogo, atiçado pelo vento, logo se transformando em cinza flutuando no ar.

Para conseguir desfrutar de determinado prazer o indivíduo investe além das possibilidades, constatando, depois, quantas dificuldades tem a enfrentar para manter essa conquista. A luta para possuir um automóvel último modelo expõe-no a compromissos pesados para o futuro. A imaginação estimula-o com a ilusão da posse para averiguar, passado o prazer, que não tem condições para preservar o veículo adquirido, ou os móveis, ou a residência, enfim, tudo quanto é impermanente e brilha com atração apenas por um dia... [...]

[...] São a ambição irrefreada, a precipitação, a falta de controle, que abrem espaços emocionais para o prazer que gera dor.

Aí estão os vícios sociais e morais estiolando vidas, produzindo a lassidão dos sentidos e, a médio, curto ou longo prazo, conduzindo à loucura, ao autocídio. São alguns deles o *inocente cigarro* de exibição no grupo social como afirmação da personalidade, eliminação do tabu, respondendo por graves problemas respiratórios, cânceres, enfisemas pulmonares; o *prazer etílico* gerador de ressacas tormentosas, cirroses hepáticas, úlceras gástricas e duodenais, distúrbios intestinais e outros, além das alucinações que levam à violência, à depressão, à destruição de outras vidas e tudo quanto é caro, precioso, com resultados funestos; as *drogas*, que escravizam, iniciando-se as dependências nas primeiras tentativas que parecem proporcionar prazer, estimulando a alegria, a coragem, a realização, vitórias fugidias sobre os fortes conflitos psicológicos, logo se convertendo em desgraças, às vezes, irremediáveis...

(Vol. 3, cap. 2)

SOFRIMENTO DO SOFRIMENTO

O *sofrimento do sofrimento* é resultado das aflições que ele mesmo proporciona.

A dor macera os sentimentos, desencoraja as estruturas psicológicas frágeis, infelicita, leva a conclusões falsas e estimula os estados de exaltação emocional ou de depressão, conforme a estrutura íntima de cada vítima.

Apresenta-se sob dois aspectos: *físico* e *mental*, na imensa área das patologias geradoras de doenças. Nesse caso, *o sofrimento é como uma doença* e resultado dela.

(Vol. 3, cap. 2)

SOFRIMENTO QUE GERA SOFRIMENTO

As tensões físicas, mentais e emocionais são, igualmente, responsáveis pelas doenças – *sofrimento que gera sofrimento*.

(Vol. 3, cap. 2)

SOFRIMENTO RESULTANTE DO CONDICIONAMENTO

O sofrimento resultante do condicionamento abarca a educação incorreta, a convivência social pouco saudável, que propiciam *agregados físicos e mentais contaminados*.

A escala de valores, para muitos indivíduos, apresenta-se invertida, tendo por base o imediato, o arriscado, o vulgar e o promíscuo, o poder transitório, a força, como relevantes para a vida. Os seus agregados, sob altas cargas de contaminação, produzem sofrimentos físicos e mentais duradouros.

As festas ruidosas atraem a atenção, as companhias jovens e irresponsáveis despertam interesse, as conversações chulas produzem galhofa, que são satisfações de um momento, responsáveis por sofrimentos de largo porte.

Ao mesmo tempo, a contaminação psíquica e física, derivada dos condicionamentos doentios dos grupos sociais e dos indivíduos, promove sofrimentos que poderiam ser evitados.

(Vol. 3, cap. 2)

SOLIDÃO

Espectro cruel que se origina nas paisagens do medo, a solidão é, na atualidade, um dos mais graves problemas que desafiam a cultura e o homem.

(Vol. 2, cap. 1)

O homem solitário, todo aquele que se diz em solidão, exceto nos casos patológicos, é alguém que se receia encontrar, que evita descobrir-se, conhecer-se, assim ocultando a sua identidade na aparência de infeliz, de incompreendido e abandonado.

(Vol. 2, cap. 1)

A verdadeira solidão – a mente estar livre, descomprometida, observando sem discutir, sem julgar – é um estado de virtude – nem memória conflitante do passado, nem desespero pelo futuro não delineado – geradora de energia, de coragem.

(Vol. 2, cap. 7)

A solidão propicia a visão desfocada da realidade, ao tempo que embrutece, alienando o homem que perde o contato com os valores sociais, nos quais se expressam as leis do progresso moral.

(Vol. 7, cap. 11)

SOLIDÃO *ver também* NEUROSE DA SOLIDÃO

SOLIDARIEDADE

A solidariedade abarca todos os seres sencientes, inclusive a Natureza nas suas variadas manifestações. Nessa amplitude do sentimento surge a necessidade da integração de cada um no organismo geral, sem a perda da sua individualidade.

(Vol. 7, cap. 23)

[...] A solidariedade é, desse modo, a maneira de expressar a alegria de viver e de desenvolver os relacionamentos que edificam os sentimentos ou os despertam quando se encontram adormecidos.

(Vol. 16, cap. 6)

SOLITUDE

[...] a busca de solitude é uma forma de despojamento de todos e de tudo, temporariamente, de forma a entender a vacuidade dos apegos e tormentos pelas posses de relativo significado. [...]

A solitude em um lugar sossegado, ante um céu transparente e portador de noites estreladas, à beira-mar ou no bosque, na montanha ou no vale verdejante, no deserto ou num jardim, longe do bulício e perto do pulsar da Natureza, oferece forças para a autossuperação, a autoiluminação, de forma que o retorno ao cotidiano não produz choque, não proporciona saudades do vivido, nem tormento pelo desejo de repeti-lo.

Solitude com reflexão, a fim de viver no tumulto sem desesperação, saudavelmente, tranquilamente, eis o impositivo do momento.

(Vol. 10, cap. 1)

SOMASSIGNIFICAÇÃO

Assim pensando, cientistas modernos, da área avançada da Física Quântica, entenderam por concluir que a antiga dualidade Espírito/matéria deveria ser sintetizada na unidade, a que denominaram como *Somassignificação*, através de cuja integração os correspondentes mentais se instalariam no corpo e as condutas orgânicas se refletiriam no psiquismo, no ser psicológico. Embora a tese se apresente lógica e bem fundamentada, faltou-lhes, naturalmente, a compreensão do *élan* perispiritual, que é o conduto vibratório para o trânsito e transformação de uma em outra energia, de um noutro componente.

(Vol. 10, cap. 5)

SOMATIZAÇÃO

[...] o indivíduo com expressivo número de informações sobre as doenças que pensa sofrer em diferentes órgãos do corpo, passa a experienciar preocupações exageradas, piorando o quadro das aflições e acreditando na possibilidade quase imediata da morte. Apesar disso, não podem ser detectadas as suas causas físicas, por procederem do sistema emocional em desalinho. [...]

(Vol. 12, cap. 8)

SOMBRA

[...] geradora de impulsos automáticos, inconscientes, herança dos períodos primeiros da evolução, quando se instalaram no psiquismo os *instintos primários*, que remanescem em controle das atividades do processo de crescimento. [...]

(Vol. 11, cap. 1)

[...] lado escuro da personalidade [...].

(Vol. 11, cap. 1)

A *sombra* em projeção torna-se julgamento que a sã conduta e a harmonia psicológica diluem na perfeita identificação dos valores do *Self* triunfando sobre os caprichos do *ego*.

(Vol. 11, cap. 12)

As experiências não vivenciadas, as circunstâncias ainda não conhecidas constituem-lhe [ao homem] a *sombra*, que se pode apresentar, também, do nosso ponto de vista, como os insucessos, os abusos, os desgastes a que se entregou, fazendo-a densa, porque necessitada de diluir-se através de outras atitudes compatíveis com as conquistas da inteligência e do sentimento.

(Vol. 11, cap. 22)

[...] a *sombra*, significando o lado escuro da personalidade, pode ser analisada como herança dos atos ignóbeis ou infelizes que o Espírito gostaria de esquecer ou negar, mas que prosseguem em *mecanismo de punição*, dando lugar a conflitos e complexos perturbadores, expressando-se de forma *densa*. Por outro lado, o desconhecimento, a ignorância das coisas e da realidade, responde por essa *sombra*, que se pode *dourar*, após o esclarecimento, a conquista da *verdade*, eliminando os conflitos que remanescem esquecidos...

(Vol. 12, cap. 1)

[...] pode ser uma personificação não identificada ou teimosamente negada, que se apresenta nos sonhos com as mesmas características e idêntico sexo do paciente [...].

(Vol. 12, cap. 1)

A *sombra* tormentosa, que resulta da *consciência de culpa* ou do desconhecido, tudo aquilo que é ignorado ou rejeitado com severidade, quando conscientizada, transforma as heranças instintivas em atos racionais, que irão contribuir para a formação de atitudes saudáveis, descomprometidas com as fobias e os receios, que se ocultam ou se desvelam nas diferentes formas de complexos...

(Vol. 12, cap. 5)

A presença da *sombra* no comportamento humano faculta a fragmentação da psique, nos dois Eus, levando o paciente à perda de identificação entre os arquétipos do bem e do mal, do certo e do errado.

(Vol. 15, cap. 2)

[...] A *sombra* tem uma vestidura moral em contínuo confronto com a *personalidade-ego*, exigindo, por isso mesmo, o grande esforço de igual magnitude moral, para conscientizar-se, compreendendo e aceitando os fenômenos perturbadores que lhe ocorrem como inevitáveis. [...]

Rejeitar ou ignorar a *sombra* é candidatar-se a conflitos contínuos que poderiam ser evitados, caso se reconhecesse a ocorrência desse fenômeno próprio do ser humano. Ela faz parte do ser, de igual forma como o *ego*, o *Self* e todos os demais arquétipos, que são as heranças do largo trânsito da evolução.

(Vol. 15, cap. 5)

Compreendendo que a *sombra* é presença normal e constante na sua psique, a sua fusão natural no *Self* é o objetivo do autoconhecimento, da conquista que o desaliena, ensejando-lhe melhor visão da realidade e do mundo que o cerca.

(Vol. 15, cap. 7)

❖

A dificuldade, muitas vezes, em diferenciar-se no íntimo o que é bem e o que é mal, dá origem à *sombra*, que também tem raízes no *ego* dominador e arbitrário.

(Vol. 15, cap. 8)

❖

A *sombra*, que resulta dos fenômenos egoicos, havendo acumulado interesses inferiores que procura escamotear, ocultando-os no inconsciente, é a grande adversária do sentimento de gratulação. Na sua ânsia de aparentar aquilo que não conquistou, impedida pelos hábitos enfermiços, projeta os conflitos nas demais pessoas, sem a lucidez necessária para confiar e servir. Servindo-se dos outros, supõe que assim fazem todos os demais, competindo-lhe fruir o melhor quinhão, ante a impossibilidade de alargar a generosidade, que lhe facultaria o amadurecimento psicológico para a saudável convivência social, para o desenvolvimento interior dos valores nobres do amor e da solidariedade. [...]

A *sombra* desempenha um papel fundamental na construção do ser, que a deve direcionar no rumo do *Self*, portador da luz da razão e do sentimento profundo de amor, em decorrência da sua origem transpessoal de essência divina.

(Vol. 16, cap. 1)

SONO (EM RELAÇÃO À REALIDADE)

O estado de sono é paralisia da alma, peso na consciência individual e prejuízo na coletiva, que compraz, no entanto, a todos quantos fogem, consciente e inconscientemente, dos compromissos mais graves para com o Si, assim como em referência à sociedade que exploram e perturbam com a sua dependência.

(Vol. 8, cap. 8)

❖

O *sono* produz a morte do raciocínio, da lucidez, do compromisso elevado com o próprio Si, e como Cristo é discernimento, proposta de vida, conhecimento, é necessário permitir-se a sintonia com Ele, a fim de viver em claridade e sempre desperto para a vida.

O processo de libertação impõe alguns requisitos valiosos para culminar o propósito, como tais: indagar de si mesmo o que realmente deseja da existência física, como fazer para se identificar com os objetivos que persegue, e avaliar se as ações encetadas levarão aos fins anelados. Trata-se de um empenho resoluto, que não deve estar sujeito às variações do humor, nem às incertezas da insegurança. Estabelecida a meta, prosseguir arrostando as consequências da decisão, porque todo ideal custa um preço de esforço e de dedicação, um ônus de sacrifício.

(Vol. 8, cap. 9)

SUBCONSCIENTE

Consideremos o subconsciente como parte do inconsciente, que pode aflorar à consciência, com os seus conteúdos, alterando o comportamento do indivíduo. Ele é o arquivo próximo das experiências, portanto, automático, destituído de raciocínio, estático, mantendo fortes vinculações com a personalidade do ser. É ele que se manifesta nos sonhos, nos distúrbios neuróticos, nos lapsos orais e de escrita – *atos falhos* –, tornando-se, depois de Freud e seus discípulos, mais tarde dissidentes, Jung e Adler, responsável também pela conduta moral e social.

(Vol. 6, cap. 4)

Todos os conteúdos psíquicos que não podem ser apreendidos e catalogados pela consciência lúcida compõem o subconsciente. Inúmeros deles permanecem na condição de recalques que, não obstante, liberam-se em condições especiais.

É uma parte do subconsciente responsável pela memória, pela vida psíquica e sentimental, que elabora os padrões do comportamento social e moral. Normalmente aflora nos estados oníricos, cuja ação é preponderante, e nos transtornos neuróticos que resultam das suas fixações perturbadoras.

Conforme as preferências mentais, os alicerces do subconsciente são compostos dos mais frequentes padrões de pensamentos, que estabelecem a conduta do indivíduo, por ser essa de relevante importância no seu relacionamento interpessoal, como na sua vivência existencial.

Enfermidades fisiológicas, resultantes da somatização dos transtornos psicológicos, assim como bem-estar, alegria de viver, ou pessimismo, angústia encontram-se ínsitos nos painéis do subconsciente, de onde emergem, então, para que predominem na experiência humana como saúde ou doença, felicidade ou amargura.

(Vol. 6, cap. 7)

SUCESSO

O sucesso, decantado como forma de felicidade, é, talvez, um dos maiores responsáveis pela solidão profunda.

(Vol. 2, cap. 1)

Não consideramos sucesso apenas o triunfo econômico, social, político, religioso, artístico, quase sempre responsável por expressões de profundo desequilíbrio no comportamento, gerador de estados neuróticos e de perturbações lastimáveis, que se agravam com as queixas.

Referimo-nos a sucesso, quando o indivíduo, em qualquer circunstância, mantém a administração dos seus problemas com serenidade, conserva-se em harmonia no êxito social ou na dificuldade, sem nenhuma perturbação ou desagregação da personalidade, através dos bem-aceitos recursos de evasão da responsabilidade.

(Vol. 5, cap. 4)

No dicionário do pensamento cristão, sucesso é vitória sobre si mesmo e sobre as paixões primitivas.

O mundo convencionou que sucesso, porém, é triunfo nos negócios, nas profissões, nas posições sociais, com destaque da personalidade, aplausos e honrarias, todos eles de efêmera duração.

No primeiro caso, ninguém toma conhecimento, embora transpareçam, no convívio com a pessoa, as alterações emocionais e comportamentais, proporcionadas pela paz, sensibilidade afetiva, docilidade no trato.

No segundo, a exaltação e a glória chamam a atenção, despertam a inveja, a cobiça, provocam comentários, urdem competições.

(Vol. 7, cap. 15)

O sucesso sobre si mesmo acentua a harmonia e aumenta a alegria do ser, que se candidata a contribuir em favor do grupo social mais equilibrado e feliz, levando o indivíduo a doar-se ao mister.

(Vol. 7, cap. 15)

O sucesso tem sentido quando realiza o lutador, estabelecendo equilíbrio na conduta e produzindo paz interior. Em caso contrário, não se trata de uma realização legítima, porém, de uma projeção de imagem que se faz aflição pelo temer competidores, por fragilizar-se com facilidade, por estar em constantes enfrentamentos.

(Vol. 9, cap. 12)

SUKHA

Em sânscrito, existe a palavra *sukha*, tendo como significado um estado de harmonia, de *nirvana*, que liberta da ignorância da verdade, abrindo espaço para a sabedoria, para o entendimento das leis geradoras de equilíbrio e de plenitude. [...]

O esforço pelo autoconhecimento, pela autoidentificação no tocante às possibilidades que lhe dizem respeito, é compromisso inadiável para todas as criaturas que despertam em consciência lúcida para atingir a meta da existência, que é o estado *sukha*.

(Vol. 15, cap. 10)

SUPERCONSCIENTE

Área nobre do ser é o fulcro da inspiração divina, onde se estabelecem os paradigmas orientadores do processo da evolução.

Sede física da alma reencarnada, responde pelos sutis processos da transformação dos instintos em inteligência, e dessa em angelitude, passo que será conquistado mediante esforço pessoal e intuição espiritual dos objetivos mais significativos do transcurso existencial pelo corpo físico.

O superconsciente é também conhecido como inconsciente superior, de onde dimanam as funções parapsíquicas superiores assim como as energias espirituais.

Equipado com *chips* ultrassensíveis, aí se encontram os tesouros da vida transpessoal, na qual o trânsito entre as esferas orgânica e psíquica se faz mais livre e amplamente.

A fim de poder manifestar o colossal tesouro de energias que detecta, o organismo reveste-o de células, favorecendo a intercomunicação dos dois campos nos quais se movimenta o Espírito: o material e o espiritual.

Irradiando-se do *chakra coronário* por sucessivas emissões de ondas-pensamento, através dos exercícios de concentração, meditação e prece, desenvolve-se, abrindo os registros para a captação de outras mentes que se lhe cruzam no Mundo extracorpóreo. Favorecendo a paranormalidade humana, o superconsciente é o núcleo onde têm lugar os fenômenos mediúnicos, por facultar a decodificação da mente que se lhe direciona, assim transformando-a em palavras, projeções ideoplásticas, manifestações artísticas, culturais, materiais.

Laboratório vivo do Espírito, que no seu campo imprime as necessidades futuras, quanto no inconsciente guarda as memórias de todos os atos transatos, seu potencial é ainda muito desconhecido, merecendo que nele se aprofundem as sondas da investigação, a fim de melhor e com sábia maneira poder utilizá-lo com proficiência

Tendo na epífise ou pineal o veículo para as manifestações psíquicas superiores, mediante exercícios mentais e morais amplia a capacidade de registro do *mundo ultrassensível*, que se exterioriza através dos equipamentos de alta potência energética de que se constitui.

Por outro lado, é o celeiro do futuro do ser, por estar em ligação com o Psiquismo Cósmico, do qual recebe forças específicas para o desenvolvimento intelecto-moral, da afetividade, das expressões sexuais encarregadas da perpetuação da espécie, do equilíbrio da hereditariedade, de outros fenômenos que afetarão o comportamento psicológico.

(Vol. 10, cap. 5)

Uma vida mental e moral saudável, assinalada por hábitos edificantes, amplia a capacidade do superconsciente ou *Self*, para que os laboratórios celulares produzam irradiações específicas portadoras de equilíbrio e paz.

(Vol. 10, cap. 5)

❖

É natural, portanto, que o superconsciente seja um enigma a ser decifrado, por significar na sua essência o fulcro de ligação mais eloquente do Espírito com o corpo, mantendo a programação das futuras conquistas que devem ser conseguidas ao ritmo da alegria e da saúde.

(Vol. 10, cap. 5)

TEMPO

O tempo é sempre o melhor medicamento para todos os males. Ninguém se exime da sua marcha inexorável.

(Vol. 7, cap. 3)

TEMOR DA MORTE *ver* MEDO DA MORTE

TENTAÇÃO

As tentações são as pedras da estrada, criando impedimentos à movimentação dos viajantes do progresso; são os espinhos cravados nas *carnes do coração* ferindo a cada contração muscular...

Constituem, também, os estímulos à vitória, à transformação íntima para melhor. São o aguilhão que impele para a frente todo aquele que lhe padece o acúleo.

As tentações que levam à irritação, ao revide, não são maiores do que aqueloutras que fazem arder as emoções profundas e se apresentam como tormentos ocultos do sentimento, do sexo, dos vícios, e outras que a ambição desmedida sussurra aos ouvidos da alma.

A vida, sem tentações ou testes de avaliação moral, perderia o seu colorido e as suas motivações de crescimento.

(Vol. 7, cap. 5)

TERAPIA TRANSPESSOAL

Assimilar todos os condicionamentos e exteriorizar uma personalidade consentânea com o ser real, eis o desafio da terapia transpessoal, trabalhando a pessoa para que assuma a sua realidade positiva e superior, crescendo em conteúdos mentais e desencarcerando-se, até permitir-se a perfeita harmonia entre *ser* e *parecer.*

(Vol. 5, cap. 2)

TERAPIAS ALTERNATIVAS

As terapias alternativas preocupam-se, essencialmente, com o homem integral, com todo o complexo que se exterioriza no corpo e não apenas com este.

(Vol. 3, cap. 11)

TERAPIAS TRADICIONAIS

Quase sempre as terapias tradicionais removem os sintomas sem alcançarem as causas profundas das enfermidades.

(Vol. 3, cap. 2)

TERCEIRA IDADE *ver* VELHICE

TERNURA

A ternura é resultado da cultura e da vivência das ações superiores do amor, que estabelece paradigmas de conduta enobrecedora, externando-se em curiosos fenômenos de simpatia e de generosidade.

(Vol. 16, cap. 4)

Elucidações psicológicas à luz do Espiritismo

TERRA

Porque a Terra é um mundo transitório, também efêmeras são as suas dores e alegrias, que deves trabalhar, para se transformarem em júbilos eternos.

(Vol. 7, cap. 16)

❖

A Terra é a *escola* dos aprendizes em fase de imperfeição e ignorância.

Alguns, bem intencionados, esforçando-se; outros, preguiçosos, criando embaraços para o próximo e para eles mesmos; diversos, distraídos e atrasados; raros, com aproveitamento louvável, mesmo assim vivendo as condições e peripécias da sua humanidade.

(Vol. 7, cap. 28)

❖

A Terra é escola de renovação espiritual e de dignificação moral, onde todos aprendemos a descobrir os valores adormecidos no íntimo, o *Deus em nós*, o *Arquétipo Primordial*.

(Vol. 14, cap. 7)

TERRORISTA

Frio, emocionalmente, perverso, porque insano, não possuindo qualquer amor à vida, faz-se odiar, porque se sente incapaz de despertar qualquer sentimento de amor, desencadeando a erupção da selvageria interna, que o promove a uma situação de destaque, na qual transita rapidamente, porque detesta a vida e todas as suas conquistas.

Exilando-se em antros sórdidos onde se refugia, repetindo o inconsciente pessoal que busca esconder-se por sentir-se inferior, incapaz de despertar qualquer interesse digno dos seus coevos, o terrorista é um psicopata congênito, mesmo que se expresse como portador de equilíbrio que bem disfarça, em razão das peculiaridades de toda uma existência de simulação, na qual esteve assinalado pela covardia e desespero íntimo de saber-se não aceito, que é o ressumar do conflito de inferioridade.

Naturalmente, como decorrência da sua insânia, pode fomentar o surgimento de outros portadores dos mesmos sentimentos de perversidade, trabalhando a infância e a juventude – materiais humanos muito próprios – mediante os processos da lavagem cerebral, induzindo a ódios irracionais e necessidade de destruição, que se iniciam pela perda do sentido existencial, que somente possui significado até o momento de alcançar a sua meta destrutiva.

Incapaz de amar, porque se sente ancestralmente odiado, desenvolve perturbação do discernimento, por meio de cuja óptica os acontecimentos e as demais pessoas são todos adversários que devem desaparecer, quando também ele sucumbirá.

A sua fidelidade tem uma existência precária e veloz, mantendo-se enquanto a serviço da loucura que desenvolve, apresentando-se sempre desconfiada e insegura, porque não possui resposta emocional equivalente, nunca se entregando a outrem, por mais que encontre receptividade e afeição.

O terrorista, qual ocorre com o ditador, o sicário, o vândalo, tem existência tumultuada, que é sempre encerrada por homicídio violento ou mediante o suicídio ominoso, inqualificável.

São também terroristas aqueles indivíduos que, não obstante desconhecidos, espalham o medo, aproveitando-se das situações aflitivas para os demais; aqueloutros que geram a insegurança de qualquer natureza; também os ricos que exorbitam no comércio, submetendo os grupos humanos sem recursos ao seu talante; esses vis caluniadores que promovem o ódio; todos aqueles que permitem extermínios, mediante assassinatos inconcebíveis; os assaltantes inconsequentes e maus, que espalham o pavor; os estupradores perversos, e não poucos indivíduos que, apesar de fazerem parte da sociedade, encontram-se enfermos em estado grave...

Caso se permitisse terapia própria, o terrorista desenvolveria o sentimento do amor nele existente, mas não cuidado, conseguindo ultrapassar o nível de hediondez para o da fraternidade, saindo da *consciência de sono* para outro patamar de *lucidez*, de *despertamento*.

Ainda, nesse caso, defronta-se um *Self* em manifestação primitiva, com todas as expressões de beleza soterradas no inconsciente pessoal, que se transferem de uma existência física para outra sob ódio incoercível, em razão de alguma injustiça ou calamidade vivenciada e não absorvida pela razão.

(Vol. 12, cap. 7)

TESOURO

O maior tesouro é a identificação do Eu, com todos os conteúdos vitais que conduz, aquisição que somente é lograda mediante ingentes sacrifícios.

(Vol. 10, cap. 1)

TIMIDEZ

A timidez pode apresentar-se como fenômeno psicológico normal, quando se trata de cuidado ante enfrentamentos que exigem ponderação, equilíbrio e decisão, dos quais resultarão comprometimentos graves no grupo social, familiar, empresarial, de qualquer ordem. Poder-se-ia mesmo classificá-la como um mecanismo de prudência, propiciador de reflexão necessária para a adoção de uma conduta correta.

Igualmente, diante de situações e pessoas novas, em ocorrências inesperadas que exigem uma rápida resposta, temperamentos existem que se precatam timidamente, sem que haja, de forma alguma, exteriorização patológica na conduta, tornando-se, portanto, normal. [...]

De certo modo, a timidez escamoteia temperamentos violentos, que não irrompem, produzindo distúrbios externos, porque se detêm represados, transformando-se em cólera surda contra as outras pessoas, às vezes contra si próprio.

(Vol. 9, cap. 9)

A timidez é terrível algoz, por aprisionar a espontaneidade, que impede o paciente de viver em liberdade, de exteriorizar-se de maneira natural, de enfrentar dificuldades com harmonia interna, compreendendo que toda situação desafiadora exige reflexão e cuidado. [...]

(Vol. 9, cap. 9)

A timidez excessiva disfarça o orgulho dominador.

Algumas vezes, esse estado decorre de um mecanismo inibitório fixado na personalidade, que se transformou em comportamento doentio.

(Vol. 9, cap. 9)

A timidez é couraça forte que aprisiona. O tímido, no entanto, adapta-se e egoisticamente passa a viver em exílio espontâneo, que lhe não exige luta, assim poupando-se esforços, que são inevitáveis no processo de crescimento e de conquista psicológica madura.

(Vol. 9, cap. 9)

TOLERÂNCIA

A tolerância [...] a todos se impõe como terapia pessoal e fraternal, compreendendo as dificuldades do caído, enquanto lhe distende mãos generosas para o soerguer.

(Vol. 1, cap. 5)

A tolerância real é conquista valiosa, que se transforma em degrau de progresso, porque faculta novas expressões de solidariedade, destacando-se o perdão irrestrito a todo mal que se haja feito, com esquecimento real da ofensa.

(Vol. 8, cap. 8)

TORMENTO

Os tormentos humanos procedem da consciência de culpa de cada criatura.

(Vol. 1, cap. 15)

TRABALHO

[...] fonte geradora de recursos externos, enquanto internamente aprimora o sentido de vida. [...]

(Vol. 8, cap. 5)

O trabalho se apresenta como o meio próprio para o cometimento [autorrealização], ao lado, é certo, da viagem interior. O trabalho externo é realizado no *tempo horizontal,* nas horas convencionais dedicadas à atividade para aquisição dos recursos de manutenção da existência corporal, no qual se investem as conquistas da inteligência, da razão e da força, a resistência orgânica. Ao lado dele outros surgem, que passam a utilizar-se do *tempo vertical*, que é ilimitado, porque caracterizado como de natureza interna.

O trabalho de qualquer natureza, quando enobrecido pelos sentimentos, é o amor em atividade. O *horizontal* mantém o corpo, o *vertical*, sustenta a vida. Pode ser realizado com caráter beneficente, sem remuneração habitual ou mesmo da gratidão, da simpatia, feito com abnegação, em cujo tempo de execução o ser se encontra consigo próprio e desenvolve os valores reais do Espírito, compreendendo que servir é meta existencial, e amar é dever de libertação do *ego* em constante transformação.

(Vol. 8, cap. 8)

TRISTEZA

A tristeza é morbo prejudicial ao organismo, peste que consome a vida. [...]

Essa tristeza pode resultar de dois fatores, entre outros: reminiscências do teu passado espiritual e perturbação com repercussão obsessiva.

No primeiro caso, as impressões pessimistas devem ser eliminadas, alijando-as do inconsciente, sob pressão de ideias novas, agradáveis, positivas, que te cumpre cultivar, insistindo em fixá-las nos painéis mentais. [...]

Na segunda hipótese, a hospedagem mental e emocional de Entidades desencarnadas, malévolas, ocorre porque encontram sintonia nas tuas faixas psíquicas, estabelecendo contato hipnótico que se agrava com o tempo.

(Vol. 1, cap. 9)

UNIÃO AFETIVA

A união afetiva é também uma empresa das mais complexas, pelo fato de a convivência contínua ser de natureza íntima, intransferível, interpessoal, exigindo responsabilidade e compreensão de ambos os membros.

(Vol. 14, cap. 5)

UNIVERSO

O Universo existe em razão daquele que o observa, da mente que o analisa, da percepção com que o abarca.

Aquele cuja mente não dispõe de tirocínio e lucidez, não se dá conta da realidade, que para ele tem outros conteúdos e significados.

(Vol. 5, cap. 8)

O Universo está mergulhado no Pensamento Cósmico, do qual se originou e de que se nutre.

(Vol. 7, cap. 14)

Tudo provém da Unidade e volve à Unidade. O Universo é Uno na sua constituição, resultado do Psiquismo Divino, que a tudo envolve e dinamiza.

(Vol. 10, cap. 7)

VAZIO EXISTENCIAL

Nesse processo de superação do primarismo, quando o *Self* adquire discernimento, se não houve um amadurecimento paulatino e cuidadoso, ocorrem, segundo Viktor Frankl, em seus estudos e aplicações logoterápicos, dois fenômenos que respondem pelo vazio existencial: *a perda de alguns instintos animais, básicos*, que lhe davam segurança, e o *desaparecimento das tradições* que se diluem, e antes eram-lhe paradigmas de equilíbrio.

(Vol. 9, cap. 5)

VELHICE

A velhice se apresenta quando o indivíduo se considera inútil, quando experimenta o desprestígio da sociedade preconceituosa, que elaborou conceitos de vida em padrões torpemente materialistas hedonistas. [...]

[...] Os conceitos ortodoxos dos limites para o início da velhice, quando surgem os sinais de decadência orgânica, estão totalmente ultrapassados.

(Vol. 8, cap. 6)

A velhice é inevitável fenômeno biológico de desgaste que atinge todos os seres vivos.

Resulta do esforço mantido pelos equipamentos orgânicos, a fim de preservarem a sua funcionalidade.

A *Terceira idade*, conforme se convenciona chamar hodiernamente a velhice, deve representar sabedoria, riqueza decorrente das experiências, período próprio para o repouso. Por outro lado, também se crê indevidamente que é a fase das enfermidades degenerativas, dos distúrbios emocionais, dos desajustes sociais e do enfraquecimento, quando já se perdeu a utilidade, em face da impossibilidade de contribuir-se para o bem da comunidade. [...]

O medo da velhice é muito cruel, tornando-se um verdadeiro tormento para quantos não consideram a existência física na condição de uma jornada de breve duração, por mais longa se apresente, passando por estágios bem delineados desde o berço até o túmulo. [...]

A velhice deve ser considerada inevitável e ditosa pelo que encerra de gratificante, após as lutas cansativas das buscas e das realizações. É o resultado de como cada qual se comportou, de como foi construída pelos pensamentos e atitudes, ou enriquecida de luzes e painéis com recordações ditosas ou infelizes...

(Vol. 10, cap. 9)

Há, na velhice bem conduzida, uma natural resistência contra as *tentações*, aquelas que deturpam o sentido existencial e encaminham para as celas escuras da amargura, o que não significa que deixem de existir prazeres e atrações que podem ser vivenciados conforme o padrão orgânico.

(Vol. 10, cap. 9)

Temer a velhice constitui um injustificável comportamento, que deve ser superado mediante reflexões em torno do dia a dia, considerando-se que adormecer é uma forma de morrer, que enfermidade não é patrimônio da idade, assim como o deperecimento de forças e a falta de prazeres exaustivos não constituem recursos que interditam apenas aos idosos.

(Vol. 10, cap. 9)

VERDADE

A Verdade, em síntese, que é Deus – e não a verdade conveniente de cada um, que é a forma doentia de projetar a própria *sombra*, de impor a sua imagem, de submeter à sua a vontade alheia – constitui meta prioritária.

(Vol. 2, cap. 1)

❖

A verdade é o encontro com o fato que deve ser digerido, de modo a retificar o processo, quando danoso, ou prosseguir vitalizando-o, para que se o amplie a benefício geral.

(Vol. 2, cap. 3)

❖

A verdade dá equilíbrio, estimula a ordem e o respeito às ideias dos demais.

(Vol. 4, cap. 10)

❖

O conceito sobre a verdade é rico de propostas relativas. No entanto, tudo quanto é exato, real e confere com a razão pode ser assim considerado.

Sob o ponto de vista psicológico, seria o saudável comportamental, emocional, proporcionador de bem-estar, de harmonia.

A busca do *Self*, de alguma forma, redundará no encontro com a verdade, com a Vida no seu sentido mais profundo, com a iluminação, a libertação de todos os atavismos e complexidades perturbadoras.

(Vol. 10, cap. 2)

❖

A verdade compensa, estrutura, proporciona saúde.

(Vol. 10, cap. 2)

❖

A verdade, porém, que é uma saudável proposta com mecanismo adequado para proporcionar a liberdade, começa no autoconhecimento e prossegue na identificação dos valores adormecidos e das aspirações existentes, a fim de os enriquecer com possibilidades *numinosas*.

(Vol. 12, cap. 5)

VIAGEM INTERNA

A viagem interna, para colocar-se à disposição de Deus, é confortável, porque silenciosa e renovadora, enquanto que a busca externa, no vaivém dos desafios e das incertezas, produz o prejuízo do desconhecimento da escala dos valores éticos, assim como a dos significados existenciais.

(Vol. 15, cap. 2)

VIAGEM ASTRAL

Embora toda essa contribuição valiosa apresentada pela Psicanálise, proporíamos o desdobramento consciente da personalidade, isto é, do Espírito, nas suas *viagens astrais*, através das quais experimenta sempre, quando lúcido, maior liberdade, assim podendo superar as sequelas dos graves conflitos das reencarnações passadas, em depósito no inconsciente.

Esse *mergulho* consciente nas estruturas do Eu total faculta a liberação das imagens conflitantes do passado espiritual e do presente próximo, ensejando a harmonia de que necessita para a preservação da saúde então enriquecida de realizações superiores.

(Vol. 8, cap. 7)

VÍCIO

Os vícios, pois, decorrem da acomodação mental e moral a situações penosas e equívocas, que exigem esforço para salutar direcionamento, mas que a falsa sensação de prazer transforma-se em desar ou aflição, logo que fruída.

(Vol. 13, cap. 13)

Os vícios, sejam de qual constituição se apresentem, tornam-se cadeias escravizadoras de consequências lamentáveis para os seus aficionados.

Melhor, portanto, evitar-lhes a instalação do que a posterior luta pela sua superação.

(Vol. 13, cap. 13)

VIDA

Olvidam-se [incontáveis indivíduos] de que a vida é um desafio à coragem, ao valor moral e que todos temos deveres impostergáveis para com ela, para com nós mesmos e para com os nossos irmãos terrestres.

(Vol. 1, cap. 8)

❖

A vida é feita de intercâmbios, de trocas e permutas.

(Vol. 1, cap. 14)

❖

A vida são todas as ocorrências, agradáveis ou não, que trabalham pelo progresso, em cuja correnteza todos navegam na busca do porto da realização.

(Vol. 2, cap. 6)

❖

A vida são os acontecimentos de cada instante a se encadearem incessantemente. Uma ação provoca uma correspondente reação, geradora de novas ações, e assim sucessivamente.

(Vol. 3, cap. 3)

❖

A vida são as incessantes oportunidades que surgem pela frente, jamais os insucessos que ocorreram no passado.

(Vol. 3, cap. 4)

❖

A vida é um permanente desafio, rica de oportunidades de crescimento e penetração nos seus profundos arcanos, que se revelam cada vez mais fascinantes e grandiosos. Por isso, não cessa o desenvolvimento dos valores intelecto-morais do Espírito na sua faina de evoluir.

(Vol. 3, cap. 5)

A vida sempre responde de acordo com a maneira como é inquirida. A cada ação resulta uma equivalente reação, desencadeando sucessivos efeitos que se tornam consequências desta última, por sua vez geradora de novos resultados.

(Vol. 3, cap. 5)

A vida adquire sentido e significação, porque não se acabando no túmulo, amplia-se ao infinito, rica de oportunidades excelentes de aprendizagem e plenificação.

(Vol. 3, cap. 8)

A vida é um incessante mecanismo de transformações. [...]

(Vol. 4, cap. 3)

Especialmente, a vida humana é um dom supremo, que deve ser preservada e utilizada com eficiência, dilatando-a ao máximo, a fim de se recolherem os benefícios que faculta.

Emanação Divina, a vida é a presença do psiquismo superior manifestando-se em toda parte.

(Vol. 4, cap. 15)

A vida, no entanto, são todos os acontecimentos existenciais que ocorrem durante a reencarnação – no corpo – como fora dele – no Espírito.

(Vol. 6, cap. 9)

A vida são as expressões de grandiosa harmonia na variedade de todas as coisas.

(Vol. 6, cap. 11)

A vida é um poema de beleza, cujos versos são constituídos de propostas de luz, escritas na partitura da Natureza, que lhe exalta a presença em toda parte. [...]

(Vol. 8, cap. 6)

A vida é uma dádiva de alegria, que deve ser recebida com entusiasmo e autorrealização.

Esplende em toda parte e se expande no ser humano, expressando-se como conquista da beleza, da saúde e da paz.

(Vol. 10, cap. 3)

A vida é uma mensagem de harmonia e de prazer, que emula à conquista de novos patamares de felicidade. Sem esses instrumentos de estimulação, os transtornos emocionais se instalam e o sentido de júbilo cede lugar à depressão e à infelicidade, que passam a constituir o cotidiano daquele que derrapa nas sombras dos desajustes emocionais.

(Vol. 10, cap. 7)

[...] um permanente canto de louvor, de amor, de gratidão ao Criador!

Não obstante, organizada sob o ponto de vista de atração molecular, é somente aparência que se desestrutura, retornando à constituição inicial de energia que é, e no caso do ser humano, com a peculiaridade de pensar.

(Vol. 10, cap. 10)

❖

A vida, no entanto, é constituída por desafios que convidam o indivíduo ao amadurecimento psicológico, à vivência de experiências que o assinalam com sabedoria, fortalecendo-lhe os valores éticos e morais, as conquistas culturais e religiosas, a evolução espiritual.

(Vol. 13, cap. 17)

❖

A vida é um hino de louvor ao progresso, na marcha incessante das conquistas intelecto-morais que aperfeiçoam o Espírito, este combatente infatigável das lides evolutivas.

(Vol. 14, cap. 3)

❖

A vida é mais do que as satisfações temporárias que facultam sensação de segurança e de bem-estar, logo cedendo lugar às emoções que anelam por beleza interior, por harmonia e autoconfiança.

(Vol. 14, cap. 3)

❖

A vida é um poema de júbilos.

(Vol. 15, cap. 4)

❖

[...] Descobrir o destino e trabalhá-lo, programar essa fatalidade honorável e saudável é o objetivo da vida, aquele que proporciona saúde integral, porque não é conquistado de um para outro momento, não se reduz a encantos transitórios, não é monótono, apresentando-se sempre novo e situado um passo à frente.

(Vol. 15, cap. 6)

❖

Vida, porém, é vibração de harmonia presente em todo o Universo. Limitada nas diversas expressões pelas quais se manifesta, é um desafio em constante desdobramento na busca de significado.

(Vol. 16, cap. 1)

A vida é, sem dúvida, um hino de gratidão a Deus em todas as suas expressões.

(Vol. 16, cap. 6)

VIDA BIOLÓGICA

A vida biológica, em si mesma, é resultado de automatismos, funcionando com harmonia desde que os equipamentos orgânicos se encontrem em ordem. Obedecendo ao ritmo cardíaco e às reações cerebrais, todos os fenômenos apresentam-se repetitivos, previsíveis, dentro dos atavismos ancestrais. Sujeita aos fatores mesológicos, alimentares nutrientes, no primeiro período da existência física transcorre sem alterações, marchando inexoravelmente para a fatalidade do seu desenvolvimento.

(Vol. 8, cap. 4)

VIDA FAMILIAR

[...] a vida familiar deve ser um lugar de segurança emocional, de realização total e não o reduto onde se vão descarregar o mau humor e as tensões do cotidiano.

(Vol. 8, cap. 3)

VIDA FELIZ

A vida feliz é um dar, um incessante receber.

(Vol. 2, cap. 6)

VIDA FÍSICA

A vida física é uma experiência iluminativa que enfrenta inumeráveis desafios, no seu processo de crescimento, exigindo esforços bem-direcionados, a fim de os solucionar.

(Vol. 8, cap. 11)

A vida física tem um significado extraordinário, que é o de enriquecimento interior, preparação para a imortalidade, conquista de patamares mais elevados para o pensamento e para o sentimento no rumo da plenitude.

(Vol. 10, cap. 9)

VIDA HUMANA

O objetivo essencial da vida humana é facultar ao ser o desenvolvimento de todas as suas potencialidades adormecidas – o deus interno

– tornando-o pessoa, uma individualidade que pensa. Esse processo não é automático como ocorre com os seres vegetal e animal, mas dependente das escolhas, da lucidez, das aspirações e dos esforços empreendidos, que são resultados das conquistas já conseguidas em existências transatas.

(Vol. 13, cap. 15)

A vida humana é um hino grandioso que exalta a grandeza do *Uno* em toda parte, convidando ao desenvolvimento dos valores adormecidos, do *deus interno* em expectativa de despertamento.

(Vol. 15, cap. 4)

❖

A vida humana, entretanto, é a transitória existência corporal, através da qual se processam os mecanismos da evolução física, psíquica, emocional e espiritual, seguindo a fatalidade da perfeição relativa que a todos se encontra destinada.

(Vol. 15, cap. 10)

VIDA MENTAL

A vida mental se inicia por vislumbres e percepções à medida que o Espírito se assenhoreia dos equipamentos do cérebro, que lhe decodificam as ondas do pensamento. Dos impulsos iniciais, instintivos, até a compreensão cósmica e toda uma larga experiência, abre as comportas da comunicação, para tornar-se lógico, antes de alcançar a etapa superior, que é a identificação com a Consciência Divina.

(Vol. 8, cap. 4)

VIDA MODERNA

A vida moderna, geradora de estresses e angústias, por sua vez também desencadeia mecanismos de ansiedade e de fobias várias, que desgastam os núcleos do equilíbrio psicológico com lamentáveis disfunções dos equipamentos físicos.

As pressões contínuas que decorrem do trabalho, dos compromissos sociais, das necessidades econômicas, da tensão emocional e dos impositivos psíquicos desestabilizam o ser humano, que se torna vítima fácil de falsas necessidades de fugas, como recurso de buscar a paz, engendrando comportamentos autodestrutivos.

(Vol. 9, cap. 7)

VIDA ORGÂNICA

A vida orgânica é resultado da harmonia vibratória do ser, que equilibra as células nos campos onde se aglutinam, dando forma aos órgãos e estas ao corpo físico, com as suas complexidades, através das quais se exterioriza o psiquismo.

(Vol. 6, cap. 2)

VIDA PLENA

A vida plena exige criatividade, movimentação, integração vibrante e satisfatória na busca do prazer essencial.

(Vol. 9, cap. 12)

VIDA PSICOLÓGICA

A vida psicológica, na busca da realidade, tem como suporte a conduta moral sem conflito, consciente da responsabilidade.

(Vol. 6, cap. 5)

VIDA SAUDÁVEL

A vida saudável, portanto, são os esforços concentrados para a manutenção dos equipamentos da maquinaria corporal, sob equilibrado comando do Espírito.

(Vol. 3, cap. 9)

Certamente, uma vida saudável é aquela na qual todas as funções orgânicas funcionam normalmente, como decorrência do equilíbrio psicológico, que faculta alegria de viver e realização plena.

(Vol. 10, cap. 3)

VIDA SOCIAL

A vida social, portanto, está ínsita no processo de evolução das criaturas, encarnadas ou não, já que ninguém consegue a realização espiritual seguindo a sós.

(Vol. 7, cap. 11)

VINGANÇA

A vingança constitui-se uma patologia do *ego* insubordinado ante as ocorrências do mecanismo de crescimento.

(Vol. 11, cap. 15)

A vingança é transtorno neurótico soez, que liberta do inconsciente as forças desordenadas aí adormecidas, irrompendo com ferocidade e ligeireza sob o estímulo do combate ao *inimigo*. É curioso notar que o inimigo não é aquele que se torna combatido, mas o inconsciente transfere dos seus arcanos a inferioridade do ser, que é inimigo do progresso, do bem, da ordem, para atirar noutrem, em fenômeno de projeção e que guarda internamente, detestando-o. Ao armar-se de calúnia e de mecanismos de perseguição contra aquele a quem passa a odiar, está realizando uma luta inconsciente contra si mesmo, aquele *outro* que está escondido no lado escuro da sua personalidade, que se lhe demora oculto na *sombra*.

(Vol. 12, cap. 7)

VINGANÇA *ver também* SEDE DE VINGANÇA

VINGANÇA/PERDÃO

A vingança é atraso moral do Espírito, que permanece em primarismo; o perdão exalça o indivíduo. A primeira leva-o a futuros conflitos e ata aquele que a cultiva a quem detesta; o segundo liberta do agressor e lenifica os sentimentos que restauram a alegria de viver. Uma aflige sem pausa, e o outro equilibra, desenvolvendo estímulos para novos embates.

(Vol. 11, cap. 15)

VIOLÊNCIA

A violência de qualquer matiz é sempre responsável pelas tragédias do cotidiano. Não apenas a que agride pela brutalidade, por intermédio de gritos e golpes covardes, mas, também a que se deriva do orgulho, da indiferença, da perseguição sistemática e silenciosa, das expressões verbais pejorativas, desestimulando e condenando, enfim, de todo e qualquer recurso que desdenha as demais criaturas, levando-as a patologias inumeráveis.

(Vol. 9, cap. 4)

[...] a violência encontra-se embutida nos *instintos básicos* do ser, ainda não superados, e além das suas manifestações patológicas, a falta de educação, ou o exemplo dos vícios com os quais convive, com a ausência absoluta do sentido ético, da dignidade moral, ficam insculpidas nos seus *tecidos emocionais* as condutas agressivas e violentas de que se nutrem.

(Vol. 10, cap. 3)

❖

A violência é doença da alma, que a sociedade permitiu se contaminasse.

(Vol. 10, cap. 3)

VIOLÊNCIA URBANA

A violência urbana, por exemplo, é filha legítima dos que se encontram em gabinetes luxuosos e desviam os valores que pertencem ao povo, que desrespeitam; que elaboram leis injustas, que apenas os favorecem; que esmagam os menos afortunados, utilizando-se de medidas especiais, de exceção, que os anulam; que exigem submissão das massas, para que consigam o que lhes pertence de direito... produzindo o lixo moral e os desconcertos psicológicos, psíquicos, espirituais.

(Vol. 9, cap. 4)

VIR A SER

O vir a ser dá sentido existencial à vida, promovendo-a e dignificando-a, tornando-a saudável e bela.

Estabelecido, portanto, um roteiro psicoterapêutico valioso, ou organizada uma simples proposta de bem-estar pessoal, o vir a ser é essencial na estruturação da saúde do indivíduo, que se trabalha motivado para alcançar o objetivo da existência humana, que é a busca da felicidade.

(Vol. 12, cap. 5)

VISUALIZAÇÃO

[...] é um método de enriquecer o pensamento e a memória, despojando a última das fixações pessimistas e inquietadoras que se tornaram habituais.

(Vol. 8, cap. 11)

VIVER

Viver é um desafio sublime e realizá-lo com sabedoria é uma bem-aventurança que se encontra à disposição de todo aquele que se resolva decididamente por avançar, autossuperar-se e alcançar a comunhão com Deus.

(Vol. 8, prefácio)

Viver é construir-se interiormente, superando cada patamar da evolução mediante o burilamento de si mesmo. Não é uma tarefa simples, porque tem muito a ver com a realidade moral e espiritual da criatura, que é chamada a um incessante trabalho de autovalorização, de aperfeiçoamento íntimo, com a superação das dependências que a amesquinham.

(Vol. 8, cap. 11)

Viver é também uma experiência do morrer, considerando-se a incessante transformação orgânica operada nas células e nos departamentos que conformam o corpo. Quando ocorre o fenômeno final – ou pouco antes –, o ser desperta para o significado real da existência e das suas aquisições, experimentando frustração e amargura pelo uso inadequado que deu à jornada ora em encerramento.

(Vol. 10, cap. 1)

Viver, portanto, na Terra, é uma excelente ocasião de avançar no rumo da imortalidade feliz.

(Vol. 16, cap. 6)

VIVER BEM/BEM VIVER

A fatalidade existencial deixa de ser *viver bem*, que é uma das metas humanas, para *bem viver*, que é uma conquista pessoal intransferível, especial, que jamais se altera ou se perde, fomentando felicidade e trabalhando pela paz que todos almejam.

(Vol. 8, cap. 6)

VONTADE

Essa *faculdade de representar um ato que pode ou não ser praticado*, como definem os bons dicionaristas, a vontade, tem que ser orientada mediante a disciplina mental, trabalhada com exercícios de meditação, através de pensamentos elevados, de forma que gerem condicionamento novo, estabelecendo hábito diferente do comum.

Necessariamente são indispensáveis vários recursos que auxiliam a montagem dos equipamentos da vontade, a saber: paciência, perseverança, autoconfiança.

(Vol. 8, cap. 8)

A vontade é uma função diretamente vinculada ao Eu profundo, do qual decorrem as várias expressões do comportamento, que nem sempre o *ego* expressa com o equilíbrio que seria desejável. [...]

Considerem-se como elementos essenciais para o desenvolvimento do ato volitivo, alguns fatores essenciais, tais como o desejo real de querer, a persistência na execução do programa que seja estabelecido e o objetivo a alcançar.

(Vol. 10, cap. 4)

A vontade ideal será aquela que reúne o dinamismo do querer e a energia positiva encaminhada para aquilo pelo que se anela, em perfeito equilíbrio, sem que uma se sobreponha à outra. Essas forças exteriorizam-se através de impulsos que devem ser canalizados em favor da meta, resultando na conquista da vontade. [...]

A vontade bem direcionada é fator essencial para uma vida emocionalmente saudável e enriquecedora, portanto anelada por todo indivíduo que pensa e luta para ser feliz.

(Vol. 10, cap. 4)

Nietzsche, o filósofo alemão, definiu vontade como *o impulso fundamental inerente a todos os seres vivos, que se manifesta na aspiração sempre crescente de maior poder de dominação.*

Considerado esse *poder de dominação* como sendo algo que se expressa além do *ego* desejoso de sobrepor-se às demais criaturas, o sentido da definição apresenta-se corretamente. Isto porque a vontade é a faculdade de bem conduzir as aspirações, objetivando uma finalidade compensadora, que resulte em paz íntima.

Somente através da sua conscientização é que os indivíduos descobrem as infinitas possibilidades que se lhes encontram à disposição para o processo de desenvolvimento interior, tendo em vista a autorrealização.

A vontade, no entanto, procede do *Self*, cuja maturidade se exterioriza em forma de querer e conseguir ou de não desejar e, por isso mesmo, considerar-se fraco, incapaz de atingir as metas que os outros alcançam.

A razão indica a necessidade de lograr-se algo, e a vontade pode ser considerada como o ato mental que deve ser transformado em ação mediante o empenho com que seja utilizada. [...]

A vontade é, portanto, o motor que impulsiona os sentimentos e as aspirações humanas para a conquista do infinito, sendo sempre maior quanto mais é exercitada. Inexpressiva, nos primeiros tentames, logo se transforma em comando das possibilidades que se dilatam, enriquecendo o ser com os valores imperecíveis da sua evolução.

A vontade se radica nos intrincados *tecidos* sutis do Espírito que, habituado à execução de tarefas ou não, consegue movimentar as forças internas de que se constitui, a fim de atingir os objetivos que lhe devem representar fator de progresso.

(Vol. 12, cap. 2)

A vontade é um impulso que nasce da razão e se transforma em força que deve ser direcionada de maneira adequada para resultados relevantes de dignidade e de crescimento intelecto-moral no processamento dos valores da existência terrestre.

(Vol. 15, cap. 3)

REFERÊNCIAS
E
RESUMOS

Volume 1 — FRANCO, Divaldo P. *Jesus e atualidade*. Pelo Espírito Joanna de Ângelis. São Paulo: Editora Pensamento, 1989.

Consiste na apresentação de vinte situações cotidianas que aturdem a civilização, buscando respostas sobre a conduta humana na terapia de Jesus. Esclarece que a Psicologia Profunda chega, no momento por processos mais demorados, às mesmas conclusões que Ele lograva com facilidade há dois mil anos, por ser profundo conhecedor da psique e penetrar com segurança nos refolhos do indivíduo, descobrindo as causas reais das aflições que o inconsciente de cada um procura escamotear. Enfatiza que Jesus é atual, não somente pelas terapias de amor e pelos ensinamentos que propõe ao homem contemporâneo, mas também pelo exemplo de felicidade e exteriorização de paz que irradia. Ressalta que a sociedade atual necessita urgentemente do Jesus descrucificado, companheiro e terapeuta em atendimento de emergência, a fim de evitar-lhe a queda no abismo, ressurgindo na consciência moderna em plenitude, jovial e amigo, afortunado pela Humanidade, demonstrando segurança íntima.

Volume 2 — FRANCO, Divaldo P. *O homem integral*. Pelo Espírito Joanna de Ângelis. Salvador: Editora LEAL, 1990.

Considerando o grave momento pelo qual passa a Humanidade, faz um estudo de diversos fatores de perturbação psicológica, procurando oferecer terapias de fácil aplicação, fundamentadas na análise do homem à luz do Evangelho e do Espiritismo, de forma a auxiliá-lo no equilíbrio e no amadurecimento emocional, com vistas à sua renovação e aquisição de saúde psicológica, tendo sempre Jesus como ideal, o Homem Integral de todos os tempos, por haver desenvolvido todas as aptidões herdadas de Deus, na condição de ser mais perfeito de que se tem notícia. Assinala que o Espiritismo, sintetizando diversas correntes de pensamento psicológico e estudando o homem na sua condição de Espírito eterno, apresenta a proposta de um comportamento filosófico idealista, imortalista, auxiliando-o na equação dos seus problemas, sem violência e com base na reencarnação, apontando-lhe os rumos felizes que deve seguir.

Volume 3 — FRANCO, Divaldo P. *Plenitude.* Pelo Espírito Joanna de Ângelis. Salvador: Editora LEAL, 1991.

Aprofunda os estudos em torno do indivíduo, considerando o desconhecimento de si mesmo como principal problemática humana, responsável pelo desencadear de sofrimentos que arrastam multidões à sandice, ao desalento, à alucinação, às fugas inglórias pelos vícios e pelo suicídio. Analisa alguns dos aspectos do indivíduo, conforme as visões budista e cristã, e propõe a solução espírita em razão da atualidade dos postulados que constituem a Revelação do Consolador, convidando o homem ao autodescobrimento, à vivência evangélica, ao comportamento lúcido advindo do estudo e da ação iluminativa na trilha da caridade fraternal. Induz o homem à aquisição da plenitude, construindo o amor como fonte viva de realização íntima, pessoal e coletiva.

Volume 4 — FRANCO, Divaldo P. *Momentos de saúde e de consciência.* Pelo Espírito Joanna de Ângelis. Salvador: Editora LEAL, 2013. [2]

Evidencia ser imprescindível o estabelecimento de uma era de nova consciência de responsabilidade, a fim de que, lúcido e equilibrado, o indivíduo defina os paradigmas de uma conduta moral e mental harmônicas para a aquisição do valioso patrimônio da saúde. Aborda questões como liberdade de escolha, decisão de ser feliz, saúde e bem-estar, insatisfações e utopias, percepção extrafísica, amadurecimento psicológico, todas de flagrante atualidade. Considerando a saúde uma conquista interior, que se reflete no corpo como resultado da harmonia íntima, posiciona o amor, síntese de ímpar sabedoria, como a chave para

---

2. O quarto volume da Série é a união de dois livros de bolso, *Momentos de Consciência*, publicado em 1991, e *Momentos de Saúde*, lançado em 1992. Somente em 2013 reuniu-se as duas obras, dando origem ao *Momentos de saúde e de consciência*, que passou a compor a Série Psicológica (nota da Editora).

o enigma da enfermidade-saúde. Relacionando as contribuições científicas, especialmente nas áreas das Psicologias Transpessoal, Transacional e Criativa, com os ensinamentos sábios de Jesus e de Allan Kardec, concita ao autoencontro, à conquista do Eu espiritual eterno, beneficiando as criaturas e a sociedade na busca de um amanhã feliz.

Volume 5 – FRANCO, Divaldo P. *O ser consciente.* Pelo Espírito Joanna de Ângelis. Salvador: Editora LEAL, 1993.

Estuda algumas problemáticas humanas, como a origem de desequilíbrios, dificuldades do *ego*, fatores de desintegração da personalidade, ressentimentos, ciúme, inveja, entre outras. Assinala a importância do silêncio interior, que proporciona a visão correta da felicidade, e esclarece como é obtida a conquista de si mesmo. Enfatiza a contribuição da Psicologia Transpessoal, da Parapsicologia, da Psicobiofísica, da Psicotrônica, que ampliam os horizontes do homem, propiciando-lhe o encontro com outras dimensões da vida e possibilidades extrafísicas de realização. Ressalta que antes de todas essas disciplinas psicológicas e doutrinas parapsíquicas, o Espiritismo já havia descortinado para a criatura a valiosa possibilidade de ser consciente, concitando-a ao autoencontro e à autodescoberta a respeito da vida além dos estreitos limites materiais.

Volume 6 – FRANCO, Divaldo P. *Autodescobrimento: uma busca interior.* Pelo Espírito Joanna de Ângelis. Salvador: Editora LEAL, 1995.

Representa uma ponte entre as Psicologias Humanista e Transpessoal e a Doutrina Espírita, que as ilumina e completa, assim cooperando com aqueles que se empenham na busca interior. Constata como a experiência do autodescobrimento faculta ao indivíduo identificar os limites e as dependências, as aspirações verdadeiras e as falsas, os embustes do *ego* e as imposturas da ilusão, a fim de favorecer a recuperação, quando em estado de desarmonia, ou o crescimento, se portador de valores intrínsecos latentes. Analisa o ser real, os conflitos e doenças, as distonias e suas consequências, os transtornos comportamentais, como o pânico, a raiva, o ressentimento visando sempre a conquista do Si e a libertação pessoal.

Volume 7 – FRANCO, Divaldo P. *Desperte e seja feliz.* Pelo Espírito Joanna de Ângelis. Salvador: Editora LEAL, 1996.

Consta de trinta questões-desafio frequentemente presentes na convivência humana, tais como litígios, provocações, tentações, arrependimentos, vida social, dores e libertação, apresentando angulações otimistas acerca delas através de uma visão espiritual positiva do comportamento. Assevera que é necessário um despertamento para os valores do Espírito eterno, a fim de que se consiga a identificação consigo mesmo e com o bem. Em uma época em que seres vazios deambulam em todas as direções e viandantes que perderam o sentido existencial embriagam-se nas utopias para fugirem de si mesmos e dos outros, enfatiza que o Espiritismo chega, neste momento grave, como resposta do Céu generoso à Terra aflita, oferecendo diretrizes, equipamentos e luzes que proporcionam paz.

Volume 8 – FRANCO, Divaldo P. *Vida: desafios e soluções.* Pelo Espírito Joanna de Ângelis. Salvador: Editora LEAL, 1997.

Apresenta propostas e soluções para os desafios existenciais, fundamentadas nos postulados vigorosos da Doutrina Espírita. Temas como a vida, seus objetivos, seus aspectos, impedimentos do inter-relacionamento pessoal, fatores de insegurança, hábitos mentais, autodespertamento e autorrealização, são tratados com objetividade e profundidade, tornando-se mais acessíveis ao entendimento. Esclarece que a visão da Psicologia Transpessoal sobre a criatura humana favorece-a com possibilidades inimagináveis de autoencontro, para uma autorrealização que só se consegue através do esforço e da prática de boas ações, considerando valioso o concurso das doutrinas psíquicas, em geral, e da Psicologia Espírita, em particular, para todos aqueles que estão sinceramente interessados na construção de uma consciência saudável, de um ser responsável e lúcido, de uma sociedade feliz. Culmina viabilizando uma técnica para libertação de conflitos por meio da meditação e da visualização com finalidades terapêuticas, visando sempre um bom desempenho existencial a um adequado processo de evolução.

Volume 9 – FRANCO, Divaldo P. *Amor, imbatível amor.* Pelo Espírito Joanna de Ângelis. Salvador: Editora LEAL, 1998.

Conceitua o amor como substância criadora e mantenedora do Universo, constituído por essência divina, caracterizando-o em suas diversas formas e fases, desde o princípio, como impulso conflitivo, até agigantar-se de forma excelente, preenchendo os espaços emocionais e liberando as tendências nobres, enquanto dilui aquelas de natureza inferior. Examina várias psicopatologias e conflitos, tais como arrependimento, nostalgia, depressão, vazio existencial, comportamentos autodestrutivos, despersonalização, timidez, inibição, angústia, síndrome do pânico, desajustamentos emocionais, afetividade perturbadora, ausência de alegria, impulsos doentios. Reconhece que as terapias psicológicas, psicanalíticas e psiquiátricas dispõem de valiosos recursos que, postos em prática, liberam multidões de enfermos, gerando equilíbrio e paz, enfatizando que a contribuição psicoterapêutica do amor, a amorterapia, é de inexcedível resultado, por direcionar-se ao Si profundo, restabelecendo o interesse do paciente pelos objetivos saudáveis da vida, de que dissociara.

Volume 10 – FRANCO, Divaldo P. *O despertar do espírito.* Pelo Espírito Joanna de Ângelis. Salvador: Editora LEAL, 2000.

Prossegue com os estudos psicológicos à luz do Espiritismo, contribuindo para a equação dos sofrimentos que aturdem e derrotam inúmeras criaturas colhidas nas malhas dos testemunhos, sem preparação moral ou espiritual para vencê-los. Observando o homem e a mulher da atualidade, após os grandes voos do conhecimento e da tecnologia, constata-os desequipados de recursos para os grandes enfrentamentos propostos pelos mecanismos de suas próprias construções. Ressalta a tarefa da Psicologia Espírita, que tem por objetivo iluminar os desvãos e abismos do inconsciente, dos arquétipos, dos impulsos e tendências, dos conflitos e tormentos, das aspirações de beleza, do ideal e da busca da plenitude na larga escalada reencarnacionista de cada ser.

❖

Volume 11 – FRANCO, Divaldo P. *Jesus e o Evangelho: à luz da Psicologia Profunda*. Pelo Espírito Joanna de Ângelis. Salvador: Editora LEAL, 2000.

Comemora os dois mil anos do nascimento de Jesus na Terra, enaltecendo a Sua mensagem libertadora e assinalando o Evangelho como precioso tratado da psicoterapia contemporânea para os incontáveis males da sociedade. Em vinte e cinco capítulos, faz comentários, à luz da Psicologia Profunda, sobre itens de *O Evangelho segundo o Espiritismo*, de Allan Kardec, abordando pertinentes tópicos: diversidade de moradas; renascimentos; mediunidade; matrimônio e amor; gratuidade do bem. Realça a figura do Homem-Jesus como exemplo da perfeita identificação da *anima* com o *animus*, em uma harmonia que cativa e arrebata as multidões, enfrentando as *sombras coletiva* e *individual* das criaturas, sinalizando que o Divino Mestre continua a significar, nos dias de hoje, o Modelo e Guia a ser seguido por todos.

Volume 12 – FRANCO, Divaldo P. *Triunfo pessoal*. Pelo Espírito Joanna de Ângelis. Salvador: Editora LEAL, 2002.

Joanna de Ângelis identifica que há um trabalho desafiador, ao qual somos convidados pela Vida, em face do panorama abissal que estertora a sociedade e os indivíduos nela presentes, com grande irrupção de problemas, onde eclodem o medo, as guerras, os distúrbios de toda natureza. Centrando-se na notável contribuição do Dr. Carl Gustav

Jung, introduz o pensamento de diversos outros experientes psiquiatras, psicanalistas, biólogos, a fim de demonstrar que na raiz de toda e qualquer aflição encontra-se o Espírito eterno, responsável pelas ocorrências que, devidamente trabalhadas, podem ser usadas para o seu reequilíbrio, recuperação e paz. Mencionando os arquétipos junguianos, esclarece as noções de *anima* e *animus*, *sombra*, inconscientes coletivo e individual, atributos do ser pensante (inteligência, sentimentos, vontades), examinando a origem dos tormentos psicológicos e apresentando propostas psicoterapêuticas baseadas na descoberta do Ser Integral.

Volume 13 – FRANCO, Divaldo P. *Conflitos existenciais*. Pelo Espírito Joanna de Ângelis. Salvador: Editora LEAL, 2005.

A mentora aponta as causas dos principais conflitos internos que maceram o ser humano, tais como as fugas psicológicas, a preguiça ou propensão para a inatividade e os transtornos gerados por ela, a raiva, sentimento exteriorizado toda vez que o *ego* se sente ferido, a psicopatologia do medo e suas diferentes manifestações, as causas psicológicas da culpa, seus efeitos perniciosos e a maneira de se libertar deles. Também é examinada a drogadição, um dos mais graves problemas da saúde mental e orgânica, esclarecendo que a sua origem afirma a existência de um Espírito aturdido, inseguro, revoltado, com uma alta carga de frustrações e rebeldia, sendo necessário o internamento hospitalar para desintoxicação junto com os demais recursos terapêuticos. Por fim, identifica a razão de ser do estresse, seus processos e mecanismos, e quais os recursos para vencê-lo.

Volume 14 – FRANCO, Divaldo P. *Encontro com a paz e a saúde*. Pelo Espírito Joanna de Ângelis. Salvador: Editora LEAL, 2007.

Afirmando que a sociedade está enferma pela agressividade exacerbada com requintes de perversidade e hediondez, demonstração dos atavismos ancestrais, a benemérita benfeitora considera que as infelizes ocorrências são os frutos espúrios de tormentos individuais que infelicitam a Humanidade. Enfatiza que é no ser humano que se devem trabalhar as bases do ajustamento, do reequilíbrio, dos valores éticos, para quem deve ser direcionado todo o empenho possível, com a formação de uma cultura de amor. Discorrendo sobre todo o processo antropossociopsicológico do ser humano, desde as primeiras fases do seu desenvolvimento, até que no futuro se alcance o estágio transpessoal, analisa as crises existenciais, sociais e gerais, assinalando que na raiz delas encontra-se a ambição econômica dos seres humanos imediatistas e individualistas na desenfreada pretensão de reunir bens materiais, sem entender a real necessidade do coletivismo saudável. Assevera que sentimentos como autocondenação e autopiedade fazem parte do autodesamor, merecendo, portanto, cuidados especiais a fim de evitar conflitos mais graves no comportamento. Examina os comportamentos conflitivos como o machismo e feminismo, bem como os relacionamentos afetivos angustiantes, decorrentes da imaturidade psicológica do indivíduo, refletindo sobre a sexualidade e os compromissos ético-morais em relação à conduta sexual. Trata também dos conceitos de vida e morte biológicas, realçando o significado de *Self* imortal e tecendo considerações sobre a fenomenologia transpessoal.

Volume 15 – FRANCO, Divaldo P. *Em busca da verdade.* Pelo Espírito Joanna de Ângelis. Salvador: Editora LEAL, 2009.

Nesta riquíssima obra Joanna de Ângelis explica como a Parábola do Filho Pródigo evidencia a luta entre o *ego*, sua *sombra* e o *Self*, fazendo uma ponte entre a Psicologia Analítica de Jung e os ensinamentos da Doutrina Espírita. A mentora tece considerações sobre a individuação, o estado numinoso e o estado crístico logrado por Jesus, na Sua condição de Médium de Deus, dando ênfase ao mergulho interior, não como fuga mas como encontro com a Consciência Universal. Esclarece como corrigir os problemas emocionais da *criança ferida*, que mesmo na idade adulta se sente desamada e injustiçada. Examinando o pensamento como emanação do Espírito, mostra como o *Self* adquire, nessa estrutura, resistência para compreender e aceitar a *sombra*, convivendo com o *ego* sem lutas nem conflitos, apontando, por fim, os passos para a conquista da vida harmoniosa e superação do sofrimento.

Volume 16 – FRANCO, Divaldo P. *Psicologia da gratidão*. Pelo Espírito Joanna de Ângelis. Salvador: Editora LEAL, 2011.

Sendo o último livro da Série Psicológica, constitui o coroamento dos trabalhos de muitos anos e uma síntese atualizada de todas as obras, exaltando a gratidão como roteiro de segurança que deve ser vivenciada em todos os momentos da existência corporal, como um estado interior que resulta em alegria e paz. A querida mentora conceitua a gratidão como sentimento nobre que procede das profundas nascentes da psique, sendo, portanto, um caminho para a conquista da plenitude, que é o estado de harmonia entre as manifestações psíquicas e orgânicas resultantes do perfeito entrosamento da mente, do *Self* com o *ego*. Esclarecendo que a saúde integral é o resultado feliz do júbilo de quando se aprende a agradecer e a louvar, enfatiza que a verdadeira paz é adquirida mediante o logro da autorrealização – coroamento do processo de autoconhecimento e de conduta dentro dos padrões do dever –, mostrando que o indivíduo necessita de um comportamento rico de religiosidade, isto é, de convicção interior, não necessariamente de uma religião formal que muitas vezes o entorpece na ritualística, que nos estimula ao avanço de nosso ser e à superação de nossos limites. O capítulo 8 é particularmente importante para o esclarecimento dos problemas atuais com multiplicidade de equipamentos eletrônicos, excesso de informações e escravidão à tecnologia de ponta, ocasionando perda da realidade no dia a dia existencial e gerando uma neurose coletiva assustadora.

Índice
de
Assuntos

ABANDONO DE SI MESMO	15
ABNEGAÇÃO	15
ABNEGAÇÃO/HUMILDADE	16
AÇÃO	16
ACUPUNTURA	16
AFEIÇÃO	17
AFETIVIDADE	17
AFETIVIDADE CONFLITIVA	18
AFLIÇÃO	18
AGRADECER *ver* GRATIDÃO	19
AKASHAS	19
ALCOOLISMO	19
ALEGRIA	20
ALEGRIA DE VIVER	21
ALIENAÇÃO	21
ALOESTIMA	22
ALTRUÍSMO	22
AMADURECIMENTO AFETIVO	23
AMADURECIMENTO MENTAL	23
AMADURECIMENTO MORAL	23
AMADURECIMENTO PSICOLÓGICO	24
AMAR	25
AMARGURA	25
AMOR	26
AMOR A DEUS	50
AMOR AO PRÓXIMO	50
AMOR A SI MESMO	50
AMOR DE PLENITUDE	51
AMOR-DESEJO	51
AMOR-PERDÃO	52
AMORTERAPIA	52
ANGÚSTIA	53
ANIMUS/ANIMA	54
ANSIEDADE	55
APARELHO NEUROVEGETATIVO	56

APEGO	56
ARISTOCRACIA	56
ARQUÉTIPO	57
ARQUÉTIPO PRIMACIAL *ver* DEUS	59
ARREPENDIMENTO	59
ARREPENDIMENTO/REPARAÇÃO	60
ARROGÂNCIA	60
ASCENSÃO	61
ASTÚCIA	61
ATIVIDADE COMPULSIVA	61
ATIVIDADE COMPULSIVA *ver também* PENSAMENTO COMPULSIVO	62
AUTOAFIRMAÇÃO	62
AUTOAMOR	62
AUTOANÁLISE	63
AUTOAVALIAÇÃO	63
AUTOCOMPAIXÃO	63
AUTOCOMPAIXÃO *ver também* COMPAIXÃO POR SI MESMO	64
AUTOCONFIANÇA	64
AUTOCONHECIMENTO	65
AUTOCONSCIÊNCIA	66
AUTOCONSCIENTIZAÇÃO	67
AUTODEPRECIAÇÃO	67
AUTODESCOBRIMENTO	67
AUTODESTRUIÇÃO	69
AUTOENCONTRO *ver* AUTODESCOBRIMENTO	69
AUTOESTIMA	69
AUTOIDENTIFICAÇÃO	69
AUTOIDENTIFICAÇÃO *ver também* DESIDENTIFICAÇÃO	70
AUTOILUMINAÇÃO	70
AUTOPERDÃO	71
AUTOPIEDADE	72
AUTORREALIZAÇÃO	72
AVAREZA	73
BEM	75

Divaldo Franco / Joanna de Ângelis

BEM-AVENTURANÇAS	76
BEM/MAL	76
BENEFICÊNCIA	78
BENS MATERIAIS	78
BIOENERGIA	78
BIÓTIPOS	79
BONDADE	80
BUSCA	80
BUSCA INTERIOR	80
CAIR EM SI	83
CAOS	83
CARÁTER OBSESSIVO	84
CARIDADE	84
CARL GUSTAV JUNG *ver* JUNG	85
CARMA	85
CARREGAR A SUA CRUZ	86
CASAMENTO *ver* MATRIMÔNIO	86
CENTRO CORONÁRIO	86
CÉREBRO	86
CÉREBRO TRIÚNO	88
CHAKRAS	89
CHASSI NEUROLÓGICO	90
CHASSI NEUROLÓGICO *ver também* CÉREBRO TRIÚNO	90
CINISMO	90
CIÚME	91
COMPAIXÃO	92
COMPAIXÃO POR SI MESMO	93
COMPAIXÃO POR SI MESMO *ver também* AUTOCOMPAIXÃO	93
COMPENSAÇÃO	93
COMPETIR	94
COMPLEXO DE CULPA	94
COMPLEXO DE ÉDIPO	94
COMPLEXO DE ELECTRA	95
COMPLEXO DE INFERIORIDADE	95
COMPLEXO DE SUPERIORIDADE	95

COMPLEXOS	95
COMPORTAMENTALISTA	96
COMPORTAMENTO	96
COMPORTAMENTO NEURÓTICO	96
COMPREENSÃO	97
CONCEITOS CARTESIANO-NEWTONIANOS	97
CONCENTRAÇÃO	97
CONDUTA SAUDÁVEL	98
CONFLITO	99
CONHECIMENTO DO UNO	99
CONQUISTA DE SI MESMO	99
CONQUISTA DO *SELF*	100
CONSCIÊNCIA	100
CONSCIÊNCIA *ver também* NÍVEIS DE CONSCIÊNCIA	102
CONSCIÊNCIA DE CULPA COLETIVA	102
CONSCIÊNCIA DE SONO	102
CONSCIÊNCIA DO SI	102
CONSCIÊNCIA ÉTICA	102
CONSCIÊNCIA/INCONSCIÊNCIA	103
CORAÇÃO TRANQUILO	103
CORAGEM	103
CORPO HUMANO	105
CRENÇA	106
CRER RETAMENTE	107
CRER/SABER	107
CRESCIMENTO INTERIOR	107
CRESCIMENTO PSICOLÓGICO	107
CRIANÇA FERIDA	108
CRIATIVIDADE	108
CRIATURA HUMANA *ver* SER HUMANO	109
CRISE	109
CRISE EXISTENCIAL	109
CRISTÃO	109
CRISTIANISMO	110
CRISTO INTERIOR	110

Divaldo Franco / Joanna de Ângelis

CROMOTERAPIA	110
CRUELDADE	111
CULPA	111
CULPA LÚCIDA	114
CULPA NÃO PERTURBADORA	114
CULPA SAUDÁVEL *ver* CULPA LÚCIDA	115
CULPA TERAPÊUTICA	115
CULPA TORMENTOSA	115
CULPA/VERGONHA	116
CULTURA	116
CURA	116
CURAR	117
DECÁLOGO	119
DELITO	119
DEPRESSÃO	119
DESAFIO	120
DESAMOR	120
DESÂNIMO	121
DESCANSO FÍSICO/REPOUSO MENTAL	121
DESEJO	121
DESESPERO	123
DESGRAÇA	123
DESIDENTIFICAÇÃO	124
DESIDENTIFICAÇÃO *ver também* AUTOIDENTIFICAÇÃO	124
DESINTERESSE	124
DESINTERESSE *ver também* PREGUIÇA	125
DESLOCAMENTO	125
DESOBSESSÃO	125
DESPERTAR	126
DESPERTO	127
DETERMINISMO	127
DETESTAR	128
DEUS	128
DEVER	129
DIFICULDADE	129

Elucidações psicológicas à luz do Espiritismo

DIGNIDADE	129
DISCIPLINA MENTAL	129
DISSENTIR	130
DISTÚRBIO DO PÂNICO *ver* SÍNDROME DO PÂNICO	130
DIVERTIMENTO	130
DOAÇÃO	131
DOENÇA	131
DOENÇA PSICOSSOMÁTICA	135
DOGMA RELIGIOSO/FATO CIENTÍFICO	135
DOR	136
DOR *ver também* SOFRIMENTO	137
DOR/SOFRIMENTO	137
DROGRADIÇÃO	137
EDIFICAÇÃO	139
EDUCAÇÃO	139
EDUCAÇÃO MENTAL	140
EGO	140
EGOCÊNTRICO	141
EGOCÊNTRICO *ver também* EGÓLATRA *e* EGOÍSTA	141
EGOÍSMO	141
EGOÍSTA	142
EGOÍSTA *ver também* EGOCÊNTRICO *e* EGÓLATRA	143
EGÓLATRA	143
EGÓLATRA *ver também* EGOÍSTA *e* EGOCÊNTRICO	143
EMOÇÃO	143
ENERGIA SEXUAL	144
ENFERMIDADE *ver* DOENÇA	144
ENVELHECER	144
ENVELHECIMENTO	144
EPÍFISE	145
EQUANIMIDADE	145
EQUILÍBRIO	145
ESCÂNDALO	146
ESCOLHIDO	146
ESFORÇO	146

ESPAÇO	147
ESPIRITISMO	147
ESPÍRITO	148
ESPÍRITO *ver também* EU SUPERIOR *e SELF*	149
ESQUECIMENTO DO PASSADO	149
ESQUIZOFRENIA	150
ESTAR/SER	152
ESTRESSE	152
ÉTICA	153
ÉTICA DA GENEROSIDADE	153
EU INDIVIDUAL	154
EU PESSOAL	154
EU PROFUNDO	155
EU SUPERIOR	155
EU SUPERIOR *ver também* ESPÍRITO *e SELF*	155
EVANGELHO	156
EVOLUÇÃO	156
EXALTAÇÃO	156
EXCÊNTRICO	156
EXCESSO DE HUMOR	157
EXIBIÇÃO	157
EXISTÊNCIA	157
EXISTIR	160
ÊXITO	161
ÊXITO/FRACASSO	162
EXPERIÊNCIA	162
EXPIAÇÃO	162
EXPIAÇÃO/PROVAÇÃO	163
ÊXTASE	163
EXTROVERTIDO/INTROVERTIDO	163
FALAR RETAMENTE	165
FAMA	165
FAMÍLIA	166
FAMÍLIA/LAR	166
FAMÍLIA UNIVERSAL	167

Elucidações psicológicas à luz do Espiritismo

FANATISMO	167
FÉ	167
FÉ RACIONAL	169
FÉ RELIGIOSA	170
FELICIDADE	171
FELIZ	174
FILHOS	175
FOBIA	175
FOBIA SOCIAL	176
FORÇA	176
FORTUNA	177
FREUD	177
FRUSTRAÇÃO	177
FUGA PSICOLÓGICA	178
FUGIR	178
FUNÇÃO DA PSICOLOGIA	178
FUNÇÃO PSICOLÓGICA	178
FUTURO	179
GENE DE DEUS	181
GENEROSIDADE	181
GOZOS MATERIAIS	182
GRATIDÃO	182
HÁBITO	187
HARMONIA	187
HARMONIA ÍNTIMA	188
HEDONISMO	188
HELIOTERAPIA	188
HEMISFÉRIOS CEREBRAIS	189
HEREDITARIEDADE	189
HIGIENE	190
HIPOCONDRIA	190
HOMEM	190
HOMEM *ver também* INDIVÍDUO *e* SER HUMANO	193
HOMEM CONSCIENTE	193
HOMEM-APARÊNCIA	193

Divaldo Franco / Joanna de Ângelis

HOMEM DE BEM	194
HOMEM-ESPELHO	194
HOMEM-SENSAÇÃO	194
HOMEOPATIA	195
HOMOSSEXUALIDADE	195
HONRA	195
HUMILDADE	195
IDENTIDADE	197
IGNORÂNCIA	198
ILUMINAÇÃO INTERIOR	198
ILUSÃO	200
IMAGO DEI	201
IMATURIDADE PSICOLÓGICA	201
IMPERMANENTE	202
INCERTEZA	202
INCLINAÇÕES MÁS	203
INCOMPREENSÃO	203
INCONSCIENTE	204
INCONSCIENTE COLETIVO	206
INCONSCIENTE COLETIVO/INCONSCIENTE INDIVIDUAL	209
INCONSCIENTE INDIVIDUAL	209
INCONSCIENTE PROFUNDO	210
INDIFERENÇA	210
INDIVIDUAÇÃO	211
INDIVIDUALIDADE	215
INDIVIDUALISMO	215
INDIVÍDUO	216
INDIVÍDUO *ver também* HOMEM *e* SER HUMANO	216
INDIVÍDUO *PSI*	216
INDIVÍDUO SAUDÁVEL	216
INDIVÍDUO TRANQUILO	217
INFÂNCIA	217
INFORTÚNIO	218
INGRATIDÃO	218
INGRATO	219

Elucidações psicológicas à luz do Espiritismo

INIBIÇÃO	219
INIMIGO	220
INSATISFAÇÃO	220
INSTINTO DE REPRODUÇÃO	220
INSTINTO GREGÁRIO	220
INSTINTOS PRIMÁRIOS	221
INTEGRAR-SE	221
INTEGRIDADE MORAL	221
INTEIREZA MORAL	221
INTELIGÊNCIA	221
INTELIGÊNCIA EMOCIONAL	222
INTELIGÊNCIA ESPIRITUAL	223
INTELIGÊNCIA ESPIRITUAL *ver também* PONTO DE LUZ	223
INTELIGÊNCIA INTERPESSOAL	223
INTROJEÇÃO	224
INTROSPECÇÃO	224
INTUIÇÃO	224
INTUIÇÃO/SENSAÇÃO *ver* SENSAÇÃO/INTUIÇÃO	225
INVEJA	225
IOGA	226
IRREAL	226
ISOLACIONISMO	226
JESUS	227
JESUS-HOMEM	232
JÚBILO	232
JULGAMENTO	232
JUNG	233
JUSTIÇA	233
JUVENTUDE	234
KUNDALINI	235
LAMENTAÇÃO	237
LAR	237
LEIBNITZ	238
LEI DE CAUSA E EFEITO	238
LEI DE IGUALDADE	239

Divaldo Franco / Joanna de Ângelis

LIBERAÇÃO SEXUAL	239
LIBERDADE	240
LIBERDADE DE EXPRESSÃO	241
LIBERTAÇÃO PESSOAL	241
LITÍGIO	241
LOGOTERAPIA	241
LUTA	241
MÃE	243
MÃE *ver também* MATERNIDADE	243
MÁGOA	243
MAL	244
MANIQUEÍSMO	245
MASSIFICAÇÃO	245
MATERNIDADE	246
MATERNIDADE *ver também* MÃE	246
MATRIMÔNIO	246
MATURIDADE AFETIVA	248
MATURIDADE PSICOLÓGICA	248
MATURIDADE SOCIAL	250
MAU HUMOR	250
MECANISMOS DE FUGA DO *EGO*	251
MÉDICO	251
MEDITAÇÃO	251
MÉDIUM	253
MEDIUNIDADE	254
MEDO	254
MEDO DA MORTE	257
MEDO DAS CRÍTICAS	260
MEDO DE AMAR	260
MENTE	261
MENTIRA	262
MERGULHO INTERIOR	263
MERIDIANOS	263
METANECESSIDADE	263
MISERICÓRDIA	264

MITO	264
MITO DE SÍSIFO	264
MODISMO	265
MONOGAMIA	265
MORADAS	265
MORTE	265
MOTIVAÇÃO	268
MUNDO	268
NECESSIDADE	269
NEGAR	269
NEURASTENIA	269
NEUROLINGUÍSTICA/NEUROCIÊNCIA	270
NEUROSE	270
NEUROSE DA SOLIDÃO	272
NEUROSE DA SOLIDÃO *ver também* SOLIDÃO	272
NEUROSE HISTÉRICA *ver também* PERTURBAÇÃO DE CONVERSÃO	272
NIRVANA	272
NÍVEIS DE CONSCIÊNCIA	272
NÍVEIS DE CONSCIÊNCIA *ver também* CONSCIÊNCIA	273
NOSTALGIA	273
NUMINOSO	274
OBSESSÃO	277
OBSESSÕES COMPULSIVAS	278
ÓCIO	279
OCIOSIDADE	279
ÓDIO	279
OFUSCAMENTO	281
ORAÇÃO	281
ORAÇÕES ENCOMENDADAS	284
ORAR	284
ORGULHO	285
PACIÊNCIA	287
PACIÊNCIA/PAZ	288
PAIXÃO DE CRISTO	289

Divaldo Franco / Joanna de Ângelis

PALAVRA	289
PÂNICO *ver também* SÍNDROME DO PÂNICO	289
PAZ	289
PENSAMENTO	290
PENSAMENTO COMPULSIVO	293
PENSAMENTO COMPULSIVO *ver também* ATIVIDADE	
COMPULSIVA	293
PENSAMENTO CÓSMICO	293
PENSAMENTO INTUITIVO	293
PENSAMENTO LÓGICO	294
PENSAMENTO MÁGICO	294
PENSAMENTO PRÉ-MÁGICO	294
PENSAMENTO PRIMÁRIO	295
PERDA DE IDENTIDADE	295
PERDA DO SENSO DE HUMOR	295
PERDA DO SI	296
PERDÃO	296
PERDÃO DA CONSCIÊNCIA	297
PERFECCIONISMO	297
PERISPÍRITO	298
PERSEVERANÇA	300
PERSONA	300
PERSONALIDADE	301
PERSONALIDADE INFANTIL	301
PERSONALIDADE OBSESSIVA *ver* CARÁTER OBSESSIVO	301
PERTURBAÇÃO	302
PERTURBAÇÃO DE CONVERSÃO	302
PERTURBAÇÕES SOMATOFORMES DA DOR	302
PESSOA	303
PIEDADE	304
PINEAL *ver* EPÍFISE	304
PIRÂMIDE DE MASLOW	304
PLENITUDE	305
PODER	306
POLÊMICA	307

Elucidações psicológicas à luz do Espiritismo

PONTO DE LUZ	307
PONTO DE LUZ *ver também* INTELIGÊNCIA ESPIRITUAL	307
POSSE	307
PRAZER	308
PRECE *ver* ORAÇÃO	309
PRECONCEITO	309
PREGUIÇA	309
PRINCÍPIOS MORAIS	310
PROBLEMA SOLUCIONADO	311
PROGRESSO	311
PROJEÇÃO	311
PROMISCUIDADE	312
PROPRIEDADE	312
PROVAÇÃO	313
PROVOCAÇÃO	313
PRÓXIMO	314
PSICANÁLISE	314
PSICOLOGIA ANALÍTICA	314
PSICOLOGIA DA GRATIDÃO	315
PSICOLOGIA DA RELIGIÃO	315
PSICOLOGIA DO AMOR	315
PSICOLOGIA ESPÍRITA	315
PSICOLOGIA ESPÍRITA *ver também* PSICOTERAPIA ESPÍRITA	316
PSICOLOGIA PROFUNDA	316
PSICOLOGIA TRANSACIONAL	317
PSICOLOGIA TRANSPESSOAL	317
PSICONEUROENDOCRINOIMUNOLOGIA	319
PSICOSES DEPRESSIVAS	320
PSICOSSÍNTESE	320
PSICOTERAPIA	321
PSICOTERAPIA ESPÍRITA	322
PSICOTERAPIA ESPÍRITA *ver também* PSICOLOGIA ESPÍRITA	322
PSIQUE	322
PSIQUISMO	323
PSIQUISMO DIVINO	323

QUARTA FORÇA *ver* PSICOLOGIA TRANSPESSOAL	325
QUEIXA	325
QUERER	326
QUERER RETAMENTE	326
RACIONALIZAÇÃO	327
RAIVA	327
RANCOR	330
RAZÃO	331
REALIDADE	331
RECLAMAÇÃO	331
REENCARNAÇÃO	331
REINO DE DEUS	335
RELACIONAMENTO	335
RELACIONAMENTO CONJUGAL	337
RELACIONAMENTO FELIZ	338
RELACIONAMENTO SAUDÁVEL	338
RELACIONAMENTO SOCIAL	339
RELAXAÇÃO	340
RELIGIÃO	340
RELIGIOSIDADE	342
RENASCIMENTO	342
RENOVAÇÃO MORAL	342
REPOUSO	342
REPRESSÃO	342
RESIGNAÇÃO	343
RESPONSABILIDADE	343
RESPONSÁVEL	344
RESSENTIMENTO	344
REVOLUÇÃO SEXUAL	346
RICO	346
RIQUEZA	347
RISO	347
ROTINA	347
SABEDORIA	349
SÁBIO	350

Elucidações psicológicas à luz do Espiritismo

SALVAÇÃO	350
SAÚDE	350
SAÚDE INTEGRAL	354
SAÚDE MENTAL	354
SEDE DE VINGANÇA	355
SEDE DE VINGANÇA *ver também* VINGANÇA	355
SEGURANÇA PSICOLÓGICA	356
SELF	356
SELF ver também ESPÍRITO *e* EU SUPERIOR	361
SELF-ACTUALIZATION ver AUTORREALIZAÇÃO	361
SELF-DEVELOPMENT ver AUTORREALIZAÇÃO	361
SELF-REALIZATION ver AUTORREALIZAÇÃO	361
SENSAÇÃO/EMOÇÃO	361
SENSAÇÃO/INTUIÇÃO	361
SENSO DE HUMOR	362
SENTIMENTO	363
SER	364
SER CONSCIENTE	366
SER HUMANO	366
SER HUMANO *ver também* HOMEM *e* INDIVÍDUO	379
SER PROFUNDO	379
SER PSICOLÓGICO	379
SER SAUDÁVEL	380
SERENIDADE	380
SERVIÇO	381
SEXO	381
SEXO/AMOR	383
SI	384
SI-MESMO	384
SILÊNCIO	384
SILÊNCIO INTERIOR	384
SÍNDROME DO PÂNICO	385
SOBREVIVÊNCIA	388
SOCIEDADE	388
SOCIOPATA	389

SOFRIMENTO	391
SOFRIMENTO/AMOR	397
SOFRIMENTO DA IMPERMANÊNCIA	398
SOFRIMENTO DO SOFRIMENTO	399
SOFRIMENTO QUE GERA SOFRIMENTO	399
SOFRIMENTO RESULTANTE DO CONDICIONAMENTO	399
SOLIDÃO	400
SOLIDÃO *ver também* NEUROSE DA SOLIDÃO	400
SOLIDARIEDADE	400
SOLITUDE	401
SOMASSIGNIFICAÇÃO	401
SOMATIZAÇÃO	402
SOMBRA	402
SONO (EM RELAÇÃO À REALIDADE)	405
SUBCONSCIENTE	405
SUCESSO	406
SUKHA	407
SUPERCONSCIENTE	408
TEMPO	411
TEMOR DA MORTE *ver* MEDO DA MORTE	411
TENTAÇÃO	411
TERAPIA TRANSPESSOAL	412
TERAPIAS ALTERNATIVAS	412
TERAPIAS TRADICIONAIS	412
TERCEIRA IDADE *ver* VELHICE	412
TERNURA	412
TERRA	413
TERRORISTA	413
TESOURO	415
TIMIDEZ	415
TOLERÂNCIA	416
TORMENTO	416
TRABALHO	416
TRISTEZA	417
UNIÃO AFETIVA	419

Elucidações psicológicas à luz do Espiritismo

UNIVERSO	419
VAZIO EXISTENCIAL	421
VELHICE	421
VERDADE	423
VIAGEM INTERNA	424
VIAGEM ASTRAL	424
VÍCIO	424
VIDA	425
VIDA BIOLÓGICA	428
VIDA FAMILIAR	429
VIDA FELIZ	429
VIDA FÍSICA	429
VIDA HUMANA	429
VIDA MENTAL	430
VIDA MODERNA	430
VIDA ORGÂNICA	431
VIDA PLENA	431
VIDA PSICOLÓGICA	431
VIDA SAUDÁVEL	431
VIDA SOCIAL	432
VINGANÇA	432
VINGANÇA *ver também* SEDE DE VINGANÇA	432
VINGANÇA/PERDÃO	432
VIOLÊNCIA	433
VIOLÊNCIA URBANA	433
VIR A SER	433
VISUALIZAÇÃO	434
VIVER	434
VIVER BEM/BEM VIVER	435
VONTADE	435

Anotações

Anotações

Anotações

Anotações

Anotações